区域义务教育优质均衡研究丛书
Quyu Yiwu Jiaoyu Youzhi Junheng Yanjiu Congshu

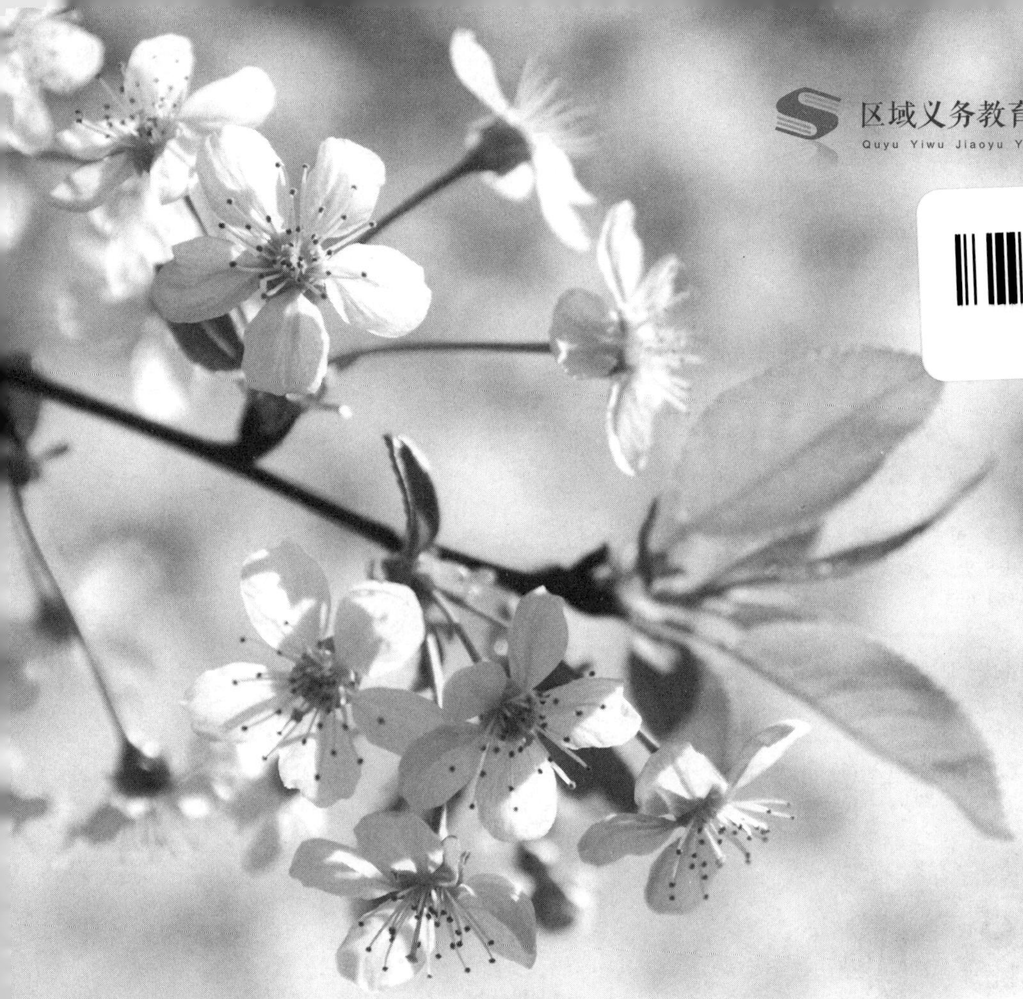

JiZhi YanXiu Gaibian Ketang

集智研修 改变课堂

包心怡　主编

图书在版编目(CIP)数据

集智研修　改变课堂/包心怡主编. —上海：上海教育出版社，2018.9
ISBN 978-7-5444-8476-3

Ⅰ.①集…　Ⅱ.①包…　Ⅲ.①课堂教学-教学研究-小学　Ⅳ.①G622.421

中国版本图书馆 CIP 数据核字(2018)第 178522 号

责任编辑　宁彦锋　杜金丹
封面设计　陈　芸

集智研修　改变课堂
包心怡 主编

出版发行　上海教育出版社有限公司
官　　网　www.seph.com.cn
地　　址　上海永福路 123 号
邮　　编　200031
印　　刷　上海叶大印务发展有限公司
开　　本　787×1092　1/16　印张 15.25
字　　数　285 千字
版　　次　2018 年 12 月第 1 版
印　　次　2018 年 12 月第 1 次印刷
书　　号　ISBN 978-7-5444-8476-3/G·7017
定　　价　58.00 元

如发现质量问题，读者可向本社调换　　电话：021-64377165

区域义务教育优质均衡研究丛书编委会

本书编委会

书稿简介

上海市松江区泗泾小学发展共同体由泗泾小学、第二实验小学、第三实验小学、九亭第二小学、九亭第三小学组成。这五所学校都有自己的研究课题和研究基础，大家围绕“集智研修　改变课堂”，在共同体校本研修的过程中摸索出了一些比较有效的校本研修方式。

泗泾小学从课堂观察入手开展研究，第二实验小学进行三健活力课程的开发和建设，第三实验小学开展多维对话，九亭第二小学开展合作培养，九亭第三小学开展师生互动研究。共同体凝聚五校力量，更加强调共同体成员学校的主观能动性和互补效应，集聚学校内外、共同体内外的教育资源与智慧，提高研修的实效性。这样，在原有成果的基础上，共同体探索出了更加符合本校发展实际和教师发展需求的校本研修模式，促进校本研修向着实、细、活、乐的方向迈进，促进成员学校教师的专业化成长，促进课堂教学改变，促进学生全面发展。

总　　序

义务教育是国民教育体系中最基础、最重要的组成部分。随着九年义务教育的普及、社会经济的发展和人们教育观念的提升,适龄儿童家长不再仅仅关注子女是否有学上,而是更加关注义务教育学校的教学质量和教育机会的公平,关心自己的子女能否接受优质的、公平的义务教育,这对义务教育提出了更高、更新的要求,即义务教育要逐步实现优质均衡发展,以满足人们对教育日益增长的需求。

义务教育优质均衡发展的基本价值是追求教育公平,最高价值是公平基础上的高效率、高质量,使教育最大限度地实现人的全面发展目标。义务教育均衡发展作为一种全新的教育理念,其实质代表了广大人民的根本利益,以适龄儿童的全面健康发展为价值追求,核心是教育公平和教育优质。推进义务教育优质均衡发展,使薄弱学校获得更多的优质教育资源,让更多的学生享受优质的教学质量,这对于促进义务教育公平、培养创新型人才和提升国民素质有着不可估量的作用。

教育学家袁振国教授认为:基础教育均衡发展,特别是义务教育的均衡发展,是教育公平和教育和谐的基本保证,有助于推进社会主义和谐社会建设。然而,长期以来,我国在社会经济发展不平衡背景下形成的教育非均衡发展问题,严重影响了整个义务教育发展的不协调以及地区、城乡、不同群体教育之间的不平衡,制约了国民教育的整体发展。推进义务教育均衡发展,让不同地区、不同学校、不同家庭的孩子都能接受更公平、更优质的教育,对于促进社会公平、构建社会主义和谐社会、实现国家更好发展具有重要意义。

党中央、国务院也采取了多种措施促进义务教育的均衡发展。2002 年,教育部出台《关于加强基础教育办学管理若干问题的通知》,第一次提出“积极推进义务教育阶段学校均衡发展,努力扩大义务教育阶段优质学校的规模,满足人民群众对高质量教育的需求”,标志着我国义务教育发展迈入了新时期。2005 年,教育部下发的《关于进一步推进义务教育均衡发展的若干意见》强调“把义务教育工作重心进一步落实到办好每一所学校和关注每一个孩子健康成长上来,有效遏制城乡之间、地区之间和学校之间教育差距扩大的势头,积极改善农村学校和城镇薄弱学校的办学条件,逐步实现义务教育的均衡发展”。2006 年,新修订的《中华人民共和国义务教育法》规定:县级以上人民政府及其教育行政部门应当促进学校均衡发展,缩小学校之间办学条件的差距。以法律的形式,将义务教育均衡发展纳入了法制化轨道。2007 年国务院颁布的《国家教育事业发展“十一五”规划纲要》再次强调:“国家制订义务教育基本办学标准和质量标准……进一步加大薄弱学校改造力度,努力办好每一所学校,使各学校办学条件、经费、投入和校长、教师的配备及其待遇大致均衡。运用远程教育,共享优质教育资源。加大政府对困难地区和困难群体的支持力度,加大东部地区对西部地区农村教育发展的支持力度,做好各地区城市对农村学校的对口支援工作,努力缩小地区、城乡之间的差距。”所有这些措施有力地促进了我国区域之间、城乡之间义务教育的均衡发展。

2010 年,《国家中长期教育改革和发展规划纲要(2010—2020 年)》把促进教育公平作为国家基本教育政策,并强调实现教育公平的重点是促进义务教育均衡发展和扶持困难群体。同时,对推进义务教育均衡发展提出了明确的目标和政策措施,提出要“切实缩小校际差异、加快缩小城乡差距、努力缩小区域差距”。同年,《教育部关于贯彻落实科学发展观进一步推进义务教育均衡发展的意见》印发,对各地义务教育均衡发展给予了宏观指导。这一阶段,中央部门、各地地方政府和教育行政部门也针对性地制定了相关政策和制度,并采取了相应的策略,探索、推进区域义务教育的均衡发展,如加大教育财政投入、改造薄弱学校、均衡配置教师资源、签署《义务教育均衡发展备忘录》等,各级政府把义务教育均衡发展纳入了责任目标,大力推进。由此可见,在新的历史时期下,国家对义务教育的均衡发展高度重视,将推进义务教育均衡发展提升至我国新一轮义务教育发展战略方针的高度。

在这样的形势和背景下,松江区教育局也做了大量的尝试与探索。松江区地处上海西南部,区境共辖 6 个街道,11 个镇,常住人口 170 余万(户籍人口 60 万左右),流动人口数量巨大,适龄入学儿童基数庞大,这对松江区教育提出了严峻挑战。尤其是近些年,松江城市化进程加快,成为人口导入大区,由此带来教育资源紧张、校际发展不平衡、教师流动量大、生源结构复杂等问题。而松江辖区内包含多所义务教育学校,规模大、数量多,同时,公办与民办、城区与农村学校差异较大,直接影响了区域内义务教育学校的均衡发展。长此以往,将会影响松江教育的长远、稳定、和谐发展。针对这种情况,我区聚焦非均衡发展的关键问题,以促进义务教育学校均衡发展为重点,以“学校发展共同体”建设为机制,开展了八年多的实践与探索,大体可以分为两个阶段:

2010 年 8 月,围绕“学校发展共同体”建设,启动了第一轮义务教育学校发展共同体项目,开展了为期三年的区域义务教育学校发展共同体建设的实践探索,组建了第一轮八个学校发展共同体,创新了学校结对联动新模式,建立了以课题为引领的校际研修模式，建设了区级教育教学资源库，实现了区域模块化教学资源共享。这些探索奠定了松江区义务教育学校之间联动捆绑式发展的基础，形成了共建、共享、共进、共赢的合作机制，也进一步促进了义务教育学校间的均衡发展，实现了学校间发展的基本均衡。

2013 年 8 月，承接前期研究基础，启动了第二轮义务教育学校发展共同体项目，立项了全国教育科学"十二五"规划教育部重点课题"基于实践共同体的义务教育学校均衡发展研究"，并以此课题为引领，走上了优质均衡的探索之路。这一阶段的研究旨在通过实践共同体建设，来探索区域学校均衡优质发展的途径方法：立足课堂教学，提高学校办学水平；创新师资柔性流动，实现优质师资辐射；均衡配置资源，缩小校际差距。强调缩小城乡之间以及同一区域学校之间义务教育上的差距，实现发展幅度上的均衡，同时要让所有适龄儿童和学生都能平等地接受优质教育。最终目的在于促进本区内义务教育公平均等供给与均衡化发展，全面提高义务教育的质量及办学水平，既要鼓励好的学校更上一层楼，更要在均衡教育思想指导下促进那些教学条件差、教学水平不高的学校加快发展速度，从而进一步优化教育资源，办好每一所学校，教好每一个学生。

8 年多的系统推进与研究取得了显著的实践成效：共开展 20 次区级展示，2 000 多名教师参加展示，实现 782 人次柔性流动。松江的实践经验在国家教育部网站、国家教育督导、上海教育博览会、《上海教育》《新闻晨报》《文汇报》《松江报》《松江教育》以及微信公众号等平台上进行多次宣传推广，影响范围广泛。因此，我们集八个共同体集体智慧，提炼经验，汇编出版了"区域义务教育优质均衡发展"丛书，本丛书共包括 9 本研究专著。《走向优质均衡：基于实践共同体的义务教育学校均衡发展研究》从宏观层面介绍了区域义务教育学校优质均衡发展的经验。另有 8 本书，立足课堂教学实践，以学校发展共同体为载体，从微观层面介绍了学校间优质均衡发展的探索经验。这些探索与经验，很好地回答了"义务教育究竟可以追求什么样的均衡""通过什么途径才能达到或接近这样的均衡"。

2017 年 9 月，中共中央办公厅、国务院办公厅出台《关于深化教育体制机制改革的意见》，指出"要完善义务教育均衡优质发展的体制机制"。2017 年 10 月，党的十九大报告中指出"必须多谋民生之利、多解民生之忧，在发展中补齐民生短板、促进社会公平正义"，并对促进教育公平作出重要部署，强调"推动城乡义务教育一体化发展，高度重视农村义务教育……努力让每个孩子都能享有公平而有质量的教育"。2017 年 12 月，《义务教育学校管理标准》印发，首次全面系统地梳理了我国义务教育学校管理的基本要求，对促进义务教育均衡发展具有重大意义。新形势下，对义务教育学校优质均衡发展提出了更高的要求。我们也将以更加积极的姿态、更加高的标准，聚焦新形势、新问题，优化顶层设计，在推广学区化集团化办学模式、实施"新优质学校"集群发展、委托管理、建设环大学城教育高地、实施“保基础，立高原，建高峰”计划、加快信息化建设等方面继续追求义务教育学校间更高水平的优质均衡，使各级各类教育更加符合教育规律、更加符合人才成长规律、更能促进人的全面发展，为发展具有中国特色、世界水平的义务教育提供新的模式。

松江区教育局局长

陈小华

2018年1月

序

智慧与力量增值的集结号

当我读完《集智研修 改变课堂》这本书稿的时候，脑海里浮现出两件往事。一是与松江区泗泾小学的课题研究合作，二是与松江区实验小学领衔的五校发展共同体的交往。前者是校本研修，后者是校际联合研修，二者均集聚教师智慧，产生改变课堂的力量，给了我很多启发。今天我又看到由百年老校泗泾小学领衔的五所学校的研修联合体经过几年的努力，不但提高了教师专业能力，而且积累了团队建设经验；看到了在一校研修的基础上，联合研修所产生的增值效应，包括课堂教学质量与效益的提高、学生素质的全面提升、学校教育特色的彰显。

这些成效为我这样的准专业人员提供了学习的机会，并促使我进行比较研究。我认为校本研修是基础，校际联合研修是拓展，集智研修的本质体现为以下几点。

一是增值。我国古代有“三人行，必有我师”“智者千虑，必有一失；愚者千虑，必有一得”“三个臭皮匠，赛过诸葛亮”等说法。古希腊早有“整体大于部分之和”的哲言。我在泗泾小学与教师们一起研究课堂观察课题时，发现了许多个人和集体的智慧。他们先在主题性课堂观察案例研究的基础上形成了专著，后在泗泾小学发展共同体（以下简称共同体）中发挥了增值作用，被其他几所学校学习并创新运用。

二是分享。过去，一所学校有了科研成果，获了奖便结束。除极少数获奖成果得以推广外，大多数被束之高阁。其他获奖的成果或没获奖的成果，难道就没有一点值得推广的经验？为了改变这种状况，校际联合研修，尝试以制度化的方式推广与分享研修成果，使更多的教师从中受益。其实，这也是教育科研的初衷。

三是互补。一所学校搞课题研究，受人力与精力限制，不可能投入很多，但如果多所学校围绕一个上位性课题，发挥各校优势展开多角度、多层次的子课题研究就可弥补上述困境。一所学校在学习他校研究成果的同时，结合本校具体情况，进一步拓展和细化，不仅省时省力，而且产生了高效互补的效果。

四是提升。在增值、分享、互补的综合作用下，研修质量势必全方位提升，不仅表现在科研意识和能力、课堂教学行为与质效、学校教育教学特色上，而且表现为教师发现、分析、解决问题能力和创新能力的提升。

从上述的本质观出发，反思目前在教师专业发展方面的某些口号式宣传，本书具有如下显著特点。

其一，突出研究问题的针对性，聚焦形成了完整的研修网络。各校在梳理教学现状的基础上，用一分为二的方法归纳了诸多问题的共性，在总课题引领下，形成各校子课题。共同体在发动各校教师进行研究的同时，定期或不定期地组织共同体集体研讨，制定出改变教师行为的策略及措施，并将之贯彻到各校的课堂，运用行动研究法"计划—实施—反馈—调整—改进"的螺旋式上升机制，不断从学生实际出发，遵循教学规律，改变教师行为。具体到学校课堂，一课多研、同质异构、异质同构的教研与科研密切结合，同声相应，同气相求，形成共同呼吸的真实、贯通、有效的研究网络，产生共同体发展的整体效益。一改传统习惯上区教研员、科研员开会布置要求，各校分别实施，互不通气，鲜有反馈，最终少数先进、大多原样、个别落后的常态。在本书中我感受到因研究问题针对性强而形成的研究网络息息相关的生态氛围。

其二，体现了"以学论教"的辩证法。各校的子课题研究和共同体的总课题研究都先花费大量的精力进行学情（包括学生的学习态度、学习方法、学习习惯、学习需求、学习心理等）的调查分析，再依据教学原理、教学策略、教材要求，综合优化教学设计和各环节的教法、学法，既遵循学生发展规律又遵循教书育人规律。由此反观当前提出的所谓"以学定教"的口号，有从过去的"以教定教"走向反面的极端之虞，这会形成误导。以前一切听从教师固然不对，现在一切听从学生也不对，"真理往往在两个极端之中"（康德语）。学情是教学的重要依据，但学生毕竟是不成熟的个体，因不知而学。教师是相对成熟的专业人员，先学后教，社会经验和学习经验比较丰富，再说，教育教学本身也有规律，怎可不予重视？"以学定教"论者实际上否认了学校备课组、教研组、科研组存在的必要性，因为这些组织都有"论"的重要职责。如果从专业角度论，教师工作与医师工作的重大区别之一，就是对理论的依赖性。医师的实践必须严格遵守理论要求，否则一定会造成医疗事故，并追究医师的个人责任。反观对教师工作的评价，模糊性、不确定性较大，这使教师的专业性要得到社会与学术的认可还须做出很大的努力。教与学、教师与学生的辩证关系必须正确处理不可偏颇。

其三，凸显了教师实践反思、同伴互助、专业引领的现实意义。教师的成长首先基于个人的实践反思，“没有反思的教师不可能成为优秀教师”（叶澜语）。如果一位教师“三十年教学是一年教学的三十次反复”，那么还有什么意义和乐趣？教师反思的根据是什么？是教育政策、理论、问题。现在即使有反思的教师，大多也是反思问题，很少去研究教育政策和理论，而且只凭自己的经验去反思问题，不够深刻。其次是同伴互助。在个人的实践反思基础上，听取同伴的意见和建议也很重要。俗话说：“当局者迷，旁观者清！”但也有人说同伴之间只能是“萝卜炒萝卜等于萝卜”，非也。请问一位新手厨师把“萝卜炒肉片”烧得不入味道，难以下咽，而另一位高厨把“萝卜炒萝卜”烧得浓油赤酱，味道可口，你会选择哪一款？如果轻视“萝卜炒萝卜”，岂不是与提倡的同伴互助自相矛盾吗？从客观来论，同伴之间肯定存在差异，差异是一种资源，应该尊重差异、互补差异、发展差异、优化差异，使差异成为某种特色。本书中各校子课题研究成果被其他学校分享并发展，丰富了总课题研究成果，不是一件大好事吗？最后，在专业引领上，各校都曾聘请某些专业人士进行指导，这是理论与实践密切结合的有效之举。问题在于，我们将此称为专家引领。殊不知，这些专家脱离教学实践多年，其理论的可操作性可能还比不上有些教师经验的可操作性。就教师和专家同属教育专业而言，将专家引领改为专业引领更为科学且更符合科研实际。在本书中我明显感受到理论与实践相结合、专家与教师相互引领的和谐氛围。

以上特点是在学习型组织——学校发展共同体中逐渐形成的。用美国著名管理学家、麻省理工学院教授彼得·圣吉提出的学习型组织的五项修炼来检视，泗泾小学发展共同体的团队建设也是基本符合且有所发展的。

共同体确立的总课题代表了团队的“共同愿景”，即以集智研修促进课堂教学转型；团队成员的“自我超越”，即五校通过各自的子课题研究，在经验的基础上超越经验揭示规律；团队的“系统思考”，即根据五校子课题，共同商量研究思路，对各校进行高位引领，并适时协调；团队形成的“团队学习精神”，即经常请有关专业人士进行专题讲座、课堂教学辅导、课题研究指导、研究成果展示、专题研讨等教科研活动，理论与实践相结合提高各校教师的研究水平；团队的“改善心智模式”，即在实践反思、同伴互助、专业引领、集体研讨的过程中，各校教师检视过去经验的合理性，不断改善思维品质，形成新的心智模式，在新课程教改实践中，基于有效经验，创造新颖模式，提高教学质量，促进学生成长和自身专业发展。值得一提的是，彼得·圣吉的学习型组织专指就某一企业（或单位）而言的学习型组织，而泗泾小学发展共同体是多校联合体，故在上述五项修炼之外，还体现出增值、分享、互补、提升兼而有之的价值，使学习型组织的本质更突出，内涵更丰富。但客观而言，该共同体除各校的研究成果外，在其他学校产生的增值、分享、互补、提升效果略显不足，如能增加一些，本书的内容就更加充实且富有立体感了，也更能体现校本研修是基础、校际联研是拓展的价值。应该看到，五校已不是一个简单的、算数意义上的集合体，而是一个整体的、几何层级的集结号了。

共同体的集智研修总是有时限的，而研究则具有无限的可能性。愿泗泾小学发展共同体今后仍将有形无形地经常联系，深入研修，不断前进；愿五校的教师继续谱写精彩的教育诗篇。

上海市特级教师，青浦区教师进修学院原教科室主任

郭德峰谨识

2018 年中秋节

Content 目录

第一章　绪论　> 1

第 一 节　研究背景　> 1

第 二 节　核心概念　> 14

第 三 节　文献综述　> 19

第二章　课堂观察与集智研修　> 28

第 一 节　课堂观察　> 28

第 二 节　课堂观察校本研修的实施　> 41

第 三 节　课堂转变　> 57

第三章　三健活力课程建设与集智研修　> 74

第 一 节　三健活力课程　> 74

第 二 节　三健活力课程校本研修的实施　> 81

第 三 节　课堂转变　> 97

第四章　多维对话与集智研修　> 118

第 一 节　多维对话　> 118

第 二 节　多维对话集智研修的实施　> 128

第 三 节　课堂转变　> 137

第五章　合作培养与集智研修　> 150

第 一 节　合作培养　> 150

第 二 节　合作培养校本研修的实施　> 156

第 三 节　乐学课堂　> 168

第六章　师生互动与集智研修 > 183
第 一 节　师生互动 > 183
第 二 节　师生互动校本研修的实施 > 192
第 三 节　课堂转变 > 212

主要参考文献 > 226

后记 > 227

第一章　绪　　论

上海市松江区泗泾小学发展共同体（以下简称共同体）由泗泾小学、第二实验小学、第三实验小学、九亭第二小学、九亭第三小学组成。这五所学校都有大量新教师，特别是第三实验小学和九亭第三小学刚成立不久，新教师成了绝对的主力，各样都有着培养青年教师、迅速提高教师队伍素质的迫切需求。另外，我们几所学校都有自己的研究课题和研究基础，其中共同点最多的地方就是校本研修。

各校在校本研修的过程中摸索出了一些比较有效的校本研修方式，我们希望在原有成果的基础上，探索出更加符合教师发展需求的校本研修模式，促进校本研修向着细、实、深、活的方向迈进，促进教师队伍素质提升，促进课堂教学转型，促进学生全面发展。我们共同的研究课题是“以集智研修促进课堂教学转型的行动研究”。

第一节　研究背景

共同体中，泗泾小学校本研修工作做得扎实有效，2010 年立项研究市级课题“基于‘二期课改’的课堂教学观察工具的开发与应用”，探索了基于课堂观察的校本研修新模式，2012 年获得了松江区“强师兴教”先进集体称号；第三实验小学原为松江实验小学的分部，传承了“五环八步”的校本研修模式，并进一步深化研究；九亭第二小学重点研究“青年教师合作培养”课题；第二实验小学、九亭第三小学同样非常重视校本研修，以此促进教师专业发展。因此，我们这个共同体研究上述课题有很好的基础，符合各学校的需求，能够将教师培养和课堂教学转型两大任务结合起来，有很大的研究空间。

共同体的教师年轻，富有朝气和活力，理念较新，工作勤奋，但也存在着一些问题。一些新教师的课堂调控能力还有待提高，在学生学习方法、习惯的培养方面还应努力。一些成熟教师课堂教学规范到位，但他们往往过分关注自己的“教”，对学生的“学”重视不够。新课改的理念在课堂上落地生根，还缺乏具体的抓手。21 世纪的教学理念是“以学生发展为本”，共同体的教师要实现课堂教学的转型，依然是一项艰巨的任务，需要大家集聚各方面的智慧，以校本研修为载体，加以研究和推进。

一、研究意义

（一）促进校本课程的开发

1. 基于对“二期课改”背景下校本课程开发重要性的认识

课程是实现教育目标的重要载体，是组织教学活动的主要依据，集中体现先进教育思想的学习内容。《上海市普通中小学课程方案》明确指出：“实行国家、地方和学校三级课程管理，增强课程对地方、学校和学生的适应性。鼓励学校在遵循课程基本设计思想的前提下，结合实际设计个性化的学校课程实施计划。”它要求学校在执行国家、地方课程的同时，结合学校的传统和特点，以及学生的兴趣爱好和需求，积极推进课程的校本化，开发学校特色课程。校本课程的开发、利用、管理既是政策的要求，也是形成学校办学特色的重要途径。它强调以学校为主体进行开发，充分尊重和满足学校师生的独特性和差异性。

2. 基于对学校发展理念、定位的认识

第二实验小学于 2008 年 8 月独立建制，学校的前身是松江区实验小学新城校区。在传承和创新松江区实验小学“三乐”文化、培育学校精神的过程中，在“理解教育”理论的引领下，学校提出了“崇尚理解、润泽生命、奠基幸福”的办学理念。为提升学生课程学习的幸福感，充分用好“二期课改”赋予学校的课程建设自主权，开发实施校本课程，促进学生全面发展，学校找准切入点，充分认识本校的优势和风格，进而通过校本课程开发形成特色。目前“在统整理念下校本微型课程建设的实践研究”已初见成效，教师在成就学生的同时发展自我，师生在幸福成长的过程中推进学校可持续发展。

3. 基于对校本课程优势的认识

学校开发校本课程，是基于师生的发展需求进行的。事实上，校本课程开发最关键的因素是教师的专业化团队。要使校本课程开发在学校得到持续、动态发展，就要重视对教师的研究，把教师的专业发展与校本课程开发结合起来，把校本研修与校本课程开发实施结合起来，通过课程目标引领、课程开发实践、开发制度完善、运行机制优化、经验梳理总结、理性认识提升来促进校本课程开发。

4. 基于对“课程统整”研究成果的借鉴

为了使校本课程开发的内容更有针对性，真正满足师生的发展需求，使学生不断提升课程学习的幸福感，使学生在有限的学习时间内，“将气力用在刀口上”，不盲目进行知识的重复和堆积，共同体教师对三类课程进行了梳理，学习运用“统整”的思想，借鉴“课程统整”的研究成果，在初见成效的基础上，继续进行发展性研究。

在课程教学改革的今天，有研究者认为，“课程统整”是指遵循国家《课程方案》与课程标准,以指定教材为主要资源,充分利用教学资源,根据科学的教育理念与本校的培养目标和学生的实际、整体发展情况,系统设计可以科学组织与实施的教学内容并取得实效的过程。“课程统整”包括:(1)根据课程标准和指定教材,参照其他教材,对教材体系做结构性调整,把“教教材”变成“用教材教”;(2)基础型课程、拓展型课程和研究型课程的统整;(3)教学三维目标的统整;(4)教学要求的统整;(5)学科内与学科间的统整;(6)学校内外教学活动的统整等。

由泗泾小学牵头的本轮学校发展共同体确立的“以集智研修促进课堂教学转型的行动研究”总课题中,集指集聚;智指智慧;研修指研习与修炼。集智研修看似与校本研修相近,但更加强调共同体成员校的主观能动性和互补效应,集聚学校内外、共同体内外的教育资源与智慧,提高研修的实效性,促进成员校教师的共同成长,实现课堂教学转型。鉴于此,我们提出了子课题“以集智研修开发三健活力课程促进课堂教学转型的研究”。

(二)促进学校教育的发展

1. 满足区域老百姓对优质教育的需求

第三实验小学于2011年9月作为松江区实验小学华亭校区正式招生,历时1年。2012年7月,为了缓解入学高峰,调整教育资源,学校独立建制。在解决周边孩子入学问题的同时,我们清晰地认识到,一所学校,就算拥有较高的硬件水平,如果不着力提升软件水平,不打造属于自己的亮点和特色,也不能满足新城西部老百姓对优质学校和优质教育的需求。因此,我们决定努力打造教师队伍,让老百姓真正感受到优质教育就在身边。

2. 满足学校对教师梯队建设的需求

近年来,共同体学校教师队伍不断壮大,每年都有大量的新教师加入。这客观上要求我们增加指导教师的供应量,但是优秀指导教师毕竟数量有限,而且每位指导教师自己的教学工作量已经很大,这就导致少数新教师能接收到的“贴身”指导时间不足、力度不够。为了缩短新教师的适应磨合期、新教师从新手成长为合格教师的过渡期,培养一大批发展势头强劲、有能力的后备教师,为了给学校的持续发展提供教育人才梯队保障,为了避免教师单打独斗、闭门造车的现象,学校决定尝试“多维对话式”的集智研修模式,切实提高教师教育工作的实效性和针对性,激活教师自我专业认知的自觉性,激发教师的专业情感内驱力,努力打造一支师德高尚、素质优良、结构优化、富有活力的教师队伍。

3. 提供共同体集智研修新的样本

教师在对话的过程中能产生思想的火花。第三实验小学自建校以来就确定了“多维对话式”的集智研修模式，希望教师在与自我对话、与学生对话、与同伴对话、与专家对话、与文本对话、与家长对话等过程中形成乐于互助分享的良好心态。学校创设了一种相互学习、相互帮助、相互切磋、相互交流、共同提高的研修氛围，引导教师积极主动地把自己的教学理念融入到校本研修中来，在多维对话过程中，提高教育教学能力，减轻工作负担和心理压力，享受校本研修促进专业成长的快乐，进而提升教育乃至生活品质，使学校不仅能成为学生成长的园地，也能成为促进教师专业发展的职场高地。在研修过程中，我们渐渐意识到，研修不能仅限于校内，他山之石，可以攻玉，多维对话还应走向兄弟学校，面向学校发展共同体，以博采众长，真正实现集智研修，进而促进新的研修主题的生成，促进新的经验的累积，促进新的能力的增长。学校积极优化教师的专业素质结构，充分展现团队力量，发挥共同体集智研修科学化、规范化、高效化的优势，打造优秀的教师团队，为松江区多校共同体集智研修提供了一个鲜活、成功的样本。

（三）促进教师培养模式的发展

松江区第二轮共同体研修主题更加精细化，逐渐回归教学本源，聚焦校本化研修，立足课堂。我们集共同体成员学校的智慧，扬每一所学校的研究特色，以一校一课题为基础，关注课堂的转变。我们依据总课题的研究安排，清晰地认识教师培养的重要性，通过“和爱”的合作研修氛围，帮助青年教师实现教学转型，从而真正实现课堂的转变。

第一，新教师的合作研修人气旺、有朝气。人多热情高，加入共同体一起研修的几年时间里，我校新教师从原来的29位增加至49位，占教师总数的35%，年轻人多虽有培养任务重的压力，但也有人气旺、学历高、有朝气、有活力的优势。新教师中，本科以上学历达100%，硕士研究生15人。

第二，作为一所年轻的学校，我校目前发展势头较好，且积累了一定的培养青年教师的经验。我校自2010年开办以来，发展目标明确，办学质量稳步提升，项目特色逐步凸显。由于九亭地区“扩校快”，新教师培养一直是近几年工作的重中之重，学校一直举全力培养青年教师，所以积累了一定的实践经验。2016学年学校被授予“松江区见习教师规范化培训基地学校”称号，承担九亭地区五所小学、九亭成校、泗泾三小的新教师培养任务，这充分证明了我校的培养机制比较合理，能够满足新教师成长的需求，有一定的培养优势。

第三，为了促进学校的可持续发展，我们围绕“和爱育人”的办学理念，让新教师通过多维度的合作研修，迅速成长起来。我们开展合作研修有一些好的经验。一是通过组内同伴互助，逐步形成内部合力，同时通过组内良性竞争，增强新教师的竞争意识。二是新教师在一年见习期中，通过“一对一”师徒带教，经过两次集体汇报考核合格“出师”后，在紧接着的2至3年内，仍处于稚嫩期和可塑期，此时如果学校因新教师多而不能继续安排师傅带教或引领，或因其他原因忽视了他们的继续成长，那对青年教师培养来说是一个过程性的失误。解决这一矛盾的好办法就是青年教师的合作研修，即利用一切可以利用的资源，外聘与结对、分层重组相结合，创建由各研修骨干引领的中心组，由名师、专家引领，立足课堂，打造富有教师个人特色的课堂教学。

第四，本课题通过研究新教师的合作培养方式、探索新教师的有效培养策略、完善新教师的管理措施等方面的行动研究，推进新教师的课堂发生转变。所以，本课题具有较高的研究价值和现实意义，既符合学校发展的实际，又与共同体的总课题相契合。我们通过校内外的合作研修，汇聚集体的智慧促进新教师的教育教学成长，改变现有的教师主导的不太科学的课堂教学形态，努力推动其向着智慧课堂、生命课堂、自主课堂、乐学课堂、和谐课堂的方向转变。

二、课堂教学中的问题

（一）课堂观察中存在的问题

近年来，随着课堂研究的深入开展，随着专家与教师之间合作的增强，随着教师自身研究意识的增强，越来越多的研究者开始关注课堂观察方法理论及其应用，有许多学校组织教师开展了一些课堂观察的研究工作，但还存在着不少问题。

1. 课堂观察方法多被作为其他研究方法的辅助手段，未得到足够的重视

课堂观察中主要存在以下问题：重质的观察，轻量的观察；重经验描述，轻科学分析；随意性大，不系统，不可操作；观察缺少目的性，观察处于被动状态；主观色彩浓，而且在很多情况下，缺乏必要的理论支撑。

2. 观察量表的设计普适性太强，缺乏针对性

分析已有的成熟的观察记录工具，虽然它们逻辑上的严密性和科学性都是经过实践检验的，但其局限性也是显而易见的。目前学校使用的观察量表一般都是大而全的，由于涉及面比较广，很难就某一问题深入下去。虽然学校也会根据实际情况做出相应的调整，但总体上说，与“二期课改”理念及其课堂教学特点相适切的观察量表很少，观察量表的针对性不够。不同的学科具有不同的性质和要求，不同的课堂具有不同的情境，普适性太强则意味着针对性的弱化。因此，不同学科的教师在使用时比较容易出现理解上的偏差、实际操作中的困惑。

3. 课中缺乏观察技术，导致课后评课缺乏实效

由于课中缺乏观察技术，课后评课难免出现主观化的现象，评价教师喜欢从“课堂顺不顺”“班级气氛是否热烈”等方面评价一节课；过多关注授课教师教得怎么样，很少关注学生学得怎么样。这种“印象式评课”由于缺乏有效的证据支撑，很难有说服力，

也很难涉及教学的核心——成功与失败中蕴含的规律。

（二）三健活力课程开发过程中存在的问题

1. 如何使选择的专题真正满足学生发展的需要

大部分校本课程，也可称为专题，不是根据学科知识的逻辑体系来划分的，而是根据教师的能力和学生发展的需要来确定的。要使我们三健活力课程的内容更有针对性，要使学生在国家课程和地方课程中难以满足的那部分发展需要得到满足，要使学生在有限的学习时间内“将气力用在刀口上”，防止内容上的重复，我们就要在选择专题之前对三类课程进行梳理。

2. 如何有效整合各类资源为校本课程开发服务

教师的资源、家长的资源、社区的资源在校本课程开发中有很大的挖掘意义。对各种资源进行系统梳理，使其得到有效利用而非消耗，需要有一个整合的过程。

3. 如何突破校本课程实施中时间和空间的限制

由于学校场地的限制、学生在校时间的限制、上海市教委课程设置课时量的限制，在校本课程实施中，随着课程门类的增加，教室不够用、课程实施时间缺乏保障等问题相继出现。突破校本课程实施中时间和空间的限制，对学生校内外活动进行系统安排，也需要有一个整合的过程。

4. 如何实现课程内容、教学方法和学生生活经验的合理利用

校本课程实施过程中，教师应改变以学科知识为取向的课程组织形式，采取以学生发展或社会需求为取向的课程组织形式，把课程与学生的生活环境和经验联系起来。课程只有扎根于学生的心里，才能起到教育人、培育人的作用。教师应整合学生的经验、兴趣、能力等各种要素，让不同课程都能成为学生发展的一部分。

5. 如何实施校本课程评价

校本课程评价至少包括对课程内容受欢迎程度的评价、对教师执行课程情况的评价、对学生在校本课程学习中态度与收获的评价。获得以上评价结果又有多种途径，学生、家长、教师都应成为评价主体。将校本课程评价作为系统进行思考，将其纳入到学生的整体学业评价中，纳入到教师的业务考核中，纳入到家校共育的活动中，也需要有一个整合的过程。

（三）多维对话体系构建过程中存在的问题

通过对课堂教学的研究，我们认为目前教师（尤其是青年教师）在课堂教学过程中仍然存在以下几个方面的问题。

1. 教学目标缺乏指向性

确定明确的、有指向性的教学目标是对每一位教师的基本要求。但在实际教学过

程中,很多教师都单纯根据教学内容,即文本教材来设计教学目标,把教学目标完全当成了为教学内容服务的工具,这是与教学规律相违背的。国家课程改革倡导的“用教材教,而不是教教材”,实际上已明确告诉我们教学目标是非常重要的,我们应该先设计教学目标,再考虑怎么利用教材实施教学以实现教学目标。

2. 教学方法缺乏针对性

教学方法改革是多年来教学改革的主要内容之一。纵观目前的教学,大多数教师都非常关注对教学方法、教学手段的改革,都有意识地采用启发式、讨论式、探究式等教学方法来提升课堂效能,都能够积极运用多媒体手段辅助教学。这些改革的确在一定程度上调动了学生的积极性,增强了学生的学习兴趣。但这些改革仍然存在一定局限性,集中表现为:教师采用的教学方法缺乏针对性,课堂教学程序倾向一致,面对不同的学生,面向不同的课型,所采用的教学方法却大同小异。

3. 学生主体地位体现不够

在备课前的教学设计中,大多数教师往往先依据教材设计教学目标,再考虑学生的根本需要,这样的设计没有以学生为主体,没有站在儿童的立场,是比较主观的。这样的设计如果映射在教学方式上,就是在研究教师的教,而不是在研究学生的学;如果映射在教学过程的设计和推进上,主要表现为由教师统筹主导教学程序,学生始终处于一种被动的状态,学生的主观能动性没有得到最大程度的发挥。

4. 教学风格缺乏多元色彩

因为各年级大多采用集体备课的方式,教师习惯沿用以前的教案、课件,教学形式、风格都比较雷同。教师缺乏独立的思考和理解,教学风格缺乏多元色彩。

5. 理论与实践契合度不高

教师队伍中,中老年教师教学实践经验丰富,但把握学科前沿理论和知识,应用先进信息技术的能力比较欠缺,外出参加理论培训的时间较少。而青年教师学历较高,工作劲头较足,学习学科前沿理论、进行科学研究的能力较强,但缺乏教学实践经验,不能将所学习的先进理论与自己的课堂实践有机融合。总体来说,教师或者理论强实践弱,或者理论弱实践强,未能将二者高效融合。

(四) 教师成长过程中面临的课堂问题

每一位教师的成功,都伴随着历练、磨合、进取、创新。他们也都是由新教师逐渐成长起来的,从不够自信到游刃有余,从懵懵懂懂到思维敏捷,从急躁自傲到沉稳豁达,每个人的成长都不是一帆风顺的,有了努力才会有所收获,有了思考才会换来醒悟,有了共享才会变得富有。

新教师刚踏上工作岗位,由于教育教学经验不足,无法随机应变驾驭课堂,总会觉得很难将学习到的许多理论知识应用于实际教学。有些新教师由于个人性格等特殊原因,不善于沟通,不积极交流,失去了许多进一步学习探究的机会。他们在日常的课堂教学中会遇上许许多多的问题,归结起来,主要有以下几种。

1. 课堂纪律掌控不了

一般认为理想的课堂应该是这样的:教师有激情地讲着,学生认真地听着,教师每提出一个问题学生都能积极思考。这样的课堂中,教师能出色地完成教学任务,课堂也能产生良好的效能。新教师的课堂常常是这样的:教师进教室后先组织纪律,教学开始了还有学生在开小差,教学过程中容易忙中出错,连续性不够。学生讨论形同虚设,甚至出现有些低年级的学生钻在桌子底下假装捡东西的现象。这种无秩序无纪律行为的存在,很大程度上是因为新教师没有好的方法掌控课堂。他们缺少有效的组织教学的手段,对学生的不良行为束手无策,进而导致了课堂教学效率的低下。

2. 控制教学时间总是难事

现在的学生,对新的知识很善于主动去探究,教师必须要做好充分的课前准备工作,帮助学生在学习过程中找到正确方向。那问题就来了,如果让学生跟着教师的安排学,可能非常顺利就学会了,说不定还可以完成一定的练习题目;如果让学生自己来探究方法,不仅用时较长,还可能找不到正确方向,进而导致学习目标达不成,拖慢教学进度。我们现在大部分学校的班级人数为40多人,有的达到50多人,不可能在一节课上保证每一个学生都有机会发言。那么我们如何既顺利完成教学计划,又使学生的学习能力得到培养?这涉及新教师怎样合理安排教学环节的问题。详略得当、主次分明、重点突出、因材施教是新教师所要追求的目标。

3. 自主学习、合作探究的学习方式不好落实

自主学习、合作探究是新课标所倡导的一种科学有效的学习方式。自主是学生的一种需要,合作又是学生的一种发自内心的欲望,它作为一种新型的学习方式被教师广泛采用。这种人人参与、组组互动、竞争合作、时时有思维碰撞火花闪现的课堂,确实能给人以享受和启迪。但在实际教学过程中,新教师由于经验不足,不善于采用这种学习方式,常常使其流于形式,课堂上,合作探究或许是一人建议式,或许是教师说对就对,学生缺乏深入思考,无法真正进入自主探究的理想状态。

在我们许多新教师的公开课、汇报课上,这种方式甚至成了他们落实新课标、新理念的一种装饰,教师本身能否驾驭考虑得不多,更多关注形式新颖花式多样;问题没有得到解决,却追求互动热闹交流讨论;较少考虑学生到底理解了多少、学懂了多少,学习效果可见一斑。

4. 想运用多种激励机制,调动学生学习积极性也很难

现在的学生见多识广,空闲时和教师聊起天来头头是道,教师还不一定知道的,他们全知道,可是上课了要他们发现问题主动回答,他们却不大愿意发言。大部分学生缺少学习的积极性、主动性,他们对感兴趣的知识会显得比较兴奋,他们对不感兴趣或觉得较难的知识会不屑一顾或者保持沉默。新教师为了吸引学生,会想很多办法奖励学生上课专心听讲,如贴星、敲章、发奖券。课堂上他们想方设法激发学生的学习兴趣,努力创设有趣的情境,充分利用多媒体,刚开始很有效,可是时间长了,学生的兴趣就没有那么浓厚了,到最后教师一个人唱独角戏,只和几个好学生演完一节课。当那些激励手段渐渐不起作用时,新教师又该如何重新把课堂变得生动、有趣?如何让学生以饱满的热情参与学习,真正提高学习效率,感受学习的快乐呢?这是摆在新教师面前的很现实的问题。

5. 给学困生课后辅导没有时间怎么办

每个班级都会有几个学困生,在课堂上,其他学生做完题并订正完了,但是这几个学困生总也订正不完,要订正的任务量也大,为了保证正常的教学进度,教师也不可能一直等着他们。虽然在每学期初,教师都给他们制订了课后辅导计划,但常常完不成计划。有时是因为教学工作没完成,但更多时候是因为教师"抓"不到他们。想利用中午休息时间给他们辅导,但时常巧的是中午休息时间也恰好是别的教师需要给他们补习的时间,等到他们补习完,又要去上课了。这些学困生还有个共同的特点,要么贪玩,要么与教师玩躲猫猫,即使有课余时间他们也不会主动找教师补习。如何在有效的时间内,提高这些学困生的学习成绩呢?这些问题时常让年轻教师觉得困惑。

6. 怎样才能改掉学生完成作业不认真、不仔细的坏习惯

这是所有教师以及家长们经常讨论的话题。新教师由于缺少经验,上课只注重讲授教材内容,不注重正确方法的引导,导致学生读题审题的习惯、即时检查的习惯都形成不了,因为它们都是在日常教学过程中渐渐渗透于其中的。就拿学习数学来说,计算是解题之根本,学生在掌握了计算方法之后,只要仔细审题认真计算就能做对。但是很多学生却不能做到认真仔细,每次作业总会有很多学生不能全对,新教师该如何在教学过程中逐渐培养学生良好的学习习惯呢?其实认真仔细也是一种品德,一种责任,新教师抓住这个关键点,让学生对自己有一种责任感,才会水到渠成。

7. 对新教材认识不到位,简单按照教材来教,经常完不成教学任务

新课改以后,旧教材中原来两课时甚至三课时的内容在新教材中都只表现为一两道例题。看似简单的一两道例题,其实需要铺垫的知识点有很多,缺少经验的年轻教师不能领会,照单全收囫囵吞枣,一股脑儿地全部教给学生,以为讲得越多越好,而往往事

与愿违，课堂教学效果较差。新的教学理念要求教师在课堂上充分发挥学生的主体作用，把课堂还给学生。但学生活动、探究、合作学习往往要比教师单纯讲授花费更多的时间，新教师大多耐不住性子，不善于对学生活动过程中可能出现的新思维甚至出人意料的新情况进行即时处理。而现有的每节课的时间并没有增加，这就使得他们的教学任务很难完成。

三、教师发展过程中面临的困境

（一）教师对校本课程开发的思考

学校在进行校本课程开发时，有的只涉及部分课程，有的会涉及全部课程。这就要求学校根据自身特点和发展需要确定。即使是对全部课程进行开发，也可以在开发的深度上有所侧重，同时在课程的选择上要有一个先后、主次顺序上的安排。

过去，我们在课程设置上习惯于采用“堆垒”的方式，什么课程重要就开什么课程，什么课程过时了就把什么课程换掉，没有整体把握“教什么”“怎么教”等问题，整个课程结构显得较凌乱。

使全部课程结构化，这是校本课程开发中的一大挑战。所谓结构化，是指以学校办学理念为培养目标，构建“大课程”体系，实现“大课程”愿景。这里的“大课程”，一是指学校组织的一切有目的、有计划的教育活动都可能成为课程；二是指在课程理念指导下，通过隐性课程显性化，显性课程系统化，形成完整的课程体系，使所有的课程内容形成有逻辑联系的课程结构。结构化包括三个方面，即板块化、层次化和年级化。

首先，板块化是指要在一级指标的层面描述学校课程结构的总体框架。学校要把各种课程内容以一种整合的、框架结构的方式呈现出来。学校的课程结构要以国家课程方案的总体框架为核心，在此基础上进行校本化的整合与实施。

其次，同一板块的课程内容，经过结构化设计，要形成课程内容展开的“层次”。在课程的设置上，要注重纵向衔接、横向贯通。所谓纵向衔接，是指在课程目标、课程内容等方面体现递进性。所谓横向贯通，是指校本课程与基础型课程双向拓展，互为补充，促进学生立体学习，实现课程融合。因此，结构化的过程就是在逻辑意义的引导下，教师对课程内容斟酌、选择、取舍的过程。

最后，要对全校的课程内容进行统一的设置和安排，对课程内容进行纵向的年级设计。合理的纵向设计可以充分体现学生的年龄与身心特点，防止学生在不同年级中所经历的课程内容出现重复，确保这些课程内容呈现出较好的梯度递进关系。

（二）教师专业成长过程中的困惑

1. 专业发展进入高原期，成为教师专业成长的阻力

当下，像第三实验小学一样年轻的学校越来越多，学校教师年龄两极分化越来越严重，涌现出各种问题。大部分青年教师走上工作岗位后，经过几年的磨合期，慢慢站稳了讲台，他们在教学实践中摸索出了一些教学方法，形成了自己的教学特点，但随后有部分教师在专业发展过程中出现"高原现象"，如教学水平没有提高反而下降、专业发展停滞不前、找不到前进的动力。中老年教师在专业发展过程中出现"职业倦怠现象"。中老年教师是学校的中坚力量，由于其职业的高强度、高压力和职称的稳定，导致了小部分教师出现"职业倦怠现象"，具体表现为教学无兴趣、工作无激情、工作中缺乏自我认同、职业成就感低。

2. 缺乏自我发展的动力，成为教师专业成长的瓶颈

教师的专业成长同时受到来自外界与自我的多种因素的影响。目前，受教师对自身要求低、职业规划不清晰或学校环境复杂、缺乏上升空间等多重因素影响，很多教师在专业化发展的道路上缺乏自我发展的动力，这也势必会成为教师专业成长道路上的瓶颈。

3. 默会知识的再汲取，成为教师专业成长的绊脚石

默会知识，通常意义上是指教师在教学中通过对经验的理解、把握、重组，最终达到对它进行理智分析与控制的能力，默会知识是教学艺术与教学机智的内在体现。毋庸置疑，教师在教学中会形成很多默会知识，这与长期课堂教学实践潜移默化的影响密不可分。教师自身的专业成长要求我们一定要在课堂教学实践中逐渐积累默会知识。但是问题在于，默会知识必须来自教师自身，但又不可能直接传授，它在一定程度上由直觉、顿悟和灵感构成，它的习得存在很大难度，这也构成了教师专业成长的绊脚石。

4. 墨守成规，缺乏自主创新，成为专业成长少有个性化的原因

教师专业成长中一个突出的问题是教师因循守旧，墨守成规，备课资料年年相传，缺乏创新。教师的教学风格多停留在模仿师傅、前辈阶段，缺乏独树一帜的特色，教学方法也随大流，缺乏自己的个性特点，未能体现先进的教育理念。

5. 缺乏系统的培养计划，成为教师专业成长碎片化的根由

从学校角度来看，教师专业成长主要依靠校外的各种培训，很多教师参加各种培训也仅仅是为了应付或拿个结业证。从教师自身角度来看很多教师对于自己的专业发展没有清晰、系统的规划和目标，参加各种培训只是为了获得学分，完成学校布置的任务。

（三）新教师专业成长过程中的难题

每个人的发展是由自身的意念决定的。事实证明，个体只有通过刻苦的努力与不

断的探索才会获得成功。新教师在高校接受的是专业的教育理论培训,与现实的工作要求毕竟相差甚远。他们因为缺少对教师工作的深刻认识,缺少对学生心理的本质分析,更缺少对培训重要性的认识,在发展过程中会遇到种种困惑。这严重影响了他们的职业胜任感和幸福感。

1. 与学生交流的困惑

刚踏上工作岗位的新教师,组织教学常常虎头蛇尾,学生不买账,甚至在课堂上捣乱,新教师应该以什么样的姿态出现在几十个不同性格的学生面前呢?面对学生不乖、不听话、不完成作业等现象,新班主任想当然地希望通过一次谈话、一次批评就改变学生的坏习惯,头一两天兴许还可以,可没过几天,学生的老毛病又犯了,新班主任怒气冲冲却又无可奈何,怎么办?

有些新教师怕学生认为自己年轻管不住他们,就刻意与学生保持距离,制造不可侵犯的严肃形象,这样学生就会觉得新教师太过冷淡,有问题也不愿意和新教师交流。也有很多新教师恰恰相反,对学生很友好,下课还与学生一起聊天、玩小游戏,渴望与学生打成一片,但是由于新教师在学生心目中缺乏威信,学生往往不把新教师布置的任务放在心上,要么拖拖拉拉、敷衍了事,要么置之不理。

2. 无法成为时间的主宰

新老师一般一周上12至14节课,每天不仅要批改数十本作业,还要订正批阅,对学生进行个别辅导,很少有时间去听课、去反思。当然,新教师还要应对各种意外状况,晚上还得备明天的课。而且,新教师还有每周一天的外出培训任务,五天的课压缩在四天里上完,这还不包括早管课、午会课和晚管课,真的像个陀螺,不停地在转。新教师应该如何利用有限的时间,让自己在忙碌中有所收获,有所成长呢?

3. 对职业发展前景的迷茫,缺少持久力

新教师刚参加工作时,热情很高,主动承担各种教学任务,评比、科研事事抢着干,但过了一段时间后,觉得自己有点傻,看看别的教师,上完课闲暇时间大多娱乐放松,渐渐产生一种人与生俱来的惰性,什么都不想,什么都不做,失去了进取的目标,不知道前进的方向。有的新教师觉得自身条件不太优越,不想评什么职称,比赛不愿报名,培训马虎凑数;有的新教师觉得教师的工资太低,想发展自己的第二职业,于是整天往外跑,不遵守规章制度,工作态度不端正,只是表面应付罢了。这是新教师职业发展过程中的一些问题,如何度过这样的瓶颈期,值得我们思考。

4. 不能俯下身子悉心感知儿童的世界

儿童时代的美好是每一个人永远都无法抹去的烙印,每一位教师都会把可爱的孩子们当作自己小时候的缩影，细心呵护，亦师亦友，教他们学习，教他们道理。

新教师有其优越感，年轻富有朝气，容易得到学生的喜爱。然而面对烦琐的教育工作、应对不明理的家长、遇上不听话的孩子，新教师有时也会气不打一处来，上课只是为了完成任务，机械运作，下课快速离开，不做丝毫逗留。新教师原先想要力所能及地与学生交朋友，尽量去理解、去沟通，使尽各种手段，到头来都失败了。

苏霍姆林斯基曾说过："每个孩子都引起我的兴趣，总想知道，他的主要精力倾注在什么上面，他最关心和最感兴趣的是什么，他有哪些快乐和痛苦等等。"一个教师时刻受到学生尊敬，肯定富有情趣，看着学生的天真烂漫，谁不会爱意泛滥？新教师刚参加工作，涉世未深稚气未脱，还像一个小孩，自然会吸引到孩子们。

5. 一时无法适应从学生到教师的角色转换

新教师刚从大学毕业，还沉浸在校园生活中，信手漫步无忧无虑，或许自己的生活还离不开父母的提醒与教诲，一转眼踏上教师这个神圣的岗位，一下子找不到方向。自己的社会经验比较少，与人沟通的能力还不强，硬要在一群活泼可爱的学生面前表现得儒雅又智慧，亲切又祥和，真的很难做到。新教师一方面因为学生时代的结束而暗自神伤；另一方面又因缺少教育教学经验而担忧沮丧。社会、家长对教师的要求越来越高，时不时横加指责，作业布置多不行，孩子完不成家长要找教师，作业布置少也不行，孩子没事做家长管不了，孩子习惯不好要找教师，孩子之间吵架闹矛盾批评教师不会管。许多年轻的教师，看到家长来心理就有压力，由于缺少与家长沟通的技巧，极其容易产生矛盾，给自己的工作带来压力，极其容易产生不求上进、得过且过的心理，班级管理松散、教学成果堪忧，给自己今后的专业发展留下阴影。心理调适是年轻教师逐步适应角色转换的关键因素，教师是知识的传授者、学生群体的领导者、家长的代理人、学生的朋友与知己，这些都有别于学生角色，只有新教师自己心理上先调整好并努力适应，才会真正实现角色的顺利转换。

6. 想再多学一些，但就是静不下心来

教师面临的压力来自多方面，只有拥有一颗广纳的心，不断学习才会出类拔萃。大部分年轻人的通病是浮躁，自己喜欢的事认真做，自己不喜欢的事敷衍做，看到别人的优点特别羡慕，往往决心下得很大，可真的实施了，遇到一些阻力就无法坚持。比如数学例题中涉及多个学科的知识。历史（数学家的故事）、地理（海拔高度）、自然（气候变化）、天文（宇宙航天）等学科的知识穿插在合适的例题中。作为教师，不能只教书本，你的知识越丰富，学生越愿意听；你的课外知识越丰富，学生越喜欢你的课。学习需要静心，需要兴趣，需要一种坚韧的精神，更需要耐得住寂寞扛得住诱惑，年轻教师应学会从繁忙中寻找清闲，从历练中习得经验。

7. 在对自己的教学行为进行反思和研究上困惑较大

大部分年轻教师能够积极地进行课前准备。他们年轻有活力,学得快做得也快。他们制作的课件形式多样,内容丰富,有较强的艺术感。他们熟练运用多种媒体使课堂充实而有趣。但是他们在完成教学任务后,往往疏于或惰于反思,即使进行了反思,也往往抓不住关键之处,挖掘不到亮点。大部分年轻教师虽然按照学校的要求,定期撰写课后反思或摘记,但往往存在应付、记流水账等情况,有些甚至直接下载抄录,并没有从个人需求层面入手,将反思作为自己教学能力提高和经验积累的有效途径,这主要是因为他们缺少专家的指导,缺少有效的培训辅导。教学方法可以由师傅手把手教,课第一次上得不好,可以修改了再上一次,但是经验与理论是教不来的,只能靠自己领悟与体会,因此,反思就显得尤为重要。许多教师将教育科研当成高深莫测的理论研究,认为那是专家做的事,很难将其与课堂教学联系起来,新教师更是这样认为。其实他们不明白,教育科研是指以自己身边的普遍现象或特质事件为模型,结合实际形成观察研究的具体内容,继而通过理论分析和诠释,成为研究课题。新教师缺少了反思与研究,成长的动力就会不足,对教育教学的认可度就会降低,经验的呈现也会变得单薄且缺少个性化。

按照教师发展阶段理论,新教师的成长是有一定的规律和阶段的,但每位新教师经历各个阶段所需的时间长短不能一概而论。那些勤于学习与积累、善于修正与调整、勇于尝试与创新的新教师,往往会在短时间内适应教学工作,并在课堂教学中表现出良好的发展潜力。

第二节　核 心 概 念

一、校本研修

最近几年,很多学者和专家以及一线教师都对校本研修进行了研究。归纳起来主要有以下四种:第一,将校本研修视为教师教育的新形式;第二,将校本研修视为制度或文化;第三,将校本研修视为教师行动研究;第四,将校本研修视为教师专业发展平台。

有学者认为,校本研修是指以学校为基地,以学校教育实践中的实际问题为研究内容,以教师为研究主体,以促进教师专业发展为主要研究目的的教师在职教育活动。它不仅是教师在职教育的一种新形式,还是学校组织建设的一种有效途径。

二、课堂观察

课堂观察,是指用人的感官和多种工具对课堂进行观察。对于课堂观察,不少学者都进行了研究,崔允漷撰写了《课堂观察：为何和何为》《课堂观察 20 问》等文章,陈瑶出版了《课堂观察指导》一书。崔允漷认为课堂观察是一种专业的团队合作活动,是用观察的方法对课堂中师生的各种情况进行仔细的记录、理性的分析和深入的研究,进而发现问题,总结经验,提炼方法,以期促进学生学习成绩的提高和教师的专业发展。陈瑶强调课堂观察应该是专业的、科学的观察,而不是普通的、一般的观察。她认为课堂观察必须有明确的目的,借助一定的观察工具。

三、三健活力课程

第二实验小学于 2015 年被评审认定为“上海市新优质学校”,学校在内涵建设过程中,继续以课程建设作为任务驱动,进行三健活力课程的建设,提出“活力课程,活力师生”的创建口号。“三健”指的是健康全面的人格,健全聪慧的智力,健强壮实的体魄。学校结合对校本课程框架的研究,设计了三健活力课程开发的初步框架。活力体现为更好地运用微型课程的优势,实现育人价值,达到培养目标,让学生展现“三健”活力,让教师在课程建设实施中体会育人价值,争当活力教师。我校每年将通过学生、家长、同事互评推荐等方式,评选活力教师。活力教师评选有五大指标,即活力教师是关爱生命的教师、活力教师是心态阳光的教师、活力教师是把教育当事业的教师、活力教师是专业持续发展的教师、活力教师是有创造力的教师。“活力课程”可以实现学校与“活力师生”之间的对接。

四、“多维对话式”集智研修

“多维对话式”集智研修是我们在分析研究原有校本研修模式存在的弊端及消极因素基础上提出的新型研修模式,它以合作双方专业知识发展的内在需要为动力,在真实背景下对具体实践问题进行行动研究,促进教师对自己教学行为、教学思想的反思,通过专家教师和一般教师的经验互动,实现理论与实践的整合,实现多学科的整合。“多维对话式”集智研修,通过与同伴的对话、与专家的对话、与自我的对话、与文本的对话、与家长的对话、与学生的对话、与其他学校的对话、与共同体的对话等,帮助教师解决教育教学中的实际问题,促进教师专业成长,提升教师教育生活品质。

五、教学本位原则

（一）怎样理解教学本位原则

我们研究的是课堂，是教与学。课堂中的教与学是两个既相互对立又相互联系的体系。这里的本位，可以理解为两个方面。一是教师，即教师是教学的本位，起主导作用；二是学生，即学生是学习的本位，是发展的主体。在传统的教学活动中，教师的教得到重视而学生的学却被轻视，教师是教学的核心，学生只能跟着教师转，出了问题教师来解决，这能显示教师的权威性。德国教育家第斯多惠说过："教学的艺术，不在于传授本领，而在于激励、唤醒、鼓舞，我们衡量一节课的好坏不是看教师讲了多少，而是看学生接受掌握了多少。"新课改倡导构建以学生主动参与、师生双向互动、探究创新为主的新课堂教学模式，注重多方位理念的互融。教师的强塞硬挤，只会使学生厌倦。解放教师自己，开放性地使用教材，结合学生的实际开展教学才是教学本位原则的体现。所以课堂教学中的本位应该是双向的，是立体的，是彼此依存共生共发展的。

（二）怎样体现教学本位原则

唯物辩证法认为，变化的条件是外因，而内因是变化的基础，外因通过内因起作用。教师把知识传授给学生，学生要通过反复练习、纠错等途径，将其内化为自己的知识。教师应让学生自己去获取知识，做学习的研究者、讨论者，在课堂上积极思考、发现问题并自行解决问题，自觉成为学习的主人。

教师是通过专业的学校或机构长期培养的，其在成长的过程中逐步熟悉学生的心理特征。教师要在上课前分析学生的学习现状，精心准备教学内容，做到心中有目标，环环扣重点。教师是课堂教学的主体，必须清晰教学内容，合理安排教学进度，这样才能使学生学得轻松愉悦。教师要进行合理的指导与提示，帮助学生少走弯路，轻松掌握知识。

学生是学习的主体，教师的教学只是学生学习过程的助推器。教师要考虑怎样去激发学生的学习积极性，将枯燥的知识情境化、趣味化，化繁为简，使得学生乐于接受，自觉接受。我们常说"以学生发展为本"，是指注重每一个学生全面发展与个性差异相统一的个性需求，从而把学生个性的健康发展作为课程实施的着眼点和目标。教师在帮助学生掌握基本知识的同时，还要注意培养学生的能力，因为学生学习的自主性越强，其解决问题的欲望越强，因为学生积极主动常举手，合理解决重方法，其学习的能力也就越强。学生的发展是基础教育最根本的目标之一，培养学生终身学习的意识，也是教育本位的最终体现。

实践证明，学生是素质教育的实践对象，充分发挥其主体特性，有助于广大教育者以创新的手段打好未来中国梦的坚实根基，为后续的教育教学改革创设良好的实践基础。教师的教与学生的学，彼此共融密不可分，相互扶持你攀我升。

（三）怎样坚持教学本位原则

作为一项行动研究，我们尝试着去改变教学的方式和学习的环节，摆脱原有的约束，创设新的学习空间。教学的重要理念是“以学生发展为本”，通过“和爱”的手段，营造师生彼此互信、互动共鸣的课堂文化，变“授课”为“学课”，变“解决问题”为“共同搭建”，使得课堂不再是学习的战场，而是知识的乐园。

首先，我们尝试着变“教师备课”为“学生备课”，以学生为本，备有活力的课。我们引导学生通过寻疑、释疑、交流，实现知识的过程性获得。一是坚持寻找疑问和解决疑问相结合的原则。学生在预习学习单上寻找自己无法理解的问题，教师则灵活地将这些问题编入教学过程并在课堂教学中充分发动学生自主寻找解决方式。这使得教师的灵活干预与学生的实际呈现相结合，课堂呈现的是符合学生实际需求的内容。二是坚持学生个体与学习小组相融合的原则。学生个体的学习能力是单薄的、孤立的，而学习小组的学习能力是多层的、互补的，既可以是延伸的，又可以是无限放大的。我们将学生合理编组，课堂中编成学习小组，主要讨论即时问题，课后编成活动小组，主要用于巩固提高。学生在学习过程中没有及时解决的问题，可以在小组中得到解决。小组学习不仅有利于学习较好的学生发挥自己的才能，通过发言检验自己的正确性，在组员中产生一定的影响力，还有利于在班级内形成一种向心力、凝聚力，促进班级的学习风气朝着自觉、好学的方向发展。三是坚持教师与学生相结合的原则。课堂是教师的，也是学生的，教师引导着学生通过努力去获取新的知识，学生也随着教师所创设的情境一步步走向成功，师生在互动中、讨论中感知彼此的思想、体验获得知识的喜悦。课堂是灵动的，学生所暴露出的问题，正是教师要关注的问题。学生提出的问题应该由学生集体在教师的帮助下来想办法解决。教师是一根导线，正确接上正极与负极，电路通了，灯才会亮，问题也能得到解决。

其次，我们尝试着变“教师讲课”为“学生讲课”，让学生走上讲台，展现自我，突破难点，融会贯通。一是循序渐进，逐步放手。课堂是灵活的，有些学生自己可以解答的问题，教师可以放手让胆子大的学生帮忙讲课，有多些学生参与其中则更好。刚开始学生可能不太会表达自己的想法，这时教师要耐得住性子，鼓励学生慢慢讲，直到讲清楚为止。教师千万不能怕影响教学进度，代替学生来讲，如果教师操之过急，可能会打击学生的主动性，让学生因为怕讲得不好不敢再举手，进而导致该出现的问题没有出现，该解决的问题没有解决，学生表面上学得顺顺利利，实际上疑惑很多。二是突破重点，兼顾一般。学习内容是统一的，但学生是参差不齐的，要使课堂学习既兼顾到大部分学生的需求，又使得少部分学有余力的学生有更多的收获，教师的驾驭能力是很重要的。知识点呈现的先后顺序体现了教师理解教材的基本功，而练习梯度的设计，没有一定的积淀是无法完成的，更厉害的是随机应变，依据课堂的即时生成灵活应对，那才是真功夫。学生在教师的巧妙引导下，通过自己的思考、尝试，获取基础知识，掌握解题技巧，也在相互争辩与交流中有所成长。三是师生轮流，携手并进。课堂应是立体的，精彩纷呈的。有些知识的学习必须有教师的设计与引领，如一些概念性知识的学习。有些知识学生可以利用知识迁移自己学习。教师可以从刻意培养学生的学习能力入手，让学生走上讲台，自己设计讲解提纲，如果能发挥小组的力量则更好。这样，学生的能力提高了，学习形式丰富了，主体地位凸显了，课堂也变得更加富有灵性了。学得轻松、学得快乐才是教育之根本。

最后，我们尝试着变“教师测试”为“学生自测”，引导学生分组设计测试题，小组内先讨论再整合，最终形成多套测试题库。教师通过让学生自拟测试题，了解学生习得的程度，学习内容是不是符合小学生实际，还存在哪些不足。一是理论与实践相结合。教师给出测试的知识点框架，给学生一定的模板，如一套数学综合测试题中计算部分有口算、递等式计算、巧算、列式计算等题型，概念部分有填空、判断、选择等题型，还有动手操作题和综合应用题等题型。刚开始可以让学生与家长共同参与，依据书本的章节和知识点设计，然后由教师综合编排，最终形成基础与提高两套测试题，学生可以依据自己的学业水平选择做其中一套。二是个人和小组相结合。教师可以让每个学习小组合作设计一套测试题，这样既可以减轻学生个人的压力，又因为人多关注点更有层次，能够兼顾不同类别的题目，更具科学性。学生通过小组合作完成学习任务，有利于增进彼此的友情，有利于形成有难同当、有责同负的集体意识，这是现代学生身上难能可贵的品质。三是小组合作与互助共享相结合。集体讨论产生的测试题，学生除了在小组内部达成共识，还要在教师的组织下，与其他小组互换共享，既找出相互之间的差异，又找出自己的薄弱环节或疏忽遗漏的知识点。这有助于学生形成一种自我学习、自我监测的学习习惯。从小养成了这样的习惯，对学生今后的学习会有很大的帮助，因为学习毕竟是个人的事，“我要学”是迈向成功的开始。

课堂教学不是教师或学生单一的活动，我们实施素质教育的初衷是让学生学会自我学习，掌握科学的学习方法，成为学习的主人。这需要教师给予学生源源不断的帮助与指导，开放课堂，解放学生，减轻负担，真正实现课堂转型，在快乐中学习、成长。

第三节 文 献 综 述

一、国内外校本研修模式的研究

20世纪60年代,出现了“校本培训”“校本研究”。这一教师专业发展行动的核心理念是“以校为本”“教师即研究者”“促进教师专业发展”,而我们今天所说的校本研修,其目的是要从根本上引导教师在培训中从被动走向主动,促进教师的自主学习和专业发展。关于校本研修的概念目前仍是众说纷纭。有的学者认为校本研修是教师教育的一种形式。如学者王祖琴就曾说过,校本研修是指以教师所在学校为基本场所的一种研究性学习方式,基本方式是结合本校和教师本人的教育改革实践开展研究性学习,交流平台是以教师为主体、包括专业人员和学校领导在内的学习型组织,直接目标是改善教师的教育行动,根本目的是提高教师的专业素养水平以及教育质量,促进教师自主成长,促进学生和学校发展。有的学者认为校本研修本质上是一种行动研究。如学者王洁曾经提出,校本研修是高度融合进教学活动之中的,从一定程度上说,它本质上是一种教育教学实践行动形式,它并非是游离于教育教学实践行动之外的。有的学者认为校本研修本质上是一种文化建设,持这种观点的代表学者是汤立宏。他指出,校本研修是指以教师所在学校为研修的主阵地,以学校教师个体作为研修行动的主体,以教育教学活动中产生的实际问题为研修内容的一种研修形式。校本研修的实际目的是促进学生发展,提升教师专业化水平。校本研修将教师参与的各种培训、教学研究、教育科研、学校管理以及校本课程开发等多种元素有机地融为一体,它首先是一种关于教师和教育学的行动研究,其次是一种制度建设,最后是一种健康向上的学校文化。总而言之,校本研修是一种以校本培训、校本教研及校本课程开发等校本活动为基础的文化建设。

(一) 国外校本研修的研究概述

较早的比较系统的校本研修出现于20世纪80年代的英国。在那时,教师校本培训慢慢成为英国教师教育的国策之一。最具代表性的研究成果当属“六阶段校本培训模式”,它由谢菲尔德大学针对当时教师在实际进修活动中存在的一些问题而提出。“六阶段校本培训模式”具体分为确定需要、谈判、协议、前期培训、主体培训、小结六个阶段。

20世纪80年代后期,对校本研修的关注开始由英国逐步走向美国。美国的教育专家较多关注如何提高学校教师的教育教学质量。他们在摸索的过程中逐渐形成了两种比较成功而典型的研修模式,即学校本位的师资培训模式、专业发展学校模式。这份发表于 1989 年的题为《着眼于未来的师资教育》的文件明确提出,教师培训要将培训形式以及内容的建构重心下移,教师培训的出发点应该是教师自身,要深层次满足教师的不同需要,要努力建设以校为本,同时能够满足不同教师需要的培训机制。

在国外,有关校本研修的研究主要集中在英、美两国,纵观其在国外的发展、演变,具有以下几个特点:(1) 相较以往更加尊重教师本身的客观需要与实际工作情况,给予教师更多的教学自主权和发言权;(2) 让教师自主界定培训需要,这样培训活动自然而然就对教育教学实践中遇到的问题有了更多的关注,进而推动了教育教学问题的有效解决;(3) 教师培训从注重知识与理论的讲授转向注重教学实践的优化、教师实践技能的提高,进一步拓展了培训的内涵。

(二) 国内校本研修的研究概述

校本研修是教师继续教育的一种主要形式,也是促进教师专业发展、提升教师素养的一种有效途径。比如,上海市浦东新区的部分学校,为有效发挥校本研修的作用,积极构建实践取向的校本研修模式。实施实践取向的校本研修要求学校根据教育实际确定研修主题。

1. 专家学者对校本化培训的研究

通过查阅文献发现,2004 年以前,我国校本化培训研究主要是对一些概念进行解读并从国内外校本化培训研究中获取经验。如华东师范大学的于建川老师在《国外教师校本培训经验及其启示》一文中指出,要通过研究和借鉴国外成熟的培训经验,逐步完善我国的校本化培训,尽快达成《面向 21 世纪中小学教师继续教育工程》中对中小学教师提出的培训目标。他对国外教师在培训过程中形成的理论进行了视觉化的阐述,介绍了《国际教育百科全书》中归纳的教师专业化培训的四种模式,分析了国外教师校本化培训的发展历程,阐述并总结了国外教师校本化培训在结构体系、目标呈现、机构协作、机制运行等方面的经验,认为教师校本化培训应根据每所学校的不同情况适当开展起来。

通过网络检索发现,我国已经实施的校本化培训方式大致有以下几种:(1) 课题领衔法;(2) 集体培训法;(3) 师徒组合法;(4) 展示观摩法;(5) 独立研究法;(6) 联谊分享法;(7) 反思总结法。还有中国浦东干部学院副院长郑金洲将校本化培训归纳为优秀教师带领型、组建团队合作型、培训基地自创型、骨干小组钻研型、名师团队带教型等。

2. 从教师的校本化培训到校本化研修

随着课程改革的不断深入,教师专业素养不高逐渐成了课程改革进一步推进的障碍。新的课程理念逐步清晰,各地区的校本化培训逐步成为教师专业成长的一种重要形式。但现实中,教师仍然面临着很多的疑惑和心理障碍,如:曾经学习的教育教学理论与教学实践相悖、教师的个体经验得不到重视、缺少强有力的支持。传统的培训形式注重教师整体的发展,设计的项目无法照顾到某些个体的需求,不利于培养教师的个性和充分调动教师的积极性。因此,大部分教师都渴望有一种真正能有助于自己专业发展的、全新的校本化培训模式。

校本研修则将校本化培训提升到了一个新的高度,它是对教师职业发展的重新审视。大概从20世纪60年代开始,教师才开始尝试进行实践类的研究。英国著名的课程理论家、教育家、活动家劳伦斯·斯滕豪斯曾提出,让教师成为研究的实施者,也成为行动研究发展的重要载体。近几年来,随着研究的不断深入,原先块状、线状的单一研究模式,已经不能适应现在的教育发展形势。研究者将理论与实践有机结合,不断对校本化培训进行纵深化、网络化研究,逐渐形成了现在的校本研修。如教育硕士李百艳在《发展中的教师校本培训模式》一文中,通过档案分析、个别访谈、案例视讯、问卷调查等方法,对研究对象——某所中学的情况进行了较为详尽的了解,分析其办学目标,调查其师资配备情况,同时结合绩效管理的有关知识,提出了"基于对话管理"的校本研修模式,以期实现"绩效与人的幸福感相统一"的愿景,努力构建让教师和学校"和爱"共处、共同成长的新版图。

校本化研修提出后,教师在教学研究中的地位和作用被凸显了。教师是研修的主体,也是具体实施的载体,其在实践中有了感悟、有了想法,就可以在课堂中加以实践。这提升了教师的存在感和对教育的使命感。校本化研修还能很快发挥其隐性作用,帮助教师提升教研意识和教研能力。华东师范大学博士吕敏霞在《中美校本教研比较研究》一文中通过对中美校本化研修的产生背景、概念与内涵,机构设置和管理,校本教研活动,实施流程与开展模式,方法与指导策略,评价与进展情况等方面的比较,明确指出学校负责人在校本化研修中高瞻远瞩是十分重要的。我们建议学校在传统组织功能的基础上重新组织有能力的教师开发新的组织功能,大胆设想迎难而上,利用政策性优势,借助网络的强大功能,帮助广大教师,特别是年轻教师改变观念,努力创新。

校本化研修特别注重教师的专业化发展。我们希望通过校本化研修促进教师的专业化发展,进而带动整体的课堂变革。

(三)教师校本研修的几种常见模式

从20世纪90年代开始,市级、区级中小学教师的职业培训形式发生了巨大的变化。校本研修也更加指向本位,即回归学校、回归校本特色。校本研修的首要目标是学校发展,我们首先要解决学校发展的特色目标与教师本身相结合的问题,其次要解决教师在日常教育教学实施过程中自身的专业发展问题，最终要解决校本研修活动组织问题。校本研修服务于学校，是为了满足学校与教师的真正发展需求而进行的，是有目的、有内容、有基础的。它与传统的以区进修学校等教师教育培训机构为中心的教师在职进修方式相比，更加关注教师教学实践的真实体验以及课堂的即时生成；更加关注教师教学实践能力的发展；更加关注从情感的角度激发学校和教师的参与热情，使之有底气、有人气、有成效。20世纪末，在“面向21世纪中小学教师继续教育和校长培训”工作会议上，国家教育部明确指出，中小学教师的职业培训要以校本化研修为主。

现在我们常见的校本研修模式有以下几种。

1. 在课题研究带动下的校本研修

第一，帮助教师从基础理论学习开始，了解一般科研课题的开展流程，缓解教师的紧张畏惧心理。鼓励教师从小课题开始，最好从日常工作中遇到的问题开始。学校层面要努力营造科研的氛围，科研中心组人员领衔课题，带着年轻教师一起研究。事实上，每一位参与研究的教师都是研修的实践者，他们的进步都与自己的工作密不可分，因此基层的教师非常适合进行研修。

第二，教师可以边研究边实践，把工作中发现的问题归纳在一起，通过指导教师的分析指导，不断将平时的思考记录下来，逐渐形成自己的核心观点；通过组合式的研修，把问题放大拓宽，同时加强理论学习，把理论与实践有机结合起来。当然，选择的着眼点要小而精。经验告诉我们，研究讲究的是水到渠成，只有当你的理论水平达到一定的程度，研究的方向才会契合教育发展的新形势，甚至成为区级或市级的热门课题。学校的科研领导小组要及时跟进，搭建研究的平台，提升教师研究的推广价值。

第三，课题研究的过程是非常枯燥而艰难的，学校要为研究者提供研究所需要的一切条件，如聘请专家介入研究进行实际指导、组织小范围的研讨活动、将研究者的优势充分显现出来。学校还要鼓励教师养成写随笔的好习惯，滴水穿石积少成多，作家不是一天成书的，教师也要通过不断吸收学习，不断耕耘反思，最终才能成长为一位有理论有见解的研究者。

第四，学校应搭建好宣传的平台，及时将教师的研究成果进行适当的宣传与推广，如通过校刊、杂志、研修专网公开发布教师的研究成果。如果教师的研究成果被众人认可，那么其内心的驱动力就会愈发增强，其研究的趋向性就会变得更加符合实际。

2. 学科中心组式的课堂实践下的校本研修

依照多年的实践操作，教师的研修培训有多种形式，如校内的应急性课程培训、课堂教学观摩展示、课题课程等研讨会。可以说，让绝大部分教师在参与了这类培训后，将所学知识运用到自己的课堂是不太现实的。但在集体备课磨课、展示、评议后，许多教师的课堂在悄悄发生着变化。事实证明，我们现在采用的名师工作室、骨干研究小组、集体备课磨课、单元整体设计等形式，真正成了教师成长的舞台。课堂最能体现一位教师的成长足迹。名师的指导、小组的精研、多次的实践与修改，提高的是教师驾驭课堂的能力，提升的是教师教育教学的思想。因此，教师的专业成长离不开课堂实践下的校本研修。

第一，要精心挑选课堂研究的内容。可以是教材中较典型的优秀案例；可以是曾经做过范本但现在有专家重新指导的新案例；可以是自己或集体创编的拓展内容。

第二，精心搭建共同研修的平台。可以是长期聘请专家与优秀的教师合作，采取跟踪式培训方式，通过“备课—上课—修改—评课—再上课—再评课”的循环形式，为教师或研究小组呈现优质的教学模板；可以是跨区域的校际联动，利用好共同体等优质的资源，扩大合作的规模，共享教育教学经验，好课程一起研究、好活动一起参与、好经验一起聆听，相互取长补短，提高教师实际参与率，使新教师快速成长，使有经验的教师快速成才。

3. 教学实践课后反思中的校本研修

反思是指教师通过实践以及小组共同讨论后，依据自己的教学过程所呈现的真实情形，思考自己的教学行为是否符合学生实际，是否产生了较好的效果，查找自己教学中的得与失，研究怎样做才是最合适的，对自己的教学进行重新审视的过程。反思并不是一般意义上的“回顾”，而是挖掘、核实、论证自己在实施教学过程中哪些行为是正确的，哪些行为是存在问题的。它是教师进行校本化研修最基本、最有效的方式。

第一，结合平时的推门课、随堂课，听课教师及时与授课教师交流教学中的亮点与不足，好的要表扬，不好的要给出改进建议，做好一对一的职业培训工作。

第二，采用同课异构的对比形式，通过教学实践中的事实对比，组织教师讨论思考，找出不足之处，提出修改意见，做好小组渗透式的行为培训工作。

第三，组织教师多写教学随笔，多看理论书籍，努力将理论付诸行动，学会在反思中找到与他人的差距，从而改进自己的教学行为，做好自我醒悟式的校本研修工作。

二、国内外课堂教学转变的研究

（一）国内外对课堂观察的研究

国外课堂观察经历了经验主义方法论指导阶段、科学实证主义影响阶段和多种方法论运用阶段三个阶段。国内这方面的研究开始得比较晚，大约在 20 世纪 90 年代萌芽。这个时期，国内学术界和教育界对课堂观察不够重视，因而研究的数量还不多，质量也不高。因此，这个时期的课堂观察研究还处于初级阶段，即把观察引入课堂研究中,观察只是一种行动。

随着国内教育改革和课程改革的进一步深入,到 21 世纪,国内学术界和教育界对课堂观察的研究进入了飞速发展和深入研究阶段。陈瑶出版了专著《课堂观察指导》,带动了各界,特别是一线教师对课堂观察的实践研究。2008 年,由沈毅、崔允漷撰写的《课堂观察：走向专业的听评课》一文,从专业听评课的角度研究了课堂观察,认为课堂观察对于改变传统的听评课形式具有重要的作用,使课堂观察成为听评课走向专业的最新方式。当然,这个研究也进一步丰富了课堂观察研究。

有的学者对课堂观察的概念进行了界定,关注课堂观察的意义和课堂观察的实施主体。但在实际应用中,相关概念界定的困难及辅助工具的缺乏阻碍了课堂观察的广泛应用。

有的学者非常关注课堂观察方法的研究,认为可以运用课堂观察量表,记录课堂观察的相关信息,分类整理评价;可以定性观察研究,有意识地搜集课堂教学中的小事件,关注每个细节,进行描述、分析、评价。

有的学者,特别是一线教师非常关注课堂观察实践应用的研究。课堂观察应该服务于课堂。这种方法得到一线教师的认可和欢迎。一线教师对于课堂观察的应用和实践,很大程度上丰富了课堂观察领域的实践研究。一线教师的课堂观察也拓宽了专业学术研究学者的研究视野。

有的学者对课堂观察研究进行了深刻的反思和总结。陈瑶在《课堂观察手册》一书中指出,课堂观察本身内部和外部都有限度,理论表浅化,专业性欠缺。因此对于课堂观察的研究还需要更多的新思路和新方法。杨玉东通过对课堂观察运用到教育研究领域所经历的大致阶段的回顾,以及对课堂观察研究的三种价值取向的概括,揭示出当前的课堂观察研究在“教育实践运用取向”“学科内容角度分析”等方面的缺失。沈正元和张菊荣认为,自从有课堂教学以来,课堂观察的行为就一直存在。课堂观察作为一种科学研究方法,在近几年来受到越来越多学者、一线教师的关注。自 2006 年起,江苏省吴江市的观察者以一种务实、有效的科学态度投入到课堂观察的研究及实践中。课堂观察在观察者和一线教师不断的实践和反思中,开出了朵朵绚丽的鲜花。2007 年,吴江市《现代校长》第五期推出了“课堂观察：教学研究方式的一项革命”专题讨论,激发了许多读者广泛的兴趣,课堂观察仿佛是“在微观研究中引发的一场头脑风暴”。

（二）课程开发促使课堂教学转变

国内外校本课程开发的历程为我们在理论和实践上的探讨提供了坚实的基础。

从国外校本课程开发的理论与实践来看,它们显著的特点是具有悠久的历史。古代国外学校的课程不论是课程范围还是课程设置种类都是由学校自己决定的。到了中世纪后,校本课程因文化和学校教育的衰落以及教会的控制一度衰落。直到欧洲文艺复兴之后,校本课程也随着整个文化与学校教育的繁荣而进一步多元化。各个学校自主开发的课程门类多、内容广,出现了百花齐放、百舸争流的局面。随着社会的不断进步,学校教育也发生了大变革。各国普遍重视基础教育,先后普及了一定年限的义务教育,建立起了完整的公共教育体系,各国政府为了达到教育为统治者服务的目的,在一定程度上以各种方式加强了对学校课程的控制,这削弱了学校对校本课程的自主权,使课程相对于过去形成某种程度的统一。到了 20 世纪六七十年代,西方国家兴起了民主运动,这个运动也影响了学校的课程,具体体现为课程决策的民主化,它更强调学校、社区的课程运作,要求学校教师、学生、家长、社区代表等共同参与课程决策。这场变革,掀起了课程史上的"校本课程运动"。西方国家的中央教育部门开始承认课程开发的中心在学校,政府起到协助推动校本课程开发的作用,同时把国家课程方案作为学校进行校本课程开发时的参考;与此同时,政府通过中小学教育委员会推动"资源运动"与"校本在职培养",优化了校本课程实施的大环境;某些国家承认学校具有课程自主权,教育主管部门划拨经费补助校本课程开发及教师进修活动。到了 20 世纪 80 年代,有些国家将教育竞争作为国与国之间竞争的一个重要方面,将调控教育作为一项根本性的政治任务,不断加强国家对课程的控制力,使得校本课程在整个国家课程体系中的地位有所下降;但也有不少国家的做法与之相反,政府对学校教育控制权逐步减弱,增加了学校在课程决策上的自主权,提升了校本课程在整个学校课程体系中的地位;还有一些国家的课程决策权呈现出兼容性,政府在加强对学校课程控制的同时,扩大了学校在课程方面的自主权,加强了校本课程的开发,从宏观的课程框架来看,这些变化可以理解为校本课程在整个课程中的重新定位。

而这些变化都基于一个共识:单一的国家课程或者校本课程都有诸多的不利因素,两种课程在学校教育体系中各自发挥着重要作用,应该建立国家、地方和学校课程体系,共享课程决策权,共同分担责任。国外校本课程开发研究的特点,在方法上表现为以实证研究或个案分析为主导,理论上的论证和建构较少;在开发的策略和实施上多结合具体案例加以阐述和说明;在观点或结论上以体现校本课程开发模式的优势居多;在时间上主要集中在 20 世纪 70 年代至 90 年代初期,90 年代中后期逐渐减少。

我国校本课程较早在香港地区和台湾地区得到重视,国内关于校本课程开发较为系统的研究是随着新基础教育改革的逐步深入而发展起来的。20 世纪 80 年代以前,由于国内实行传统单一的国家课程,这种由上而下的课程开发模式导致了课程政策的失真。1999 年全国教育工作会议之后,校本课程逐渐受到人们的关注,讨论校本课程相关问题的文章也如雨后春笋般频繁出现在教育杂志上,现如今,校本课程开发已经成为基础教育研究领域的热点问题之一。我国目前对校本课程开发的研究中，华东师范大学课程与教学研究所一批学者的研究较为系统。崔允漷从两个方面进行了研究，一方面从课程决策出发分析了世界课程改革的历程，提出“走向课程决策分享”是世界各国课程改革的共同趋势；另一方面从两种学校课程开发主体出发分析了他们各自的优越性，提出校本课程开发是国家课程开发的一种补充。吴国平从课程哲学的角度出发，认为校本课程开发在我国兴起的时机已经到来。同时，他还研究了校本课程开发的活动类型、运行机制、基本条件和思想基础等问题。王斌华认为校本课程开发包括环境分析、课程目标设置、课程组织、课程实施和课程评价等环节；而校本课程实施包括原型评价，课程试验，校本课程的传播、采纳和推广，个别化教学，教学方法的选择以及校本课程的时间安排等方面。另外，陈桂生、张永谊、付建明等人从不同的角度出发对校本课程或校本课程开发的概念、特点、价值、条件等方面进行了理论探讨和政策分析。众多的研究和讨论，使人们对校本课程开发的认识越来越深入。与国外校本课程开发研究相比较，我国校本课程开发研究存在两方面的问题：一是在研究方法上，重视对校本课程开发的理论研究，缺少具有独特校本色彩的实证研究或个案分析；二是在研究内容上，重视对校本课程开发必要性的论证与宣讲，但对我国中小学的现实状况关注不够，这预示着学者们努力构建起来的理论在应用到中小学课程改革实践时，很可能会产生诸多的困难与矛盾。因此，我们在进行校本课程开发时更应关注现实教育教学问题，在实践中生发出对学校“三健活力校本课程”开发促进课堂教学转型相关理论问题的研究。

自从倡导新课程改革以来，很多一线教师以及专家学者在转变教学方式、促进课堂教学转型等方面进行了很多有益的尝试与探索，取得了一定的研究成果，给出了一些较好的建议，为课堂教学有效、高效转型提供了借鉴。研究成果主要表现在以下几个方面。

第一，深化落实新课程改革的要求，促进教学方式的转变。持这种观点的学者认为，课程改革不仅体现在教学方式上，还应该内化在深度内涵上。教师应该明确教学方向，努力创设学习环境，积极发挥教师的引导组织作用，将课堂转变落到实处、深处，不能只是简单在教学设计、教学方式上有所改变。

第二，从建构主义理论出发，深度探讨教学方式的变革。持这种观点的学者认为，所秉承依据的学习理论不同，随之产生的教学方式也将不尽相同。在我国基础教育课程改革大潮中，建构主义理论是重要的理论基石，对新型教学方式，如探究学习、自主学习、合作学习起着举足轻重的作用。在新课改的时代背景下，教师要想从根本上改变课堂教学方式，就应钻研并领悟建构主义理论，并将其积极应用于自己的课堂教学实践，真正达到实现课堂转变的目的。

第三,以教师教学方式和学生学习方式之间的关系为切入点,研究课堂教学的转变。持这种观点的学者认为,学生是课堂教学的主体,教师只是引导者,在课堂转变的过程中教师应让位于学生,学生学习方式转变的根本应该是课程改革的根本,教师的教要服从、服务于学生的学,要以学生的学代替教师的教,从根本上实现课堂转变。

第四,结合客观现实从社会实践的背景出发来研究。持这种观点的学者认为,在新课改的背景下,信息技术正发挥着举足轻重的作用,在课堂转变的历程中也是如此。无论是教学方式的转变还是学习方式的转变,都应该结合信息技术这一突破口,切实加强信息技术与各科教学的整合,强化现代技术条件支持下的情境性教学与实践学习,借助现代化信息技术提高课堂效能,实现课堂转变。

第二章　课堂观察与集智研修

在当今全球变革、文化多元、充满活力的背景下，教育需要革新和改进。教育改革最终发生在课堂上。一个班级的课堂变革依靠教师的课堂观察，一所学校的课堂变革依靠学校的校本研修。我们集聚各方面的智慧，以校本研修为手段，以课堂观察为切入口，促进教师发展，促成课堂教学转型。

课堂观察是课堂教学研究的一种重要方法，适合于课堂这种教学情境。课堂观察不是一般的观察，观察者要想在复杂的课堂情境中进行有效的课堂观察，需要专业的技能，需要借助专门的工具，也需要专门的训练。一线教师是最适合进行课堂观察的人群。一线教师根据班级情况选择观察点、设计观察量表、实施课堂教学、课后研讨反思，不仅有助于培养学生的学习兴趣和习惯，提高自身素质，而且有助于转变传统课堂教学，实现智慧课堂。

第一节　课堂观察

相比国外的课堂观察研究，国内的课堂观察研究起步较晚，但是我国课堂观察研究发展阶段不同于西方的三阶段论。课堂观察研究在我国萌芽于20世纪90年代。这时候国内对课堂观察方法还不够重视，课堂观察研究基本上还处于国外课堂观察研究的第一阶段，即把观察当作行动和经验研究中的一种主要方法引进课堂研究当中。

21世纪以后，因为引进国外研究成果，再加上方法多元，我国新课改越来越深入。课堂观察研究进入快速发展阶段。陈瑶《课堂观察指导》之后，我国课堂观察研究如雨后春笋般涌现，许多一线教师纷纷投入实践。2008年，沈毅教授、崔允漷教授《课堂观察：走向专业的听评课》成果发表。他们把课堂观察作为听课、评课、校本研修的新方法和新形式，使其得到了新的发展和具体实践。

一、互动分类研究与四维度课堂观察

课堂观察源于西方的科学主义思潮，20 世纪五六十年代，它开始被当作一种课堂研究方法。1950 年，美国社会心理学家贝尔思(R. F. Bales)提出了“互动过程分析”理论，开发了一种编码系统，并把这种编码系统当作课堂小组讨论中研究人际互动过程的框架。这样一来，比较系统的课堂量化研究就真正开始了。

(一) 互动分类研究

1960 年，美国课堂研究专家弗兰德斯(N. A. Flanders)提出了互动分析系统(Flanders' Interaction Analysis System，简称 FIAS)。这标志着现代意义上课堂观察的开始。弗兰德斯互动分析系统主要包含三方面内容。

1. 描述课堂互动行为的编码系统

这种编码系统主要对师生课堂言语互动行为进行研究，将师生课堂言语互动行为分成 10 个种类，如表 2－1 所示，每个种类都有一个代码(即一个表示这类行为的数字)。弗兰德斯设计了表 2－2，每 3 秒为一个单位，让观察者依次记录最能描述师生课堂言语互动行为种类的编码。

表 2－1 课堂言语互动行为种类

教师说话	间接影响	(1) 接受感情
		(2) 表扬或鼓励
		(3) 接受或使用学生的观点
		(4) 提问
	直接影响	(5) 讲解
		(6) 给予指导或指令
		(7) 批评或维护权威性
学生说话	间接影响	(8) 学生被动说话(如回答问题)
	直接影响	(9) 学生主动说话
静　止	直接影响	(10) 静止或疑惑，暂时停顿或不理解

2. 观察和记录编码

在课堂观察中，弗兰德斯采用时间抽样的方法，每间隔 3 秒就让观察者依照上述分类记录相应的编码。这样，一节 40 至 50 分钟的课大约有 800 至 1 000 个编码，这一系列编码能够将课堂中按时间顺序发生的事件反映出来。这种按时间和事件顺序连接成

表 2-2 FIAS 数据表

	1	2	3	4	5	6	7	8	9	10	11	12	13	14	15	16	17	18	19
1																			
2																			
3																			
4																			
5																			
6																			
7																			
8																			
9																			
10																			
11																			
12																			
13																			
14																			
15																			

的一个序列,能够呈现出课堂教学的结构、模式和风格。

3. 对得到的数据进行数学处理

采用的数学处理方法包括矩阵分析法和曲线分析法。

弗兰德斯互动分析系统的优点是观察者所记录的数据比较客观,便于分析。弗兰德斯互动分析系统也有一些不足:第一,它重视口语行为,但不重视非口语行为,这样一来就会忽视不少重要的信息;第二,它重视教师对待全班的行为,而对学生话语的分类(仅有两个)太少,较少关注个别学生的行为;第三,FIAS 转化后的变量数据,虽然可以用于了解教师的教学风格,也可以用于广泛的比较研究,但是无法回溯分析因为哪些具体的话语而得到此数据。

(二)四维度课堂观察

华东师范大学沈毅教授、崔允漷教授开发的课堂观察量表设计框架,包括 4 个要素(或 4 个维度)、20 个视角、68 个观察点。笔者引用了崔允漷教授在《课堂观察——走向专业的听评课》一文中的课堂观察框架示意图(如图 2-1 所示)和课堂观察框架及观察点表(如表 2-3 所示)。

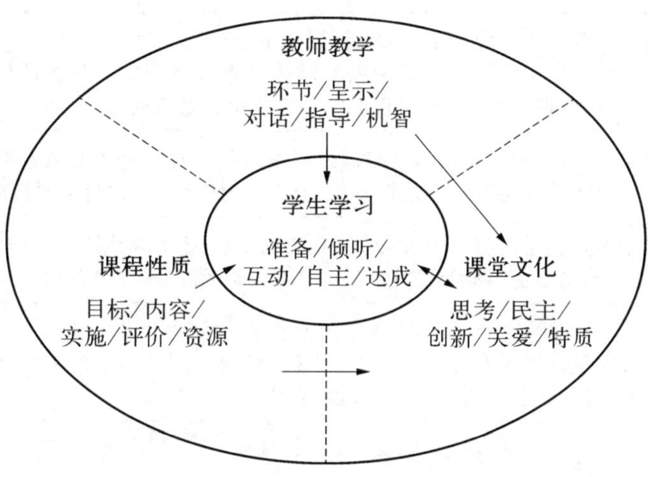

图 2-1　课堂观察框架示意图

表 2-3　课堂观察框架及观察点表(部分)

维度一:学生学习	
视角	观　察　点　举　例
准备	学生课前准备了什么?是怎样准备的?准备得怎么样?有多少学生进行了准备?学优生、学困生的准备习惯怎么样
倾听	有多少学生能倾听教师的讲课?能倾听多长时间?有多少学生能倾听同学的发言?学生在倾听时有哪些辅助行为(记笔记/查阅/回应)?有多少学生有辅助行为
互动	学生有哪些互动行为?学生的互动行为能为目标达成提供帮助吗?参与提问或回答的人数、时间、对象、过程、质量如何?参与小组讨论的人数、时间、对象、过程、质量如何?参与课堂活动(个人/小组)的人数、时间、对象、过程、质量如何?学生的互动习惯怎么样?学生出现了怎样的情感行为
自主	学生可以自主学习的时间有多长?有多少人参与?学困生的参与情况怎么样?学生自主学习形式(探究/记笔记/阅读/思考)有哪些?各有多少人?学生自主学习有序吗?学生有无自主探究活动?学优生、学困生的情况怎么样?学生自主学习的质量如何
达成	学生清楚这节课的学习目标吗?预设目标达成有什么证据(观点/作业/表情/扮演/演示)?有多少人达成?这节课生成了什么目标?效果如何
维度二:教师教学	
视角	观　察　点　举　例
环节	由哪些环节构成?是否围绕教学目标展开?这些环节是否面向全体学生?不同环节(行为/内容)的时间是怎么分配的

续　表

维度二：教师教学	
视角	观　察　点　举　例
呈示	怎样讲解？讲解是否有效（清晰/结构/契合主题/简洁/语速/音量/节奏）？板书是怎样呈现的？是否为学生学习提供了帮助？媒体是怎样呈现的？是否适当？是否有效？动作（如实验/动作/制作）是怎样呈现的？是否规范？是否有效
对话	提问的对象、次数、类型、结构、认知难度、候答时间怎样？是否有效？教师的理答方式和内容如何？有哪些辅助方式？是否有效？有哪些话题？话题与学习目标间的关系如何
指导	怎样指导学生自主学习（阅读/作业）？是否有效？怎样指导学生合作学习（讨论/活动/作业）？是否有效？怎样指导学生探究学习（实验/课题研究/作业）？是否有效
机智	教学设计有哪些调整？为什么？效果怎么样？如何处理来自学生或情境的突发事件？效果怎么样？呈现了哪些非言语行为（表情/移动/体态语）？效果怎么样？有哪些具有特色的课堂行为（语言/教态/学识/技能/思想）
维度三：课程性质	
视角	观　察　点　举　例
目标	预设的学习目标是什么？学习目标的表达是否规范和清晰？学习目标是根据什么（课程标准/学生/教材）预设的？是否符合该班学生？在课堂中是否生成了新的学习目标？是否合理
内容	教材是如何处理的（增/删/合/立/换）？是否合理？课堂中生成了哪些内容？怎样处理？是否凸显了本学科的特点、思想、核心技能以及逻辑关系？容量是否适合该班学生？如何满足不同学生的需求
实施	预设了哪些方法（讲授/讨论/活动/探究/互动）？是否符合学习目标？是否体现了本学科特点？有没有关注学习方法的指导？创设了什么样的情境？是否有效
评价	检测学习目标所采用的主要评价方式是什么？是否有效？是否关注在教学过程中获得相关的评价信息（回答/作业/表情）？如何利用所获得的评价信息（解释/反馈/改进建议）
资源	预设了哪些资源（师生/文本/实物与模型/实验/多媒体）？预设资源的利用是否有助于学习目标的达成？生成了哪些资源（错误/回答/作业/作品）？与学习目标达成的关系如何？向学生推荐了哪些课外资源？可达到程度如何
维度四：课堂文化	
视角	观　察　点　举　例
思考	学习目标是否关注高级认知技能（解释/迁移/综合/评价）？教学是否由问题驱动？问题链与学生认知水平、知识结构的关系如何？怎么指导学生开展独立思考？怎样对待或处理学生思考中的错误
民主	学生思考的人数、时间、水平怎样？课堂气氛怎样？课堂话语（数量/时间/对象/措辞/插话）情况如何？学生参与课堂教学活动的人数、时间、水平怎样？课堂气氛怎样？师生行为（情境设置/叫答机会/座位安排）如何？学生间的关系如何

续　表

维度四：课堂文化	
视角	观　察　点　举　例
创新	教学设计、情境创设与资源利用有何新意？教学设计、课堂气氛是否有助于学生表达自己的奇思妙想？教师是如何处理的？课堂生成了哪些目标或资源？教师是如何处理的
关爱	学习目标是否面向全体学生？是否关注不同学生的需求？特殊（学习困难、障碍、疾病）学生的学习是否得到关注？座位安排是否得当？课堂话语（数量/时间/对象/措辞/插话）情况如何？师生行为（情境设置/叫答机会/座位安排）如何
特质	体现了教师哪些优势（语言风格/行为特点/思维品质）？课堂设计是否有特色（环节安排/教材处理/导入/教学策略/学习指导/对话）？学生对教师教学特色的评价如何

这是一个结构式的课堂观察框架，将课堂教学分解为4个要素，并将4个要素各自分解出若干个视角，内容比较全面，还对最重要的观察点进行了梳理。这个框架为研究工作带来了很多的便利，成为一线教师进行观察量表设计的重要依据。

当然，这个框架不利于系统地开发课堂观察工具。教师从框架中选择自己关注的点设计出的观察量表，因为缺乏内在的线索将它们串起来，会显得比较零散。而且有的观察量表不够凸显新课改理念。

二、课堂观察改变校本研修

基于课堂观察的校本研修是教师提高自我、学校确定校本研修内容的基础性工作，它是确保校本研修工作获取实效的实践依据。但我们在校本研修中，还存在着散漫化、表层化、空泛化等问题。引入课堂观察可以很好地解决这些问题。课堂观察是提高校本研修效率的一种重要措施，更是落实有效教学的一种重要途径。

（一）校本研修的现状

目前，校本研修已经成为教师发展的主要方式，其中，听课、评课等活动是最为常规、最符合实际的研修环节。但我们的听课、评课所花时间较多，所获效果却有限。为什么会这样呢？分析一下，主要原因有以下几点。

1. 听课目的不明

教师不知道自己要在这节课中观察什么、研究什么、解决什么问题，听课时缺乏明确的目标，缺乏真实记录课堂教学行为的意识和工具，更谈不上研究。这样的听课活动显然难以取得成效，长此以往不利于教师专业水平的提高。

2. 课前准备不足

课前教师没有深入思考如何有效围绕课题进行相关研究,没有深入思考如何有效开展相关的主题教学活动,甚至连本节课中课堂教学的核心也没有抓住。这就影响了听课者听什么、评课者评什么、下阶段重点要研究什么等许多后续工作的开展。

3. 课堂观察不清

很显然,由于听课目的不明,课前准备不足,观察者很难有目的、有意识地开展课堂观察活动,很难聚焦课堂教学中的师生核心活动,更无法进行有效的听课活动。

4. 课后反思不深

评课时,评课者因为缺乏课堂实证资料,大多凭自己的经验评课,多关注课堂中发生的现象,对现象后面隐含的本质剖析不够,缺乏一定的技术支持。一次评课活动如果就这样结束了的话,很难达到预期效果。

(二)利用课堂观察进行校本研修的案例

《基础教育课程改革纲要(试行)》中明确指出:"改变课程实施过于强调接受学习、死记硬背、机械训练的现状,倡导学生主动参与、乐于探究、勤于动手,培养学生搜集和处理信息的能力、获取新知识的能力、分析和解决问题的能力以及合作与交流的能力。"因此,转变学生的学习方式是我国进行新一轮基础教育改革的必然要求。

学习的主体是学生,教材的精练、实用、高效,教师的智慧、才能、努力,教育环境的舒适等,都是外因。只有让学生主动认知、主动实践、主动参与,才能使他们掌握知识、培养能力、认识世界、发展自己。因此,转变学生的学习方式,即从单一、被动的学习方式向多样的学习方式转变势在必行。那么如何充分调动学生的学习积极性,帮助学生养成主动学习的良好习惯,实现学生的可持续发展,培养学生的终身学习能力,就显得特别重要。因此赵老师在执教"百数表"一课时,选择"教师如何引导学生学习方式的转变"作为观察点,课堂观察表如表2-4所示。

通过观察我们发现,上课开始,学生的学习兴趣和学习积极性是很高的,对教师也是充满期盼的。但是当教师布置了任务,让学生自主学习并利用提示自主探究时,个别学生表现出无所事事、不知所措的样子;个别学生有了问题也不敢大胆质疑,不敢主动向同伴和教师求助,利用已有知识解决当前问题的能力非常有限。但是在教师适时的引导下,大部分学生能够积极参与思考,主动解决问题。

表 2－4　“教师如何引导学生学习方式的转变”课堂观察表

学习过程	学习方式			学生表现
	自主学习	探究学习	合作学习	
1. 认识行的规律 师：让我们先来说说行里面的奥秘。 生 1：每行都有 10 个数。 生 2：我发现后面一行的数比前面一行的数大 1。 （教师板书） 生 3：每行最后一个数都是整十数。 师：看表说一说，第 1 行的数从几到几？第 2 行呢？第 3 行呢？第 5 行呢？第 8 行呢？…… 师：接下来请不看表说一说，第 4 行的数从几到几？第 9 行的数从几到几？51 至 60 是第几行的数？21 至 30 是第几行的数？	√	√		学生学习兴趣浓厚，学习情绪高涨，能积极参与思考，主动回答问题
2. 认识列的规律 师：让我们再来说说列里面的奥秘。 生 1：我发现第 1 列个位上都是 1，第 2 列个位上都是 2，第 3 列个位上都是 3…… 生 2：我发现后面一列的数比前面一列的数大 10。 （教师板书） 生 3：我发现最后一列是整十数。 （学生轻声数一数最后一列） 师：看表说一说，第 1 列的数从几到几？第 2 列呢？第 3 列呢？第 5 列呢？第 8 列呢？…… 师：接下来请不看表说一说，第 4 列的数从几到几？第 9 列的数从几到几？3 至 93 是第几列的数？10 至 100 是第几列的数？	√	√		学生根据教师讲解的行的规律，发现列的规律，形成自己的见解并有效表达自己的观点
3. 巩固练习出示表格 师：（指着填 36 这格）这里填几？你是怎么想的？有没有谁跟他的想法不一样？ 师：剩下两格，谁再来说说？	√	√		学生在学习中反思学习行为，调整学习策略
4. 出示表格 师：第 3 行第 8 列上的数是几？请在学习单里找一找。 生 1：28。 师：你是怎么想的？ 生 1：我先找到行，再移到列。行和列相交点的数就是。 师：第 8 行第 3 列上的数是几？请同桌合作找一找。	√	√	√	学生思考积极，深入探究，与其他同学有效合作并关注其他同学的学习需求

续　表

<table>
<tr><th rowspan="2">学 习 过 程</th><th colspan="3">学 习 方 式</th><th rowspan="2">学 生 表 现</th></tr>
<tr><th>自主学习</th><th>探究学习</th><th>合作学习</th></tr>
<tr><td>5. 脱离百数表,直接根据行数、列数找数
教师出示表格:
<table><tr><td>行</td><td>3</td></tr><tr><td>列</td><td>4</td></tr><tr><td>数</td><td>(24)</td></tr></table>师:这个表格你能看懂吗?“3”表示什么?“4”表示什么?数应填几呢?请在百数表里找一找。
教师出示表格:
<table><tr><td>行</td><td>5</td><td>7</td></tr><tr><td>列</td><td>8</td><td>2</td></tr><tr><td>数</td><td>48</td><td>62</td></tr></table>师:仔细观察这几个数,你发现它们与行数、列数之间有什么关系?
生 1:我发现列数是几,个位上的数就是几。
生 2:行数减 1,写在十位;列数是几,个位上的数就是几。
(教师板书)
师:那是否百数表里所有的数都符合这个规律呢?让我们来一起验证吧!
<table><tr><td>行</td><td>7</td><td>3</td></tr><tr><td>列</td><td>8</td><td>10</td></tr><tr><td>数</td><td>68</td><td>30</td></tr></table>师:第三行第十列上的数为什么是 30?难道前面总结的规律不适用了吗?
生 1:不是。
师:行数减 1,十位是 2;列数是 10,个位上的数就是 10,有没有这样的数?
生 2:没有。
师:我们根据“满十进一”的规律,个位必须向十位进一,所以得到了 30。
师:我们原来总结的规律没有错,只不过第十列的数都是整十数,比较特殊,行数就是十位上的数。
(教师补充板书)
师:不看表,谁能很快告诉我填几?</td><td>√</td><td>√</td><td>√</td><td>学生能应用已经掌握的知识与技能解决新问题,并能大胆质疑教师和同学提出的观点,提出不同意见</td></tr>
</table>

续　表

<table>
<tr><th rowspan="2">学　习　过　程</th><th colspan="3">学习方式</th><th rowspan="2">学生表现</th></tr>
<tr><th>自主学习</th><th>探究学习</th><th>合作学习</th></tr>
<tr><td><table><tr><td>行</td><td>6</td><td>4</td></tr><tr><td>列</td><td>9</td><td>6</td></tr><tr><td>数</td><td>(59)</td><td>(36)</td></tr></table>师：原来记住规律再做题就快多了。</td><td></td><td></td><td></td><td></td></tr>
</table>

(三) 基于课堂观察的校本研修优势

课堂观察具有针对性。课堂观察是指针对课堂教学中的一些具体问题开展主题性观察与研究,发现问题,研究问题,提出对策,尤其注意观察课堂教学中的细节问题,如师生问答、学生注意力。所以课堂观察的目的性很强,能让每一位听课教师带着问题进课堂去听课,去观察课堂,认真听、深入思、积极评,实实在在,有利于解决听课、评课活动中的随意性问题。

课堂观察具有研究性。课堂观察要求听课教师围绕课堂教学中的一些细节问题,进行深层次的探究,是一种有一定深度的研究活动。首先,课堂观察指向于课堂教学问题的发现和解决,这就是一种研究。其次,教师借助课堂观察去研究课堂教学问题,往往沿着"主题—观察—现象—归因—对策"的基本程式,有现象的直观,有原因的分析,还有对策的生成,具有一定的深度。最后,课堂观察要求听课教师运用来自课堂的数据和信息来评判课堂教学活动,是一种有数据驱动的研究,而数据的收集需要技术,因而课堂观察也就是有技术支持的研究。

课堂观察具有务实性和合作性。首先,作为主题研究活动的课堂观察,要求听课教师从实际出发,特别要结合学校的实际,针对某位教师的教学问题进行观察。其次,课堂观察不是一位教师独立完成的,它需要几位教师共同协作。不同教师常以不同的方式看待或者解释课堂行为,这样更利于产生互补的对话、认识和思考,避免空谈阔论,有助于教师专业发展。

这些元素,使得课堂观察具有促进教师专业发展的强大潜力。它能帮助教师养成自觉观察的习惯。因为进行课堂观察的目的之一就在于改变教师的听课、评课习惯,使教师将有意识的观察自觉贯穿于教学过程之中。这就要求教师必须围绕课前确定的课题或研究重点,有意识地聚焦观察主题,深入、持续性地观察课堂中教与学的行为,并关注这些行为对教学效果的影响。

三、课堂观察生成智慧课堂

随着“二期课改”的深入，回归课堂，聚焦课堂成为不可逆转的趋势。课堂作为教学活动发生的主场所，被赋予新的使命。如何打造高效、高质的课堂，是每个专家学者和教育工作者都关心的问题。课堂观察作为课堂研究的重要方法，对于课堂教学具有不容忽视的指导作用。以评促改是课堂观察的落脚点，但如何使课堂观察生成智慧课堂呢？

（一）智慧课堂

我们先来看一下智慧课堂与传统课堂有什么不同。传统课堂以教师为本位，重理论，轻实践，强调结果，忽视过程，而新课改倡导的是以学生为本位的课堂教学，要求重视学生的可持续发展，打造民主、开放的新型课堂，即智慧课堂。按照新课改理念，智慧课堂要求教师在课堂教学中让学生“感受过程，习得规律，发展智慧”。同时，智慧课堂是指以培养学生的学科素养为导向的课堂。

要打造智慧课堂，教师就要摒弃照本宣科的填鸭式教学，在教学时既要做到立足课标，源于教材，又要做到创造性地使用教材与其他课程资源，从而不被课本和教参所奴役。否则，势必造成课堂教学单调乏味，学生学习兴趣淡薄，教学效率低下。

智慧课堂应该注重学生学科素养的培养。学科素养是指学生在学科学习和实践活动中养成的具有某个学科特征的基础知识、基本技能、基本品质和基本经验的综合。具体到不同学科，学科素养的内容又有所不同。如语文学科的学科素养包括培养学生的认读能力、理解能力、评价能力和迁移能力，数学学科的学科素养包括数感、符号意识、空间观念、统计观念、数学应用意识。任何一个学科的学科素养都不是一朝一夕培养出来的，它不仅仅局限于课本上的概念性知识，还需要学生通过大量的亲身实践，透彻了解概念性知识背后的文化背景，才能逐渐形成。注重学生学科素养的培养，一方面有助于学生学科能力的培养；另一方面还有助于促进学生全面发展，从而真正实现学生的可持续发展。

智慧课堂应该注重学生的自主学习，真正让学生成为课堂的主人。教师要从学生个体发展需要出发，精心设计教学环节，给学生自主支配的时间和空间，从而最大限度地激活学生的智慧、思维和潜能。

简而言之，智慧课堂应主要做到以下几点：教学环节精致，有阶梯，目标分解到位；课堂规范，训练扎实；重思维训练，重学科素养的培养，教材处理、资源使用灵活；通过激励性评价，激发学生积极的学习情感。

（二）如何使课堂观察生成智慧课堂

课堂观察作为记录课堂教学行为的一个重要途径，能够较好地检测课堂教学的成效以及课堂教学中存在的问题，从而引导教师进行反思并不断改进课堂教学。因此，为了更好发挥课堂观察的导向作用，促进智慧课堂的生成，课堂观察要从以下几个方面着手。

1. 基于教材，强调创新

课程标准是教材、教学和评价的基本依据。而教材则是课程资源的核心部分。教师只有深入细致地钻研课标和教材，才能够从宏观上把握好课堂活动的设计。在进行课堂观察时，观察者可以通过观察教师课堂活动的设计及其对教材重难点的把握，来检测教师对课标和教材的了解情况。当然，教材不是教学内容的唯一来源。教师要在深入研读课标、解读教材和充分了解学生学情的基础上，结合时代背景要求，大胆尝试创新，对教材进行再加工、再创造，使教学内容饱满并充满灵性，教学活动丰富并充满童趣。因此，在源于教材的基础上，课堂观察还应关注教师是否创造性地使用了教材。课堂观察的角度可以包括教学情境的创设是否独到创新、与教学内容较好地契合并富有趣味性，教学内容的呈现和操练方式是否多样化而又不落俗套等。这样才能避免低效乏味的课堂，更好地调动学生的学习兴趣，提高教师的教学效率。此外，课堂观察还要关注教师对于课堂的预设和生成是否备有不同方案，即如果学生在课堂上的生成与教师的预设不同，那么教师能否及时对教学方案进行调整。智慧课堂的预设和生成应做到有机相融，有效重构。通过关注这些观察点设计出来的观察量表，可以引导教师不断钻研课标和教材，不拘一格，大胆创新，从而使整节课富有生机，生成智慧课堂。

2. 聚焦学科素养

课堂观察应该关注学生学科素养的培养。观察者应根据不同学科的特点，选择不同的观察切入点，设计具有学科特色的观察量表。如英语学科的学科素养不仅包括语言知识、语言技能、情感态度，还包括学生的文化意识。因此，在讲授一些涉及西方文化特别是东西方文化差异的知识点时，观察者可以通过观察教师是否利用图片、视频、阅读材料等多元化的教学资源，有意识地对学生进行文化知识背景的渗透，来检测教师对学生学科素养的培养情况。除此之外，小学英语学科教师还应注重培养学生模仿角色进行对话的能力，如牛津英语教材中 Say and act 这个板块要求学生能正确模仿故事角色进行交流表演，因此，针对这个板块，课堂观察可以从学生语音是否标准、语调模仿是否到位、面部表情是否丰富、肢体语言是否到位等方面切入。教师通过观察量表的设计，加强对学生这些方面的引导，同时增加教学的趣味性，潜移默化地培养学生在具体的情境中自然熟练运用语言的能力，从而生成凸显英语学科素养的智慧课堂。

3. 规范教学

课堂规范是一节课顺利进行的前提保证。在以往的课堂上，教师对于课堂教学过程中的某些细节处理得比较随意，这样可能会造成教学效果不够理想、教学效率不高等问题。因此，课堂观察首先应从教学规范着手，确保本节课教学内容的正确性和科学性。其次，课堂观察还应关注教师的课堂用语是否规范、教师对学生课堂表现的评价是否及时。规范教学要求教师注重教学的过程，不能一味强调结果。在一节真正成功的课上，观课者往往能清楚地看到学生从不会到会的整个过程，而不是好像排练过的那样走过场。因此在课堂观察的过程中，特别是在语言类的课堂中，观察者要着重观察整个教学过程是否体现出教师由扶到放、学生逐步进行语言习得或知识积累的过程。观察者通过课堂观察来规范课堂教学，往往能提高教师课堂教学效率，达到事半功倍的效果，从而促进传统课堂向智慧课堂转变。

4. 关注思维

当前的课堂教学不再是填鸭式的应试教学。“二期课改”中指出，要注重学生思维的培养，而不是照本宣科。因此，教师在教学过程中应体现思维的训练，引导学生去思考、探索，让整个课堂充满思想的碰撞。观察者在课堂观察的过程中，要注意观察教师是否通过巧妙设置问题启发学生的思维，有没有给予学生充足的时间进行思考。教师对学生应答情况的处理，即理答行为，也是观察量表中有关学生思维培养的一个重要观察点。这些观察点的设置，可以引导教师去关注学生思维的培养，并为学生思维的培养提供不同的实施方案，从而有利于打造一个充满智慧的课堂。

5. 强调乐学

学生在一节好的课上，应该能够体会到学习的快乐。这种快乐可以是自我表达的快乐，也可以是通过对教学内容的理解达到心灵或精神上的契合，进而获得的情感上的快乐。除此之外，教师针对学生的课堂表现进行激励性评价，也会大大增加学生学习的兴趣和信心。因此在课堂观察的过程中，观察者要观察课堂氛围是否民主愉悦、学生回答问题是否积极、师生关系是否和谐、学生是否能理解教学内容、教师对于学生的课堂表现是否给予了激励性评价。在这样的教学过程中，教师通过心灵的对话、思维的启发和思想的碰撞，让学生不断获得感悟和启迪，从而逐步变得灵动、有悟性，智慧课堂也就应运而生。

智慧课堂是每位教师都想要达到的理想课堂。它有章可循，也有据可依。但它不是一蹴而就的，而是所有教师面对的一项长期艰巨的任务。每位教师都应该努力将课堂观察与智慧课堂打造有机结合起来，充分发挥课堂观察以评促改的作用，根据智慧课堂的特点有针对性地设计课堂观察的切入点，及时依据课堂观察的结果反思自己课堂上的不足，调整教学策略，打造高质、高效的智慧课堂。

第二节　课堂观察校本研修的实施

随着课程改革的推进，国内许多学者和学校以制度建设、基本模式、实施策略、文化再造为重点对校本研修进行了探索。虽然校本研修富有成效，但它在实践中也存在一些问题，其中一个主要问题就是当前校本研修的多数策略和方式都是对传统校本教研、校本培训方式的直接继承，创新性的策略和方式并不多见，在实践中，也缺乏能反映校本研修自身特色的一些策略和方式。就国内校本研修现状而言，校本研修的组织实施多以课例为载体，以问题解决为目的，以行动研究为方式，以行为改进为主要成果表现。把课堂观察与校本研修结合起来进行深入研究，有助于发展校本研修策略，丰富校本研修的理论与实践成果。

基于课堂观察的校本研修模式要立足课堂，通过对课堂中教师提问、学生的课堂参与度、教师理答等观察点的分析，系统反思校本研修，以改进教师的教学行为；要通过转变教育观念、改进教育行为、形成教学风格等“行为跟进”，养成教师的实践智慧，实现智慧课堂，在此基础上进一步建构校本研修理论、优化校本研修实践、形成校本研修成果。

一、观察点和观察量表的设计

《数学课程标准》(2011 版)第四部分“实施建议”中指出，教学活动中要注重学生对基础知识、基本技能的理解和掌握，让学生感悟数学思想，积累数学活动经验。学生掌握数学知识、形成数学技能、积累数学活动经验，不应一味地机械记忆，不应简单地重复训练，而应以理解为基础，在知识的运用中，在一定量的训练中不断巩固、深化和创新。学生的数学知识是否牢固，数学技能是否扎实，往往可以通过一些练习来检测。因此，课堂中的练习设计非常重要。

好的练习设计可以体现教师良好的教学素养，可以突出教学的重难点，可以巩固学生所学的数学知识，激发学生学习数学的兴趣，培养学生发现问题、提出问题、解决问题的能力，可以一题多用，提高课堂教学效率，实现“减负增效”。

然而当前课堂中的练习设计存在着种种问题，如练习题量多且杂、缺少实践运用。所以，在课堂教学中，教师应该根据教学目标，结合学生的实际情况，从不同角度、不同层次出发精心设计练习，优化练习设计，力争没有低效、无效的练习。

（一）观察点的设计

很多学者、专家从不同角度出发对数学练习进行了分类。如根据题型分类，有填空题、选择题、判断题、计算题等；根据难易程度分类，有尝试练习、巩固练习、提升练习、对比练习、针对练习、拓展练习、探究练习等。

我们教研组参考了《布卢姆教育目标分类学》中的教育目标理论。布卢姆教育目标分类系统包括认知领域、动作技能领域和情感领域。按照从低级到高级的顺序每个领域的目标再次被细分。其中，认知领域的目标分为知识、领会、运用、分析、综合和评价 6 级；动作技能领域的目标分为知觉、定向、有指导的反应、机械动作、复杂的外显反应、适应、创新 7 级；情感领域的目标分为接受或注意、反应、评价或价值化、组织、价值与价值体系的性格化 5 级。

根据布卢姆的理论，泗泾小学设计出了《数学课堂练习设计观察量表》，主要观察练习的知识维度和认知过程维度。在知识维度，我们将练习分为事实性知识、概念性知识、程序性知识和元认知知识；在认知过程维度，我们将练习分为记忆、理解、分析、应用、评价和创造。此外，我们还增加了练习方式、练习反馈（包括学生参与和正确率）等。其中，练习方式包括独立练习、集体练习、小组讨论式练习、多媒体演示练习、教师提问式练习；学生参与包括强烈共鸣、多数参与、少数参与、无反应；正确率包括好、较好、一般、差。

（二）课堂观察的记录

我们使用如表 2－5 所示的泗泾小学数学课堂练习设计观察量表，观察了刘自磊老师执教的三年级数学“三角形的分类（按边分）”一课，并对课堂中的练习进行了记录、统计、分类。

表 2－5 泗泾小学数学课堂练习设计观察量表

练习内容	知识维度	认知过程维度	练习方式	练习反馈	
				学生参与	正确率
练习一：指出等腰三角形的腰、底角和顶角 （约 1 分钟） 1.	概念性知识	记忆 理解 分析	独立练习 集体练习 多媒体演示练习 教师提问式练习	强烈共鸣	较好

续　表

练习内容	知识维度	认知过程维度	练习方式	练习反馈	
				学生参与	正确率
2.					
练习二：填空题 (6至7分钟)					
1. 三角形按边分可以分成(　　)三角形和(　　)三角形，(　　)三角形是特殊的(　　)三角形	概念性知识	记忆 理解	独立练习 集体练习	强烈共鸣	好
2. 等边三角形又叫(　　)三角形，它三条边都(　　)	事实性知识	记忆	独立练习 集体练习	强烈共鸣	好
3. 如果等边三角形三条边的长度和是15厘米，那么这个等边三角形的一条边长是(　　)厘米	程序性知识	理解 应用 分析	独立练习 集体练习	强烈共鸣	较好
4. 一个等腰三角形有两条边的长度分别是6厘米、4厘米，这个等腰三角形的三边之和可能是(　　)厘米或(　　)厘米	概念性知识 程序性知识	理解 应用 分析 评价	独立练习 集体练习 多媒体演示练习	多数参与	一般
练习三：判断题 (5至6分钟) 1. 所有的等腰三角形都是锐角三角形(　　) 2. 等腰三角形是特殊的等边三角形(　　) 3. 等边三角形一定是锐角三角形(　　)	概念性知识	理解 应用 分析 评价	独立练习 集体练习 多媒体演示练习 教师提问式练习	强烈共鸣	好 好 好
练习四：画图题 (作为课后作业) 在方格纸上画出一个等边三角形和一个等腰三角形	概念性知识 元认知知识	理解 应用 创造			

注：正确率根据练习全对人数计算。正确率≥90%记为“好”；90%>正确率≥80%记为“较好”；80%>正确率≥50%记为“一般”；正确率<50%记为“差”。

（三）课堂观察的分析

“三角形的分类(按边分)”是上教版小学数学三年级第一学期第五单元“几何小实

践”中的一项内容，是概念教学，属于“图形与几何”类知识。本节课是在学生已经掌握三角形、轴对称图形的概念，会按角给三角形分类的基础进行的。它是一节新授课，刘老师主要教授的是教材第56至58页的内容，“三角形是否为轴对称图形”这一知识点被安排在下一课时，故本课时并未出现相关练习。因此刘老师将本节课的教学目标设定为：(1) 通过搭一搭、分一分等操作认识等腰三角形和等边三角形；(2) 能将三角形按边分类并理解等边三角形是特殊的等腰三角形；(3) 通过自评、互评的方式，提高学习动力，激发学习兴趣。

“三角形的分类（按边分）”在教材上并没有编排相关练习，配套练习题包括归类、填空、判断、数三角形个数等题型。可以看出，除了2道题与之雷同外，其余皆为刘老师自己设计。

1. 指出等腰三角形的腰、底角和顶角

本题是在学生自学课本第58页内容后进行的一项针对性练习。通过练习，学生会明白随着等腰三角形摆放位置、角度的改变，它的腰、底角和顶角的位置也会改变，而判断它们的标准是不变的，如在等腰三角形中，长度相等的两条边叫作等腰三角形的腰。

2. 填空题

共4道题目，前两道属于概念性质型题目，后两道属于推理计算型题目。学生在应答时必须根据三角形的分类（按边分）、等腰三角形与等边三角形的特征及两者间的关联进行合乎逻辑的推演、判断或者计算，它可以考察学生的阅读能力、观察能力和分析能力等。

3. 判断题

共3道题目，都是典型题目。完成判断题是掌握数学概念的最佳形式。在判断概念表述正确与否时，学生不仅要对题目中的表述进行正确解读，而且要将其与三角形的相关概念进行对比，在分析思辨中强化对等腰三角形、等边三角形特征和关系的理解，并结合锐角三角形、直角三角形、钝角三角形，引出等腰锐角三角形、等腰直角三角形、等腰钝角三角形的概念。

以上练习均由学生独立思考完成后再在全班交流反馈。

4. 画图题

由于时间关系学生并没有完成这题，刘老师将其作为课后作业。在审题时，学生要理解此题的要求是画一个三条边都相等的三角形和一个有两条边相等的三角形。在画图时，学生要经历观察、分析、判断等思维过程去确定怎么画三条边才会都相等或者其中有两条边必须是相等的。通过画图，学生能更好地理解两个图形的特征以及它们之间的区别。

（四）课堂观察的思考与启示

1. 合理安排练习内容

新课改以来，大家都倡导“合理地使用教材”，而并非“教教材”。教师在尊重教材的同时，应结合班级学生的实际情况，创造性地用教材。教师要从教学需求出发，针对重难点充分有效地利用教材中的例题和练习题，适当增加、减少相关练习，从而提高课堂练习的有效性。

合理安排练习内容。教师要有整体意识，不仅要在设计练习时依据循序渐进的原则，还要从题型、练习介入的时间、练习的目的、不同题型的比例等多方面考虑。例如观察表中的练习一，没有被安排在练习环节，而是被安排在学生自学后进行，这样的“一点一练”，有利于学生对等腰三角形的腰、底角和顶角这些概念的理解与掌握。

2. 充分挖掘练习功能

著名特级教师曹培英在《提高小学数学练习设计有效性的研究（一）》中指出：“一般地，练习具有促进理解、巩固所学知识、形成技能、发展能力的功能。这是泛科学的共识。”

（1）加强理解

从数学建模的角度来说，新知识学习后的练习应该变换情境或材料，模型结构要实现与新知识的对接和匹配，以帮助学生在练习中建立模型、掌握方法。学生刚刚学习了按边分三角形的新知识，对三角形的一些特征处于初步认识阶段，因此我们有必要设计一些基础性的练习，加强学生对新知识的认识、理解，帮助学生形成扎实的基本技能。

（2）引导探究

新知识的获得不一定放在探究部分，有时也可以放在练习部分。最典型的例子就是“长方形和正方形面积”。很多教师会在新授环节引导学生探究出长方形的面积公式，然后进入练习环节，要求学生运用面积公式去求 2 至 3 个长方形（其中夹杂着一个正方形）的面积，这样不仅巩固了新公式，而且可以加深学生对“正方形是特殊的长方形”这一知识点的理解，更重要的是通过这个练习，学生可以推导出“正方形的面积=边长×边长”。

本节课中也有所体现。在让学生判断“所有的等腰三角形都是锐角三角形”的正误后，刘老师因势利导，在屏幕上出示了 3 个三角形，分别是等腰锐角三角形、等腰直角三角形、等腰钝角三角形，为学生补充了一些新概念，完善了学生的认知结构。

（3）激发兴趣

数学好玩，这是著名数学家陈省身赠送给少年数学爱好者们的一句话。估计很多人会认为数学好玩只是用来评价探究新知的过程，并非指练习环节。更何况大多数人会认为数学练习就是做题,反复做题,枯燥、无聊、乏味。的确,有些练习会让人产生不好的感觉。作为教师,我们应该正视缺点,直面问题,探寻更为合适的练习。

对于中低年级的学生来说,他们会更喜欢一些有趣味的、有点情节又贴近自己生活经验的或者在日常生活中应用较广泛的题目,为此我们可以设计一些趣题和多种形式的题目,使学生乐于完成数学练习,乐于用所学知识解决生活中的数学问题。

对于高年级的学生,我们可以利用数学思维性强、灵活性大、应用性好等特点,联系实际生活和学生发展需要,在基本练习的基础上,精心设计一些有挑战性、参与性、探究综合性的练习,从单纯的做题发展为“练习活动”,让学生经历运用知识解决问题的过程,获得因实践与运用所学知识解决问题而产生的成就感,从而更积极地投入到数学学习中去。

3. 增加教师的“阅题量”

教育界有句很经典的话:“要给学生一杯水,教师必须有一桶水。”有学者进一步指出,教师的“水”得是“源源不断的活水”。

数学练习设计也该如此。该匹配哪种练习让学生更牢固地掌握新知识,形成新技能,发展思维,教师心中要有丘壑。这就需要教师,尤其是新教师增加自己的“阅题量”。我们可以参考配套练习,可以查看教辅资料,可以借鉴其他版本的教材,可以网络搜索各种练习。当我们的“阅题量”增加了,我们就能够取长补短,厚积薄发,筛选出一些练习,进行适当的修改,形成适合的练习。

二、观察量表的运用与修订

科学的评价体系是新课改理念和新培养模式有效实施的重要保证。《英语课程标准》(2011 版)指出:“英语课程的评价要尽可能做到评价主体的多元化,评价形式和内容的多样化,评价目标的多维化。评价应反映以人为本的教育理念,突出学生的主体地位,发挥学生在评价过程中的积极作用。”

课堂评价是课堂教学过程中非常重要的环节,通过评价教师可以及时了解学生的学习情况,向学生提供及时的反馈。科学有效的评价可以引导学生的学习,可以帮助教师调整教学方法和思路,起到激励学习的作用。

(一) 观察量表的运用

根据小学生的身心特点,我们设计了泗泾小学多元化课堂评价观察量表,以牛津英语上海版 4A A thirsty crow 一课为例,观察教师对学生课堂表现的即时评价,并从评价主体、评价维度和评价手段三个方面进行分析,如表 2－6 所示。

表 2－6　泗泾小学多元化课堂评价观察量表

评　价　行　为	评价主体	评价维度	评价手段
Window, blow, slow. Who can read this word? (crow). Yes, it's a crow. So clever	教师	A	语言
Yes, the crow is flying	教师	A	语言
Good	同学	A	鼓掌、语言
So clever	同学	A	鼓掌、语言
I like your voices. Who can read it better	教师	C	语言
Pebble. Here's a pebble for you	教师	B	奖品(鹅卵石)
Yes. We can make a rabbit with pebbles	教师	A	语言
Oh, sure. We can make a lion too	教师	A	语言
Can you read it loudly	教师	B	语言、摸头
Pay attention. He's very sad	教师	B	语言、表情
It's better. Thank you	教师	A	语言、竖大拇指
Yes, that's a good idea	教师	C	语言
Very good	同学	A	鼓掌、语言
Wonderful	同学	A	鼓掌、语言
You're all very happy. I'm happy too	教师	C	语言
Good remember	同学	A	语言
Can you read it more quickly and nicely	教师	B	语言、摸头
Hmm, very good	教师	A	语言
If you fly to a river, you can drink as much as you want. You can get two stars	教师	C	奖品(星星)、语言
It's not a good idea. The bottle is too long and thin. So you can't get water. You can get one star	教师	C	奖品(星星)、语言
You are smart. You are strong. When you are in trouble, you work hard. At last, you can drink the water. You can get four stars	教师	C	奖品(星星)、语言
I'm happy you have many friends. Team work can make you get the water. You can get three stars	教师	C	奖品(星星)、语言

续 表

评 价 行 为	评价主体	评价维度	评价手段
Great	同学	A	鼓掌、语言
Thank you	教师	A	语言

注：评价主体包括教师、同学、自我、小组等。评价维度包括：A. 知识与技能；B. 过程与方法；C. 情感、态度与价值观。评价手段包括语言、爱抚的动作、眼神、表情、奖品、鼓掌等。

通过表2-6观察整节课，从评价主体来看，教师评价有18次，同学评价有6次。从评价维度来看，知识与技能评价有13次，过程与方法评价有4次，情感、态度与价值观评价有7次。从评价手段来看，语言激励有23次，奖品激励有5次，鼓掌激励有5次，其他激励若干次。以下从三个方面进行具体分析。

1. 评价主体多元化

新课标提到："学生是学习的主体。"在本节课中可以看出，基本以教师评价为主，究其原因，主要是在小学阶段，受学生本身的词汇量及认知水平的限制，只能由教师在平时的常规养成中教学生一些形容词来进行同伴间的表扬。如在本节课中，教师把平时常用的评价，如"Very good""Great"教给学生，让学生评价自己的同学，取得了较好的成效。如模仿乌鸦朗读文本时，在一个学生朗读完之后，教师带领着全班学生一起评价，拍两下手，然后竖起两个大拇指，对那个学生说"Wonderful"。回答问题的学生很开心地笑了，话音刚落下，又有许多学生争着举手，都想演一演乌鸦，说明学生很喜欢这样的评价方式。如果这个"Wonderful"，是由教师来表扬的话，就不会有这样的效果，学生希望得到更多人的肯定，特别是同伴对自己的肯定。

教师要引导学生尝试运用可行的评价工具，使用适当的评价手段，来发现学习中出现的问题，从而帮助学生认识自我，树立自信，激发学生的学习兴趣和热情。

2. 评价维度多元化

虽然知识与技能评价所占比例最多，但教师已经有意识地把过程与方法评价和情感、态度与价值观评价也纳入评价维度之内。对于学生的回答和表现，教师并不是简单地评价"Yes"或"No"，而是用"Yes, the crow is flying""So clever""Yes, that's a good idea"再次肯定学生的回答，用"I like your voices. Who can read it better""You're all very happy. I'm happy too"来表扬学生，用"Can you read it loudly""Pay attention. He's very sad"来给出建议，并给学生再次尝试的机会。

学生都是喜欢被表扬的。当他们回答问题出错的时候，如果教师简单地用一句"You're wrong"来否定学生，就会让学生在心理上产生阴影，缺乏自信。这时就需要教师用婉转、鼓励的语言去指出学生的不足,并引导学生再次思考,继续尝试回答。

3. 评价手段多元化

在课堂情境的创设中,教师要努力与学生的思维接轨,把一些学生感兴趣的内容融入到课堂教学中去,让学生热爱课堂。苏联教育学家苏霍姆林斯基曾说要“让每个学生在学校里都能抬起头来走路”。在本节课中,教师进行各种评价,目的就是为了让学生体验进步的快乐,培养学生的自信心。

小学生对直观的东西更感兴趣,所以在课堂上教师也准备了一些鹅卵石。在本节课中,教师新授了单词“pebble”,而这个单词的发音较难掌握,所以在评价学生时,教师用“Here’s a pebble for you”来鼓励学生,让学生学习热情高涨。教师的肢体语言让学生感觉到温暖。对学困生而言,他们本身有着自卑心理,自我感觉较差,所以教师应以鼓励为主。在请一个学生回答问题时,他因为一个单词不会卡住了,教师并没有责怪,而是摸摸他的头,用肯定的眼神看着他,让他模仿教师的嘴形,最后那个学生正确地把单词读出来了。因此,通过运用不同的评价手段,教师可以帮助学生树立自信,让学生享受成功的喜悦。

(二)观察量表的修订

1. 观察量表存在的问题

评价要融入教学,突出学科特点,对教学有促进作用。上海市教委教研室下发的小学英语低、中、高年段英语学科《基于课程标准评价指南》(以下简称《指南》)提到,要从学习兴趣、学习习惯和学业成果三个维度对学生进行评价。泗泾小学《多元化课堂评价观察量表》还存在着诸多不足,主要表现为对评价的理解比较狭隘和片面,把评价与评语画上了等号,缺少评价目标、评价方法和评价标准。《指南》中提到应关注学生在真实语境中的表现,要对每一个学生进行多维度的评价。虽然教师的即时评价对学生的学习有一定的促进作用,激发了学生的学习兴趣,增强了学生的学习信心,但是英语学习的最终目的是要培养学生的综合语言运用能力,培养学生用英语交际的能力,在这个角度上,这样的观察量表还无法发挥其作用,更无法发挥评价促进学生的学和调整教师的教的作用。

2. 观察量表的修订

《指南》指出,评价要以课程标准为基本依据。因此,教师要认真研读课程标准,特别是其中关于评价建议的阐述,然后根据教材内容和学生的学情,从评价目标、评价内容、评价方式和评价指标几个方面合理设计观察量表。

评价的目的主要是为了改进学习,而不仅是为了甄别和选拔,评价应融于教学。教师要根据学生存在的问题,通过改进教学、个别辅导等方式,给予学生有效建议和指导,从而促进学生的学习。

朱浦老师对评价实施的建议是注重为了改进学习的评价，要根据学习内容进行分项评价，倡导评价的校本化实施。评价实施建议具体包括以下几点：（1）加强评价计划的整体性；（2）增加分项评价设计；（3）选择合适的评价方式；（4）采用等第与评语相结合的评价方式；（5）完善校本评价的管理机制。

我们要根据英语学科的特点和学生的实际情况设计评价，从而提高学生的英语核心素养。

牛津英语的每一册教材都分为 4 个 Module，每个 Module 又分为 3 个 Unit，每个 Unit 则包含 Look and learn、Look and say、Say and act、Read a story、Learn the sound 几个板块。在教学过程中，我们首先要进行单元评价目标的设定，以便从单元的高度整体把握教学方向，其次要根据单元评价目标和教材内容整合板块，从而在分课时的推进中不断复现语言知识，保证语言学习的持续性。

有了明确的单元评价目标，我们才能进行相应的评价设计，通过评价让学生逐步掌握核心语言知识，提高语言运用能力。

英语课程标准《义务教育》（2011 版）明确指出："评价是英语课程的重要组成部分。"科学的评价方式有利于学生增强自信，提高学习英语的兴趣。可见，评价是英语课堂教学中必不可少的一个环节。在设计各环节时，教师也应充分考虑评价方式，从而更好地促进课堂教学。

评价渗透于课堂的方方面面，即使在一节课中很难兼顾，在教案中也要有所体现。每一个教学活动都要有相应的评价，但在一节课中并不需要面面俱到，只需要聚焦 1 至 2 个点，设计相应的评价方案。

下面以牛津英语 5A M3U3 一课 Learn the sound 板块的评价方案为例进行说明。

评价目标：学生能正确认读音标/ɜː/ /ə/；学生能正确区分音标/ɜː/ /ə/；学生能利用发音规则认读含有/ɜː/ /ə/的单词。

评价内容：学生能正确朗读课本第 48 页 Learn the sound 板块内容（Listen, circle and read）。

（1）*work* *worker* （2）*girl* *glue*

（3）*work* *walk* （4）*salad* *third*

（5）*purple* *paper* （6）*along* *long*

练习：判断下列单词画线部分发音是否相同，相同的用 T 表示，不同的用 F 表示。

（1）*bird* *girl* （ ） （2）*work* *walk* （ ）

（3）*again* *along* （ ） （4）*teacher* *her* （ ）

评价方式：课堂练习。

评价指标：如表2－7所示。

表2－7　评价指标

<table>
<tr><th>评价维度</th><th>评价内容</th><th>等 第 标 准</th><th>评价主体</th></tr>
<tr><td rowspan="4">学业成果</td><td rowspan="2">语音认读</td><td rowspan="2">练习一
☆能基本正确朗读
☆☆能正确朗读
☆☆☆能正确并流利朗读</td><td>学生自评</td></tr>
<tr><td>学生互评</td></tr>
<tr><td rowspan="2">语音掌握</td><td>练习二
A. 全对，能正确并流利朗读
B. 错1个，能正确朗读
C. 错2至3个，能基本正确朗读
D. 错4个及以上，无法正确朗读</td><td>教师评价</td></tr>
<tr><td>练习三
A. 全对　　B. 错1个
C. 错2个　　D. 错3至4个</td><td>教师评价</td></tr>
</table>

有了这样明确的评价方案，教师可以清楚地知道在本单元中语音这一板块学生的掌握情况。在课堂观察时，教师可以用如表2－8所示的课堂评价观察量表进行记录。

表2－8　课堂评价观察量表

评价目标	评价内容	评价方式	评价指标	评价主体
有（　）	学习兴趣（　）	课堂练习（　）	有（　）	教师（　）
无（　）	学习习惯（　）	课后作业（　）	无（　）	学生（　）
	学习效果（　）			家长（　）

课堂评价观察量表提醒教师评价时要有明确的目标，不能随意，更不能为了评价而评价。教师的心中要有学生，不仅要关注学生的学习兴趣和学习习惯，而且要注重过程评价和多元评价。

通过评价，学生可以了解自己的学习效果，明确自身的优点和不足，教师能发现不足，改进和完善评价方案，可以反思自己的活动设计，从而调整教学策略和手段，更好地设计后续课时的教学活动。让评价伴随学生的学习过程，促使学生勤学、乐学！

三、课堂观察工具的再运用与优化

课堂评价观察量表经过了基于经验提炼和理论支撑的开发修订后，在科学性和实用性上都有了很大的提升。摆在教师面前的是在实践中再运用与优化的任务。

正是在这样的契机下,针对各学科的特色和需求,在教研组集体研修的基础上,不同教研组确立了不同的观察点:语文学科着重从课堂提问的层次性角度进行观察;数学学科关注课堂练习设计的有效性;英语学科关注课堂师生互动。另外,个别教师根据研究专长和兴趣选择了自己的观察点,如孙进修老师从在课堂中引导学生自主学习角度进行观察,李欢欢老师从美术课堂作业多元化评价角度开展观察。在“有经有权”思维的引领下,课堂观察的再次运用呈现出了学科内有收有放、学科间交叉互彰的特色,这促进了课堂观察的深入,促进了各学科间的相互学习。

在课堂观察工具的再运用过程中,各个学科尽管观察内容、角度、层次多样,但在观察方法上却具有一定的一致性,这保证了研究的可操作性。教师大多在课堂观察记录的基础上,进行课堂分析,进行反思和建议。因为各学科在课堂观察工具的再运用路径上具有一致性,下面仅介绍语文学科的探索。

(一) 课堂观察工具在语文学科中的再运用及相应的研修方式

1. 语文学科对课堂提问的观察

在课堂评价观察量表修订后,语文教研组对于观察点的选择进行了多方讨论。各位教师围绕语文教学的重要性以及教学困难,经过多次讨论确定从课堂提问观察出发,这也得到了专家的认同。而后,大多数语文教师确定从课堂提问的层次性角度进行观察,这也将任务进一步简化了。在此基础上,学校各位语文教师立足教学实录,以自我观察、教研组共同观察等方式进行了课堂观察工具的再运用。

根据布卢姆的《教学目标分类学》,课堂提问观察量表将课堂提问分为六个层次,即记忆性、理解性、应用性、分析性、评价性、创造性,如表 2-9 所示。在广泛调查和研究的基础上,我们对各部分问题在语文课堂上所占的合理比例进行了初步确定,其中低思维提问(记忆性、理解性)占 50%左右,中思维提问(应用性、分析性)占 30%左右,高思维提问(评价性、创造性)占 20%左右,并从这六个层次进行了观察。

表 2-9 课堂提问观察量表

提问内容	记忆性	理解性	应用性	分析性	评价性	创造性

在对整节课观察的基础上,观课老师对自己观察的各层次问题进行了统计,并结合各层次问题的比例对该节课进行了诊断、分析和建议。在实践中,有些观课老师更细微地关注到了学生回答的正确率,并据此进行协同观察统计,进一步分析该班学生在学习

上的专心程度和思维发展情况。

以张燕老师对《冰城》一课录像的自我观察为例，谈谈语文教师在课堂评价观察量表再运用过程中的实践。课堂提问观察量表、课堂提问观察记录及结果统计表分别如表 2－10、表 2－11 所示。

表 2－10　课堂提问观察量表

提　问　内　容	记忆性	理解性	应用性	分析性	评价性	创造性
1. 听到冰城这个名字，你觉得这是一个怎样的城市		√（2++）				
2. 想不想欣赏一下冰城的风光？看了这些，你有什么感受					√（3+++）	
3. 预习了课文后，你知道这个美丽的城市是哪个城市了吗	√（1+）					
（略）						
15. 欣赏着随处可见的栩栩如生的冰雕，你会觉得冷清吗			√（2++）			
16. 读了课文最后一节，你还有什么问题			√（2++）			

注：“√”表示问题类型；数字表示回答人数；“+”表示回答正确；“－”表示回答错误。

表 2－11　课堂提问观察记录及结果统计表

问题类型	数　量	比　例	总量化	正确率
记忆性 理解性	1 5	1/16＝6.25% 5/16＝31.25%	37.50%	77.80%
应用性 分析性	2 5	2/16＝12.50% 5/16＝31.25%	43.75%	73.70%
评价性 创造性	2 1	2/16＝12.50% 1/16＝6.25%	18.75%	88.90%

问题总量：16。

课堂分析：（1）记忆性提问、理解性提问、应用性提问、分析性提问、评价性提问、创造性提问的比例比较科学；（2）记忆性提问和理解性提问占问题总量的 37.50%，学生在教师的引导下，了解了总分总的结构，理清了文章脉络；（3）应用性提问和分析性提问占问题总量的 43.75%，质量较高，教师抓住文章的矛盾之处，引导学生提出许多值得探究的问题，点燃了学生的思维火花；（4）评价性问题和创造性问题占问题总量的 18.75%，教师在充分创设情境的前提下组织学生交流感受，关注了学生的表达能力；

（5）通过统计学生回答问题的正确率，可以发现，学生对记忆性知识和理解性知识的掌握程度好于其对应用性知识和分析性知识的掌握程度，这与学生已有知识结构有密切联系，符合学生发展规律，就评价性问题和创造性问题的正确率来看，学生对文章内容掌握得较好，创新思维也较活跃。

思考与启示：（1）问题设计具有一定的坡度，层层递进，促进了学生思维的发展；（2）由于学生思维品质存在差异且课堂时间有限，教师给予学生的思考时间不足，影响了学生的课堂参与度。

2. 个别语文教师基于自身兴趣和专长的课堂观察

除了语文学科组根据自身需要确定的层次性课堂提问观察，学校的一些语文教师也根据自己的兴趣和专长进行了多层次、多角度的课堂观察。

语文学科课堂观察工具的再运用已经呈现出了多样化、多层面观察的良好态势，如姜丽萍老师对理答的观察、张芹老师对提问有效性的观察、薛梅老师对教师在课堂上应对学生错误情况的观察、李辉灿老师对课堂师生互动的观察。数学、英语、美术、音乐、体育等课堂中也呈现出了多样化观察的良好态势，这不仅成为学校课堂观察深入持续进行的良好契机，而且也成为很多教师教学研究的出发点。

3. 课堂观察工具在语文学科的再运用

（1）集体观课，互补共进

在观察量表再运用的过程中，由于大多数教师确定的是提问有效性、层次性的观察点，因此在推进的过程中，观课老师可以在共同观察某位老师的课后，当场建议，互相补益。

一般来说，授课老师根据语文组共同讨论确定的观察量表，结合自己当堂所教的文章的特点，对观察量表进行自主修改。确定上课时间后，授课老师在录播室上课，其他同学科甚至不同学科的老师可以拿着执教老师提供的观察量表进入课堂观课。之后，教研组组织交流，对授课老师观察量表的设计提出意见和建议；根据观察量表，对授课老师提问有效性或层次性方面存在的问题提出自己的意见和建议。授课老师根据观课老师的意见和建议，对自己的教案进行进一步的修订，或重新再上，或由同组其他老师根据修改后的教案上课，在这个过程中不断促进教案的优化。

（2）独立观课，建议指导

在集体观课研修的过程中，个别老师的观察点与其他老师有所差异，这些老师往往采用独立观课的方式，或者自己将课录下来，或者看别人的录像课，根据自己制作的观察量表进行观课和反思。

完成自己制作的观察量表的反思后，他们会与同组或者观察点相似的老师进行交流，听取他们的意见和建议；他们也会撰写成文，由专家进行指导，以便提高自己的教学水平。之后，他们会结合自己的反思，分析自身在教学方面的问题，改进自己的教学，在不断的观察中提高自己的教学水平。

（二）课堂观察工具的实施评价

我们对课堂观察工具的研究从开始至今已经有七八年之久，大致经历了“经验提炼—理论支撑—精简优化”的过程。观察量表是一种定量研究的方法，在开发、应用、修订的过程中显示出以下特点。

1. 评改结合，逐步关注到了教学的核心

以评促改是课堂观察的落脚点。由于课堂教学具有极强的情境性，我们试图通过课堂观察促进课堂形态的转变和优化。课堂观察工具实施的过程，其实就是评改结合的动态历程，从观察点的确定，到观察工具的运用修订，到再运用，一方面在促进着观察工具的优化；另一方面也在促进着教学的优化。

在评改结合的过程中，课堂观察逐步涉及教学的核心——学生的学习。这体现在各学科的量表中，如语文学科的层次性提问量表，先关注学生回答的正确率与时间，再思考提问的有效性；英语学科更是将关注重点放在师生互动上。当然还有一些量表是直接观察学生的，这确实将研究引向了教学的核心。

2. 数据支撑，层层把握到了教学的细微处

学校选择观察量表进行研究的初衷就是让普通的“莫衷一是”的听课、评课走上专业发展的道路。以数据为支撑，也确实开启了这样的道路，有利于教学走向专业化。

一节课有 35 分钟，然而在这个有限的时间中却存在着教学的无限可能，这也就是教学的各个细节。就课堂文化而言，教师促进学生思考的方式，学生思考的人数、时间、水平，课堂话语权的分配，师生互动，生生互动，教学设计是否有新意，课堂氛围是否有助于学生表达自己的奇思妙想……这些都可以进行观察。课程性质、教师教学、学生学习等也都可以进行观察。在数据的支撑下，教学中容易被忽视的一些细节逐步进入了教师的视野，这也促进了教师对这些细节的关注。

3. 多维观课，逐步促进教师成长

学校在观课实践中探索出了多样化的观察方式，如自我观察教学录像、组内同伴相互观察、教研组课堂观察主题教研、观察名师课堂、跨学科观课并进行横向对比研究、自我多次观察并进行纵向对比分析。观察的内容可以根据需要有所取舍，也可以全面观察与片段观察相结合。

从这种多维观课中，教师获益良多。在观察量表的再运用中，学校鼓励不同学科教师选取同一个观察点进行研究，如师生活动量表虽然是英语学科关注的重点，但是语文、体

育等学科的教师也有相关的研究。这种横向研究促进了不同学科教师之间的交流，真正推进了不同学科教师间的“相观而善”，这其中的“善”对于教师的成长非常重要。

4. 逐层细化，慢慢走上持续发展的道路

供某个学科整体使用的量表往往比较全面，在使用过程中教师可以将其分解成几个量表，如语文学科的提问量表，可以分解为层次性提问量表、目的性提问量表、科学性提问量表、开放性提问量表。

在这种逐步细化思维的引领下，课堂观察点得到逐步细化。教师可以根据自己教学中存在的问题或者自己关注的方面进行有针对性的观察。这改变了观察量表普适性太强的问题，具有一定的针对性。个别教师甚至在学校量表的基础上进行个人的开发，使之更具有针对性。这有利于教师在观察中不断发现深层次的问题，获得专业化成长，并进一步关注自己教学中存在的问题，走上持续发展的道路。

5. 点点结合，逐渐促成协同并进的研修

学校在课堂观察的实施过程中，遵循着“有经有权”的原则，鼓励每个学科确立自身关注的观察点，如语文的提问、数学的练习，同时不排斥个别教师根据自身需要和兴趣开展其他方面的研究。在这种点点结合的过程中，课堂观察的面得到了拓宽。

在这种点点结合的过程中，有些教师一个方面问题得到解决后往往可以关注到更深层的问题；有些教师发现自身这一个方面问题的症结其实在另一个方面，而其他人在这一个方面的观察研究此时又恰好可以借鉴，这促进了教师研究的深入。在协同并进中，教师相互之间得到了“关联”，这更推动了教师之间的协同并进。

6. 标准生硬，不利于教师教学风格的形成

学校使用课堂观察的数据对教师的课进行衡量时，标准往往是确定的。以确定的三个层次提问的比例对教师的课进行评价，这对于新教师或青年教师来说具有一定的价值，对于具有教学风格的教师来说就有点削足适履了。

对于教师的发展而言，个人教学风格是一个不可回避的问题，就算是新入职的教师也有一定的自身特色，过度强调数据、标准，将不利于教师教学风格的形成，不利于教师向更高层面的发展。这也是定量研究所具有的内在的弊端，需要在后续研究中规避。

7. 浮于表面，不利于把握数据背后的原因及内在的症结

课堂观察量表呈献给教师的是一系列的数据，然而学校的研究往往就数据言数据，缺乏更深一层研究的意识，不能把握数据背后的原因及内在的症结，这使研究往往浮于表面，教师变更的也仅仅是一些表面的教学行为。

教师教学行为的提升基于教师的教育理念，仅仅关注教师外在的一些教学行为，不能关注到教师的教育理念，那课堂观察就容易进入“修修改改，然后再犯”的恶性循环，

这无疑是研究者不希望看到的场景。我们在后续研究中要加强反思,促进教师教学行为的深层次的变更,真正促进教师教育水平的提高。

第三节　课 堂 转 变

现在的课堂应该是以培养学生的学科素养为导向的课堂,有四个特征。第一是"细",教学环节精致,有阶梯,目标分解到位。第二是"实",课堂规范,训练扎实。第三是"活",重思维训练,重学科素养,教材处理、资源使用灵活。第四是"乐",通过激励性评价培养学生积极的学习情感。课堂观察点众多,我们重点围绕学科素养的培养和教学方式的优化,选取观察点,设计观察量表,进行课堂观察,对结果进行统计与分析,探讨优化课堂教学的策略,力求让课堂朝着实、细、活、乐的方向发展,创建智慧课堂。

一、扎实:课堂之"实"

克雷洛夫说:"没有智慧的蛮力是没有什么价值的。"托尔斯泰也说:"没有智慧的头脑,就像没有蜡烛的灯笼。"的确,自古以来,智慧就是财富,是个体成功的重要因素,是社会进步的无穷动力。爱尔维修认为"即使是普通孩子,只要教育得法,也会成为不平凡的人"。卢梭则指出"教育的艺术是使学生喜欢你所教的东西"。这里的"得法""艺术"就是教育智慧的直接体现。让智慧引领教师专业成长,打造智慧课堂不仅是新时期教育改革的需要,更是所有一线教师的使命。

(一)抓住智慧课堂的灵魂,面向全体学生

我们认为智慧课堂就是以教师的智慧激发学生的智慧潜能,由教师引领学生自我认识、自我发展、自我创造的课堂。语文作为最重要的交际工具,本身就是一种智慧。打造智慧课堂,既可以传递语文知识,培养学生的语文能力,又可以落实素质教育。打造智慧课堂的策略有很多,但是灵魂只有一个,那就是"实"。不管是运用了多么前沿的教育理论,还是使用了多么巧妙的授课技巧,只要教学目标没有落到实处,学生训练不够扎实,那么这节课就是在"耍花枪",走过场,违背了"以人为本"的教育理念。

那么,如何抓住智慧课堂的灵魂?教师必须牢记,有效的语文课堂教学必须是面向全体学生的。面向全体学生,是指平等地对待基础、能力不同的学生,让所有学生都真正参与到课堂教学中来,充分激发每一个学生的潜能,让每一个学生都能感受到自己的价值。这样才能真正贯彻"以人为本"的教育理念,将教学落到实处。

(二)观察智慧课堂,增长智慧

一节课时间有限,然而,学生在性格特征、心理素质、兴趣特点等方面又存在着天然

差异，师生在教学互动中无法时时保持全面交流。为了更好地落实教学目标，帮助学生扎实训练，从而提高语文课堂教学质量，下面以上海市虹口区一位教师执教的小学一年级语文《轰隆隆》新授课实录为观察对象，说明如何在课堂上实现教学目标、落实面向全体学生的理念。

我们选择的观察点为课堂中的拼音学习。“万丈高楼平地起”，汉语拼音是识字的基础，也是语文学习的根基，更是学生必须掌握的技能。一至二年级汉语拼音教学重在提高学生汉语拼音音节的拼读能力。《轰隆隆》是教材中“读儿歌识字学拼音”单元的最后一篇课文。尽管拼音学习的新授课基本结束，但是教师仍旧需要提供各种机会让学生反复操练，也就是平时我们常说的“滚动复习”。

本次观察采用的主要观察工具是自制的拼音学习观察表，如表 2－12 所示。

表 2－12 拼音学习观察表

序号	活动内容	活动形式	活动目的	参与率
1	复习两个复韵母 ei、ie	开纵排小火车	复习两个复韵母 ei、ie，为后面学习打好基础	33%
2	拼读带有复韵母 ei、ie 的音节 shéi、bié	开横排小火车	复习音节拼读	36%
3	学生拿出抽屉里的 9 张拼音卡片，老师读出示的鼻韵母，学生快速拿出相应的卡片，并按老师要求放在桌面指定位置上（in、ing、en、eng）	游戏：我是顺风耳 （1）齐读 （2）小老师领读	复习 9 个鼻韵母，区分前鼻韵母和后鼻韵母	100%＋100%
4	剩余五张卡片（an、un、ün、ang、ong），老师计时 20 秒，让学生帮它们找到自己的家	学生自己摆放卡片，比一比谁的速度最快	老师先扶后放，让学生自己摆放卡片，激发了学生学习拼音的兴趣	100%
5	老师出示卡片（后鼻韵母）：ang、eng、ing、ong	小老师领读	复习后鼻韵母	100%
6	老师板书：hōng、lōng	（1）指名拼读、齐拼 （2）男生拼、女生拼	复习带有后鼻韵母音节的拼读，揭示今天学习的课题	6%＋100%
7	学习生字“了”，“了”是轻声，要轻轻拼	（1）指名拼读 （2）齐拼	了解“了”是轻声，要轻轻拼	6%＋100%
8	学句子“叫来小蜜蜂”“叫来小青蛙”，不出示文字，全部用拼音代替，让学生拼一拼音节，并连起来读一读，回答“雷公公来干什么”	（1）自己拼读 （2）指名回答	借助拼音读词，带着问题，读懂儿歌内容	100%＋6%

续　表

序号	活 动 内 容	活 动 形 式	活 动 目 的	参与率
9	学词语“青蛙”，读的时候注意后鼻韵母	（1）指名拼读 （2）齐拼	借助拼音读词，把“青”的后鼻音读准确，为读文段做准备	6%+100%
10	学词语“蜜蜂”	（1）开小火车 （2）齐拼	借助拼音读词，把“蜂”的后鼻音读准确，为读文段做准备	33%+100%
11	学生字“去”	（1）指名拼读 （2）齐拼	学生字“去”，结合前文中的“来”，理解生字“去”的意思	33%+100%
12	学词语“千万”	（1）指名拼读 （2）小老师领读	为理解课文打好基础	33%+100%

（三）思考智慧课堂，学其精华

1. 学会取舍，使课堂有重点

大多数教师在研读文本时，会发现有太多想讲的知识点，于是便满怀激情，想尽各种方法在课堂上“全盘托出”。然而结果却不尽如人意，教师感觉很累，一直在赶时间；学生一直点头迎合，但问他们学到了什么，却是一副迷茫的样子。为了让 35 分钟课堂教学取得实效，教师要学会取舍。

在《轰隆隆》这节课中，教师牢牢抓住单元目标，在课堂中舍得为拼音学习花时间，整节课用 1/3 的时间进行大量的拼音操练，而且是面向全体学生的拼音操练。这种滚动式的拼音学习，让学生能够熟练掌握这项技能，为后面学习生字、词语、文段打下坚实的基础。

2. 玩转形式，使课堂妙趣横生

拼音只是一些符号和规则，没有实际意义，如果教师用一种刻板单一的方式来进行拼音教学，那将多么枯燥无味。教师要根据一年级学生的心理特点和年龄特点，充分发挥智慧，丰富学习形式。

在这节课中，教师可以说是玩转形式学拼音，用开纵排小火车、开横排小火车、小老师领读、自己拼读、游戏、摆卡片等形式，吸引了学生的注意力，保证每个人都参与进来，进而提高学习质量。

3. 设置梯度，让学生稳步向上

语文学习活动的设计必须要有层次感、有梯度，要调动不同层次学生的学习积极性，充分发挥他们的主观能动性，使他们都有收获，也就是达到面向全体学生的目的。

这位教师设计的拼音学习活动是有梯度的。先是复习复韵母,然后是拼读带有该复韵母的音节,接着是拼读生字词语,拼读句子,最后是朗读课文。层层递进,由扶到放,让学生一步一个脚印,稳步向上。

4. 巧设情境,唤起学生的生活经历

教学必须面向全体学生,而有相当一部分学生是缺乏学习主动性、自觉性的,那么教师就要对数量较多的中后层次的学生给予更多的关注。在课堂中学习某个知识点时,如果教师创设了能唤起每个学生生活经历的情境,就能激发学生的学习兴趣。

在学习“谁”这个生字时,教师在指导学生读准字音之后并没有草草结束,而是创设了一个情境:“咚咚咚,有人在敲门,开门之前,你要问什么?”某生回答:“谁来了?”教师马上夸奖该生用“谁”提了个问题。不用教师强调说这是问句、疑问词,学生自然就明白了。接着教师又问:“寻找笔的失主,怎么问?”学生在教师创设的情境中有的放矢地掌握了这个生字的用法。教师既给学生指引了方向,又发挥了学生的主体作用,让课堂更加“语文化”。

当然,没有十全十美的课堂,这节课也存在不足。参与开纵排小火车和参与开横排小火车的拼读人数仅占 33% 和 36%,比例较低。大多数活动的形式为个别读和齐读。齐读是全体参与了,但是个别读仅占 6%,如果这个比例再高一些,多一些学生站起来单独拼读就更好了。

小学语文教师必须不断学习他人的智慧,并为自己所用,让自己的课堂也逐步向智慧课堂靠近。促进学生提高,改善教师教学,这也是集智研修、提升自我的一种重要方式。

二、精致:课堂之“细”

智慧课堂,不仅在大环节上要有智慧的提问,而且在细节的师生互动中也要有智慧的理答。宏观科学合理,细节精致有效,才能真正称为智慧课堂。

理答是每一次课堂实践都必不可少的。教师对理答行为也要有所研究,因为智慧的理答是教师教学机智的体现。在课堂教学过程中,教师有效的理答,能够激发学生的学习兴趣,提高学生的学习积极性,营造积极求知的氛围。由此可见,教师一定要高度重视理答,提高课堂教学效果。

(一) 关注理答,提升课堂

一般来说,课堂问答包括发问、候答、叫答、理答四个前后连接的过程。崔允漷教授认为,理答就是教师对学生回答问题后的反应和处理,是课堂问答的重要组成部分。理答作为一种教学行为,是教师对学生的回答作出的即时评价,是一种重要的课堂教学对话，直接影响学生对某个问题的理解和进一步学习，也间接影响学生对某一节课甚至某个学科的兴趣与态度。

在已有的研究中，很少有研究者单独对教师理答方式这一概念进行界定。在《心理学百科全书》里有课堂反应行为的提法，而在《教育大百科全书》中则有教师评价行为的提法。我们认为教师理答方式是教师课堂反应行为和教师评价行为的一种表现形式，指课堂教学中学生回答问题后，教师对其做出反应并提供反馈信息（主要指教师的语言）的方式。教师理答方式的分类方法有很多，最简单的是分为直接理答和间接理答两类。项阳在小学语文教师理答行为研究中将教师理答方式分为诊断性理答、激励性理答、发展性理答和目标性理答。根据本研究的情况，在分类和相关概念的界定上，我们采用了以上研究成果。为研究小学语文课堂理答的有效性，我们以小学三年级语文《惊弓之鸟》新授课实录为观察对象，观察课堂教学中教师的理答情况。观察到的结果归类统计如表 2－13 所示。

表 2－13　语文课堂理答观察量表

A	语言性理答																非语言性理答				其他
B	直接诊断式理答（当学生答对或答错时）									间接转化式理答（当学生回答不完整、半对或无答时）							有反应理答		无反应理答		
	诊断性理答（大于 20%）							激励性理答（小于 10%）		发展性理答（大于 20%）				目标性理答（小于 10%）							
C	肯定				否定																
	简单肯定	提升肯定	机械重复	意义重复	简单否定	纠正	提升否定	低效表扬	高效表扬	追问	转问	探问	反问	代答式	引答式	归纳式	动作理答	神情理答	障碍式	留白式	
次数	2	8	1	6		3	2	1	6	13	6	1		1	4	3					
比例	38.60%							12.28%		35.09%				14.35%							
百分比		大于前者	小于5%	大于前者			大于5%		大于前者					小于1%	小于3%		小于25%		小于3%		

注：B 层面和百分比层面为智慧理答的参照数据。此表中的部分数据只是常态化教学中智慧理答应基本遵循的规律，但在实际教学中理答还受教师教学风格、教学内容、授课班级、年级特点等多种因素的影响，因此，此表仅供参考。（此表格也采用了项阳的研究成果）

（二）分析理答，精致课堂

根据对整节课的观察，诊断性理答占 38.60%，大于 20%，符合智慧理答的要求。诊断性理答是指对学生的答案做出“正确”或“错误”的判断。教师在理答中有明确的判断是诊断性理答的显著特征。在所有的诊断性理答中提升肯定、意义重复、提升否定属于积极理答。而在这节课中积极理答只有 16 次，占诊断性理答的 72.73%。而简单肯定、机械重复、简单否定和纠正占 27.27%。积极理答比重大，也符合智慧理答的要求。其一，提升肯定的比重大于简单肯定的比重。提升肯定不仅是对学生答案的认可，更能进一步打开学生的思路，引导学生把自己已有的判断提升到高一个层次，这无疑会对学生的成长起到积极作用。其二，意义重复的比重远远大于机械重复的比重，机械重复所占比重小于 5%。其三，引导否定占 9.09%，大于 5%，与智慧理答的要求相符。由此可见，诊断性理答符合智慧理答的要求。

激励性理答中，高效表扬的比重远远高于低效表扬的比重，属于智慧理答。但是激励性理答所占比重为 12.28%，大于 10%，比重略大。发展性理答是指教师在学生回答不完整或不正确的情况下再次组织问题，再次进行理答。这属于较高水平的理答，能引导学生深入思考，能促进学生思维发展，是站在学生长远发展的角度而采用的教学行为。在本节课中，发展性理答占 35.09%，大于 20%，属于智慧理答。目标性理答是指当学生的回答不能准确或完整地指向目标时，教师直接给出答案或引导学生总结答案，包括代答式、引答式和归纳式。在本节课中，目标性理答占 14.35%，远远大于智慧理答中要求的 10%，其中引答式所占比重太大。

从这节课看，教师完全可以调控生成，也能够站在学生思维发展的角度进行课堂理答。但是激励性理答和目标性理答比重略大，而且在理答过程中，教师多次机械重复学生的答案，或者只是进行了简单的“好，不错，真棒……”点评，使部分理答存在问题。

（三）优化理答，智慧课堂

台湾学者张俊绅通过调查发现：就数量而言，表扬占据课堂教学时间的最大值为 6%，接受学生意见占据课堂教学时间的最大值为 8%，而批评占据课堂教学时间的最大值为 16%。本节课中，激励性理答和目标性理答比重略大。针对这种情况，我们一定要重视理答的合理性和有效性，在课堂中多些积极的诊断性理答、激励性理答、发展性理答和目标性理答，积极评价，重在激励。

1. 充分预设，重在引导

大多数情况下的教师理答是可预设的。比如，在发展性理答中，我们发现追问这一理答行为比例偏高，这一理答行为更多来自动态生成，表面看似乎是现场效果，其实这与教师的教学设计密切相关，来自于教师对教材的深度解读和精心预设。而教师有时也会因为学生出人意料的回答或提问一时语塞,打乱课堂教学节奏。因此要提高理答的质量,使理答更有效,教师要先做好充分的预设,再层层引导,这样才能在课堂上游刃有余。

首先,教师可以预设学生的疑问。教师备课是为了更好地教学。因此,教师在每次备课中都要参考相关的教学材料,如到网上进行理论知识的查询、翻阅相关书籍、借鉴别人的教学备课资料,进而预设一些教师自己认为适合学生的问题和环节。这样,当学生回答不完整或不正确时,教师可以适时追问、转问、探问、反问,抓住有利时机,促进学生思维灵活性、批判性和系统性的长足发展。

其次,教师可以预设学生的答案。预设学生的答案可以使教师直接在课堂实践之前预备理答,这样就可以减少教师课堂随机应变的压力,提升教师理答的自信心。而且,教师预设的学生答案越多,预备的理答就越充分,在层层引导中目的性就越强,教学目标就越容易达成,课堂教学就越流畅。

2. 善于倾听,耐心等待

事实上,在很多课堂中,包括这节课,如果出现不在教师标准答案范围内的答案时,教师往往会打断或否定学生的回答,这会挫伤学生的积极性。也许这两种做法都不是有意的,但学生会感到沮丧从而不愿意积极主动地参与课堂活动,思维的发展也受到阻碍。所以善于倾听的教师应该有这样的意识:学生在课堂上回答问题时,即使说错了,教师也要认真听他说完。

认真倾听,听懂学生的心声是教师的特殊本领。善于倾听,才能了解学生的思维特点。善于倾听,才能引导学生充分发挥自己的聪明才智。善于倾听,才能真正实现相互沟通和相互启发,使学生思维的批判性和系统性得到发展。面对一篇新的文章,学生有时不能很好理解。作为一位教师,要尊重学生的原有认知,认真倾听学生的发言,了解学生的看法和感受。然后,教师要鼓励和引导学生抓住事物的关键,由浅入深地切入重点。教师要认真听取学生的发言,多角度分析,多层次理答。面对学生的"七嘴八舌",教师要听出对与错,进行诊断性理答和激励性理答。教师要分清学生思维水平的高与低,进行发展性理答。教师要觉察出学生见解的独特与新颖,进行目标性理答。教师应对学生的每种声音都进行恰当、适合的理答,同时捕捉学生思维的闪光之处,凝聚学生的注意力和思维力,促使他们凝神倾听,打造精彩课堂。

语文课的魅力在哪里?在课堂所激发的师生情感和智慧中。学生是课堂的真正主人,不是"配角",为了让学生真切地感受这一点,教师的理答语言及评价语言要充满情趣,充满诗意。叶澜教授说:"课堂应是向未知方向挺进的旅行,随时都有可能发现意外的通道和美丽的图景。"在这旅行中,教师的理答和评价应该担负起引领点拨的责任。因而,教师要重视理答和评价。比如,变模糊评价为准确评价,变随意评价为针对评价,多些真诚奖励和精神鼓励,多些延时评价和机智评价,使评价多样化。这样才有助于教师理答水平的提高,有助于学生思维品质的发展,有助于课堂教学有效性的提高。

三、灵活:课堂之“活”

注重课堂练习设计,提高课堂教学有效性是打造智慧课堂的重要方法。以往很多教师很少进行课堂练习设计,大多“选取书本配套练习”或“选取课外相关练习”,直接让学生去被动完成。课堂缺少生气,练习内容缺少针对性,练习设计缺少层次性。这样的练习未必能有效检测出学生对课文重难点知识的掌握情况。

有效的课堂练习设计,不但能够激发学生的学习兴趣,而且能够明确检测出学生对所学知识的掌握情况;不但能帮助学生解决这一道题目,而且能够帮助学生运用所学方法解决这一类题目。下面以数学“增加几倍、增加到几倍”一课为例说明如何精心设计课堂练习,让课堂更加有活力。

(一)以学论教,练习“活”

“增加”和“增加到”的含义,学生在日常生活实践中已经有了一些初步的体会。但是,“增加几倍”和“增加到几倍”这两个概念对于大部分学生来说还是比较抽象的。因此,教师想在具体的练习中借助实物图、线段图、动手实践、小组交流等形式让学生慢慢理解并掌握“增加几倍”和“增加到几倍”这两个概念的含义。课堂练习设计分为三个部分。

1. 复习引入部分

让学生用“增加”和“增加到”造句,理解概念本意。例如,A. 去年我们班45人,今年增加3人。B. 去年我们班45人,今年增加到48人。师:这两句话的意思一样吗?生:一样。师:你们还能举出这样的例子吗?

在造句的过程中,学生慢慢感知了“增加”和“增加到”在生活实例中的含义。这样的引入练习设计,改变了传统教学中教师的主体地位,让学生变成了学习的主体,学生从被动习得知识转变为自主探究知识。

2. 探究新知部分

让学生利用教材中的情境解决问题。问题一:把小胖带的苹果数增加2倍是几个苹果?问题二:把小胖带的苹果数增加到3倍是几个苹果?

3. 巩固练习部分

书本上的巩固练习部分只有一道题目,题目太少。教师根据教学目标对原本单一的练习进行了分层设计。

习题(1)　生梨有 6 个,增加 4 倍就是原数的(　　)倍,增加到 4 倍就是原数的(　　)倍;增加 n 倍就是原数的(　　)倍,增加到 n 倍就是原数的(　　)倍。

设计意图:通过对比练习,使学生进一步认识"增加几倍""增加到几倍""是原数的几倍"这三者之间的内在联系,深化学生对概念本质属性的理解。学生学习的过程同时也是知识的建模过程。

习题(2)　小胖、小丁丁集邮票枚数如图 2-2 所示,请判断以下三种说法的对错。

① 小丁丁集邮票枚数是小胖集邮票枚数的 4 倍。　(　　)

② 小胖集邮票枚数增加到 5 倍,就是小丁丁集邮票枚数。　(　　)

③ 小胖集邮票枚数增加 3 倍,就和小丁丁集邮票枚数一样多。　(　　)

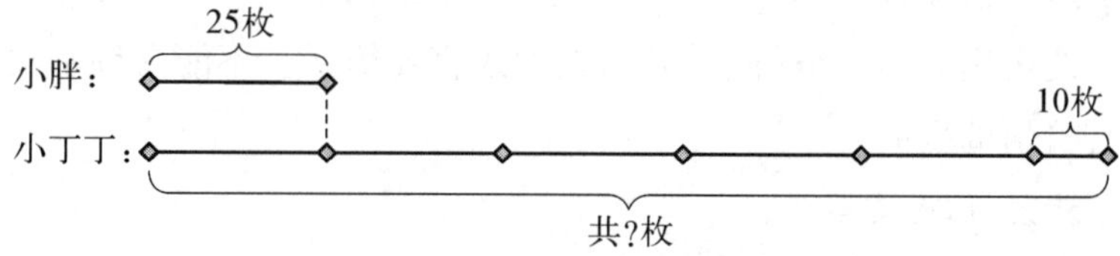

图 2-2　小胖、小丁丁集邮票枚数示意图

设计意图:让学生灵活运用所学知识,判断对错,解决实际生活问题,通过反馈交流,进一步加深对"增加几倍""增加到几倍"等概念的理解,为后面的学习打好基础。

习题(3)　拓展题

近几年松江区人民对居住区环境质量要求提高,直接促进了松江区居住区绿地面积增长。表 2-14 显示了不同年份松江区人均公共绿地面积。① 请用"增加几倍""增加到几倍"说说不同年份松江区人均公共绿地面积之间的关系。② 如果将 2003 年松江区人均公共绿地面积增加到 2 倍多 6 米,就是 2009 年松江区人均公共绿地面积,你能求出 2009 年松江区人均公共绿地面积吗?

表 2-14　不同年份松江区人均公共绿地面积

年份(年)	松江区人均公共绿地面积(m^2)
1995	3
2000	5
2003	15

设计意图:让学生自主选材,运用所学知识说说不同年份松江区人均公共绿地面积之间的关系,不仅深化了学生对概念的理解,同时也提高了学生的思维能力,发展了学生的思维灵活性,为学生解决类似问题打下坚实的基础。

（二）课堂资源，运用“活”

课程标准（2011 版）中指出：“凡是对课堂教学起作用的事物都能称为课堂教学资源。课堂教学时间、教学资料、教学设备、教学环境、教学群体、教学技术等都可以作为课堂教学资源，可供开发利用。”为了顺利高效地完成课堂教学任务，我们将相关课堂教学资源整合如下：

1. 合理分配课堂教学时间

上海课改后小学一节课只有 35 分钟，相比过去课时缩短了 5 分钟，要完成同样的教学任务和课堂练习，时间紧迫。要提高课堂教学效率，就要提高每一分钟的效率，所以在教学设计时教师要做到心中有数。第一，各环节时间分配要清晰。比如：引入大约占用 2 至 3 分钟，新课探究大约占用 10 至 15 分钟，课堂练习大约占用 10 至 15 分钟，课堂小结大约占用 2 至 3 分钟。第二，教学语言要简明。不能含糊不清，拖泥带水。第三，减少没有价值的提问。

2. 心中有教案，但无定案

在上课时，教学思路要清晰。学生是灵活的主体，学生的想法各不相同。当学生回答的答案与教案上预设的答案不一致时，教师一定要以生为本。如，师：增加到 3 倍=增加几倍？生：增加到 3 倍=增加了 2 倍。师：“增加”和“增加了”的意思一样吗？生：一样。虽然教学预案中“增加了”是下一课时的内容，但是在此时学生已经能认可“增加”和“增加了”的意思相同，那么，教师也就没有必要再遮掩，而应该顺水推舟。

（三）解题方法多样化，思维“活”

解决问题的策略、方法和途径可以是多样化的。课程标准（2011 年版）中也强调了解题方法的多样性，希望通过多样化的解题方法，培养学生的创新意识，让学生养成独立思考的习惯，同时提高学生发现问题、提出问题的能力。

比如：在探究练习部分，教师出示问题“小胖带了 3 个苹果，如果把小胖的苹果数增加 2 倍是几个苹果”后，先让学生独立思考猜想个数，再让学生用自己想到的方法验证猜想的个数，最后让学生在小组内交流自己验证后得到的结果。这时学生会发现大家使用了不一样的方法。

生 1：我使用了画圆圈的方法，如图 2－3 所示。

生 2：我使用了画线段图的方法，如图 2－4 所示。

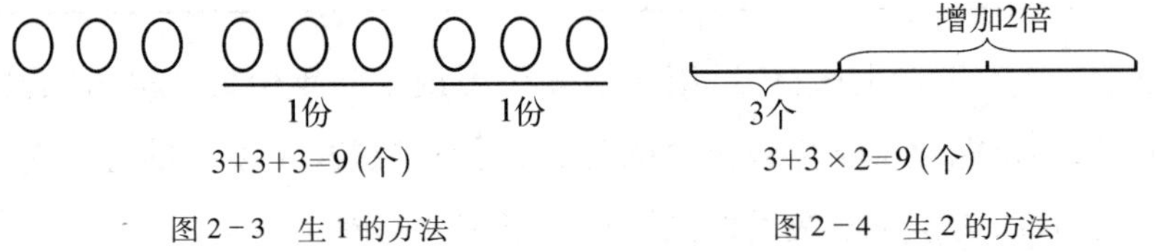

图 2－3 生 1 的方法　　图 2－4 生 2 的方法

生 3：我的方法与他们都不一样，我使用的方法是 3×3＝9（个）。

师：你是怎么想的？

生 3：我把原来的 3 个看成一份，增加 2 倍，就是多了 2 份，现在一共有 3 份。

师：说得真好。

当课堂上出现不一样的方法时，教师应先放手让学生之间相互交流并在交流的过程中体会不同解题方法的优劣，体会解题方法的多样性，再让学生选择自己喜欢的解题方法。这不仅在解决问题的过程中适当渗透了数形结合的数学思想，又让学生学会了数学思维方法，积累了思维活动经验。

（四）培养学科素养，能力“活”

数学素养已经成为现代社会每一位公民应当具备的基本素养。在日常的数学课堂中培养学生的学科素养，也是我们每一位数学老师应该思考的问题。

本节课中，教师重点培养学生猜想验证、观察推理以及建立模型的能力，在探究新知部分，让学生先猜想后验证。在巩固练习部分，当学生明白“增加 4 倍”就是原数的 5 倍，“增加到 4 倍”就是原数的 4 倍后，教师先请学生观察推理“增加 5 倍”就是原数的几倍，“增加到 5 倍”就是原数的几倍；再让学生之间互相出题相互推理，最后建模得出一个数“增加 n 倍”就是原数的 $n+1$ 倍，“增加到 n 倍”就是原数的 n 倍。这个过程，也就是学生自我学习新知建模的过程。在新课标中建模思想也被列为小数数学重要思想之一。

课程标准（2011 版）中指出：“义务教育阶段数学教育的一个重要价值在于学生数学素养的养成。数学教育不仅要让学生知道一些数学概念，掌握一些数学方法，还应当要让学生感悟一些数学基本思想，积累一些数学思维活动和实践经验。”所以我们认为在教学中，教师在传授知识的同时，还应提升学生的学习能力，培养学生的数学素养。因为这是在为学生的终身学习和可持续发展奠基。

四、快乐：课堂之“乐”

在小学英语教学中，学习兴趣和学习习惯的培养至关重要。大量的教学实践及案例研究表明，提高学生的学习兴趣应从让学生体会学习之“乐”入手。我们在这方面进行了较多思考与尝试，也遇到了不少困惑与难题。在五校共同体合作研修中，各校英语教研组通力合作，集智研修，对如何在英语教学中体现智慧课堂之“乐”进行了深入的研究和探讨，对如何提升课堂教学有效性、增强课堂教学趣味性、体现智慧课堂之“乐”的一些方法与策略进行了深入的研讨，受益匪浅。

《英语课程标准》（2011 版）提出，小学英语教学在实现语用目的的同时，要培养学生学习英语的兴趣。这就要求教师在解读课标、分析教材、了解学生的基础上,更加合理地制订教学计划,使课堂教学超越知识教育,从知识走向智慧,打造智慧课堂,使学生在获得情感体验的同时,体会到英语学习之"乐"。

如何体现智慧课堂之"乐"是一个见仁见智的问题。下面举例说明如何从文体转换、板块划分、问题设计以及分层输出等方面探索小学英语教学之"乐",以培养学生学习英语的兴趣。

(一)"乐"在文体转换

《英语课程标准》(2011 版)指出,教材是实现教学目标的重要材料和手段。在实际教学过程中,教师应考虑学生已有学习水平、教学目的等因素,创造性地使用教材,对教材加以适当取舍和调整。

在进行独白、对话、叙述等单一文体教学时,教师可以根据教学需要和学生学习基础转换文体,适当补充教学内容,使语言表达形式多样化,达到语境带动、语用体验的目的,从而激发学生学习英语的兴趣。

在牛津英语 4A M2U3 The lion and the mouse 一课中,教材内容由五幅图片和五段叙述文本组成。五段叙述文本如下所示:

This is a lion. It is big. It is strong. It has big teeth.

This is a mouse. It is small. It has small but sharp teeth.

The lion is in a net. It is afraid. The mouse is afraid too.

The mouse can bite. It can help the lion.

The lion and the mouse are happy. They are friends now.

该文本简单易懂,但为了使人物特点更鲜明、情感变化更明显、趣味性更足,教师可以在教学过程中引导学生根据狮子和老鼠的话进行由叙述到独白的文体转换,具体教学过程如下。

在第一至第二幅图的教学过程中,教师先引导学生通过观察图片和回答问题完成叙述性文本的教学,再提出文体转换学习任务(先由学生自主表达,再呈现狮子和老鼠的话语),如图 2-5 所示。在完成文体转换后,教师引导学生模仿狮子和老鼠的话语,体会狮子的强大及老鼠的弱小,感受两者的巨大差异,为进一步学习故事打好基础。

在第三幅图的教学过程中,教师通过视频引出单词 net,利用问题"The lion is in a net. How does it feel"让学生描述对狮子的感受,从语言知识及情感方面为接下来的文体转换打好基础。如图 2-6 所示,教师要通过提醒和示范引导学生读出狮子的痛苦与无助,并与之前狮子强大的一面形成鲜明的对比,以加深学生的情感体验,使其感受英语学习的快乐。

图 2－5 文体转换学习任务

图 2－6 狮子的痛苦与无助

在第四幅图的教学过程中，教师要引导学生在语言表达中使用 small、sharp 等词，以显示老鼠的机智与勇敢，如图 2－7 所示。学生在文体转换的过程中锻炼了思维能力，提高了语言表达能力，感受到了狮子的强大、痛苦与无助以及老鼠的弱小、机智与勇敢，体会到了故事学习的乐趣。

图 2－7 老鼠的机智与勇敢

（二）“乐”在板块划分

在实际教学过程中，教师根据故事的发展对文本进行板块划分主要是基于这样的事实：文本长短不一，但情节相对完整。这样的板块划分可以引导学生体会故事的发展过程，增强英语学习的乐趣。

例如，牛津英语 4B M4U1 The Piper of Hamelin 一课由对话、叙述组成，文本较长，内容丰富。为了更好地呈现故事的发展过程，突出人物的情感变化，教师在教学过程中可将故事发展过程划分为三个板块，分别对应课文中的第一幅图、第二至第四幅图、第五至第六幅图，如表 2-15 所示。

表 2-15　故事发展过程的三个板块

板　块	内　　容	功　　能	情　　感
1	第一幅图	故事的起因	helpless
2	第二至第四幅图	故事的发展及高潮	happy, angry
3	第五至第六幅图	故事的进一步发展及结束	sad, happy

第一个板块介绍故事的起因。通过地图分析完成 the city of Hamelin 教学，通过视频观看、问题回答完成词组 full of 教学，引导学生体会人们的痛苦与无助。

第二个板块介绍故事的发展及高潮。教师可在进行单词 piper 的教学时突出 piper 所奏音乐的神奇，为故事的进一步发展打好基础，并通过人物对话完成单词 gold 教学，最后引导学生在角色扮演中体会鼠患消除后人们的开心及 piper 的生气，让学生认识到人们的言而无信。

第三个板块介绍故事的进一步发展及结束。此处教师可通过“The piper is angry. What does he do”“The children walk away from the city. What do their parents do”等开放性问题，发散学生思维，让学生感受人们由 sad 到 happy 的情感变化，并在合作讨论中让学生明白做人要诚实守信。

（三）“乐”在问题设计

心理学研究结果表明，人的思维是从疑问开始的，疑问能引发学生认知上的矛盾，让学生产生心理上的不平衡，从而促使他们积极探索，以解决问题，实现心理平衡（陈琦、刘儒德，2005）。所以在教学引入环节，教师可以巧妙设计问题，激发学生的好奇心，引导学生在感知文本的同时尝试解决问题，体验解决问题的喜悦，从而增强学生英语学习兴趣。

问题设计不能太复杂，要考虑到学生已有的认知水平，体现出以旧带新的教学思想。牛津英语 4B M3U1 The old tortoise and the little bird 一课的文本较长，信息量较大，教材中提出了四个问题：(1) Where does the old tortoise live? (2) What does the little bird always do in the pond? (3) Does the tortoise like the bird's songs? (4) Is the old tortoise happy in the end?

这些问题对于初次接触故事文本的学生来说难度很大，而 the old tortoise 的情感变化（happy-unhappy-happy-unhappy）贯穿故事全过程，并推动了故事的发展，所以教师可以据此来进行问题设计，如图 2－8 所示。

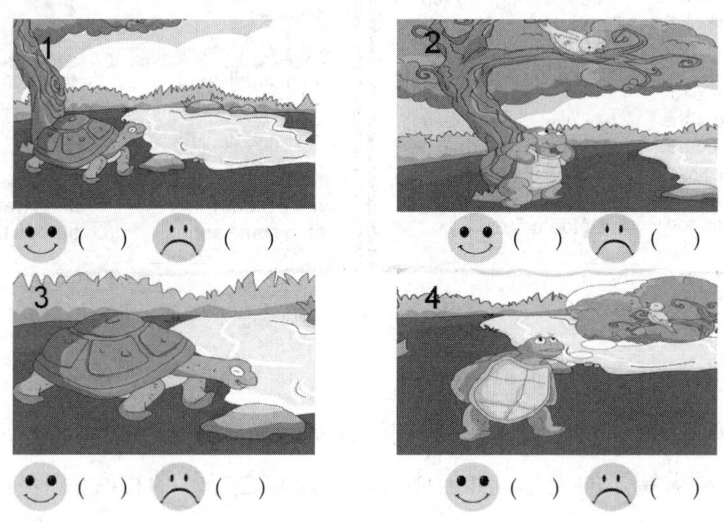

图 2－8　Listen and tick

学生在听力中完成对 the old tortoise 的情感变化的学习，感知故事文本，为进一步学习故事文本打好基础。

（四）"乐"在输出分层

根据《英语课程标准》（2011 版），教师在实际教学过程中应坚持以学生为本的原则，同时关注个体差异，给学生呈现不同难度的任务，让全体学生在问题解决中获得成功感与满足感，树立英语学习的信心，为后续学习打好基础。

输出环节是一节课各教学环节的有机融合，学生在此过程中加深对文本的理解，锻炼并提高语用能力。输出环节形式多样，包括朗读、角色扮演、图片描述等，目的在于检测学生对本节课所学知识的掌握程度。教师在输出环节要遵循兼顾全体、基础与提升并重的原则，考虑学生现有认知水平和发展需求，合理设计任务难度，分层输出，以满足不同学生的学习需求，使其感受到英语学习之"乐"。

例如，牛津英语 4B M3U1 The old tortoise and the little bird 一课，文本内容丰富。输出环节教师让学生自主选择 Task One 和 Task Two，如图 2－9 所示，以满足不同认知水平学生的实际需求。考虑到学生实际需求及文本难度，这里采用朗读及图片描述的形式。

教师应注意输出环节的难度与形式，多鼓励学生参与其中，努力为全体学生提供思维训练和语言表达的机会，同时要及时纠正学生的错误，如学生在对 have、sing、drink

图 2－9 Task One 和 Task Two

等动词进行第三人称转化时出现的错误。

《英语课程标准》(2011 版)建议我们结合实际教学需要,创造性地使用教材,使英语课堂教学闪耀着智慧的光芒。如何体现智慧课堂之“乐”值得我们不断思考和探索。

小结

随着“二期课改”的深入,我们越来越关注课改理念怎样在课堂上落地生根。以往笼统、模糊的校本研修不能满足这样的要求,我们试图借助专业的课堂观察手段发现优点与不足,进行科学分析,从而改进我们的课堂教学,打造智慧课堂,促进学生全面、健康、快乐成长。

课堂观察,是指通过观察对课堂教学的运行状况进行记录、分析和研究,并在此基础上谋求学生课堂学习改善、促进教师专业发展的活动。它是一种有理论支撑、有方法论支持、有具体操作程序的教育科学研究方法。作为专业的观察活动,它要求观察者带着明确的目的,凭借自身感官及有关辅助工具(观察量表、录音录像设备),直接(或间接)从课堂上收集资料,并依据资料进行相应的分析、研究。课堂观察是一种研究课堂教学的工具。校本研修以课堂观察为切入口,有目的地进行观察,增强了研究的意识。基于课堂观察的校本研修一般分为四个阶段,即“设计观察量表并进行课堂观察—发现量表、教师、课堂等方面的问题—集中教师校本研修深入探究—改进观察量表、教师行为、课堂教学”。课堂观察的最终落脚点是改进课堂教学行为,实现课堂转型。

通过基于课堂观察的校本研修,教师的专业素质提升了,课堂教学水平也有所提升。新教师能自觉关注教学行为规范,落实教学五环节,提高课堂应对能力,基本达成教学预期目标。成熟教师能自觉关注学生学习过程,注重教学细节的研究,提高教学效率，实现教学环节的增值，提高自身反思、改进课堂的能力。骨干教师能在教学研究上起引领示范作用，在完成基本教育教学目标的基础上，敢于探索新课改理念落实的有效载体，一步步推动并带领青年教师进行课堂转型的尝试，一步步推进、一点点落实智慧课堂。

基于课堂观察的校本研修，能够提高校本研修专业化程度，促进教师主动发展。它通过跨校联动，搭建教研平台，形成教研合力；通过校本培训，促使教师形成自我发展意识，提高主动发展的意识；通过优化原有校本研修模式，探索新的校本研修模式，提高了校本研修的专业化程度；通过共同的校本研修，促进教师专业能力的发展，提高了教师队伍的整体素质；通过形成教师合作成长和个人发展的制度文化，激励教师在团队合作中形成人人求发展、人人创特色的积极进取精神，从而整体推进课改进程。

基于课堂观察的校本研修，促进了课堂教学转型，更好地凸显了学生在学习中的主体地位，为学生提供了平等对话的学习环境，改善学习方式，优化学习内容，发展了学生的学科素养。我们的研究以“二期课改”先进理念为指导，把握“教师的‘教’是为了更好地促进学生的‘学’”这一课堂教学转型的方向，强化“生本”意识，促进学生自主学习、合作学习、探究学习，提高学生的创新能力和综合实践能力。我们在基于课堂观察的校本合作研修中，集中优势力量，选取一个方向重点突破，打造智慧课堂，促进学生全面发展。

第三章　三健活力课程建设与集智研修

第一节　三健活力课程

一、三健活力课程的研究概况

（一）研究背景

国外研究现状。“校本课程开发”的主张，始于20世纪六七十年代，20年后，“课程决策分享”成为一种趋势，有些以国家控制教育为主的国家陆续在课程中留出10%至25%的学校自主开发余地。如1993年俄罗斯基础教育计划规定：“国家规定的必修课占73.68%，学校自主选修课和个人兴趣课共占26.32%。”

国内研究现状。1996年6月，《中共中央国务院关于深化教育改革全面推进素质教育的决定》中提出要实行国家课程、地方课程和学校课程。2001年6月，《基础教育课程改革纲要（试行）》中提出要改变课程管理过于集中的状况，实行国家、地方、学校三级课程管理，增强课程对地方、学校及学生的适应性。因此，校本课程的开发和研究成了许多学校关注的焦点。

许多学校校本课程的开发和研究，是基于学生的发展进行的。事实上，校本课程开发最关键的因素是教师个体及教师团队。所以，如果要使校本课程在学校得到持续、动态发展，就要重视教师研究，让教师的专业成长与学校课程开发有效结合起来。通过目标引领和课程开发实践，完善制度，形成机制，总结经验，提升理论，是当前校本课程开发的趋势。

本轮共同体牵头校泗泾小学确立了“以集智研修促进课堂教学转型的行动研究”总课题。集智研修看似与校本研修相近，但更加强调共同体成员单位发挥各校主观能动性，集聚学校内外、共同体内外的教育资源与智慧，提高研修的有效性，促进教师共同成长，实现课堂教学转型。

作为共同体成员学校之一的松江区第二实验小学（以下简称二实小），前身是松江区实验小学新城校区，于2008年8月独立建制。在传承和创新实验小学“三乐”文化、培育学校精神的过程中，学校以科学发展观为指导，在"理解教育"理论的引领下，提出了"崇尚理解、润泽生命、奠基幸福"的办学理念。学校根据学生幸福发展的需要，充分用好"二期课改"给予学校的课程建设自主权，开发实施校本微型课程，促进学生全面发展。学校找准切入点，充分认识到自身的优势和风格，通过校本课程开发形成特色。前几年"在统整理念下校本微型课程建设的实践研究"已初见成效，教师在成就学生的同时发展自我，师生在幸福成长的同时推进学校持续发展。

（二）研究目标

我们根据"崇尚理解、润泽生命、奠基幸福"的办学理念，提出了"培养三健活力学生"的培养目标。"三健"是指健康全面的人格、健全聪慧的智力、健强壮实的体魄。结合对学校微型课程框架的研究，我们设计了微型课程开发的初步框架。以健康全面的人格为例，我们把健康全面的人格分解为主体性人格、创造性人格、爱心性人格、合作性人格、进取性人格五个方面，在此基础上寻找适合的课程内容一一对应，旨在通过课程载体促进培养目标的达成。

在泗泾小学领衔的五校共同体课题"以集智研修促进课堂教学转型的行动研究"引领下，我们结合学校实际，引导教师适应课程改革新要求，在前几年学校课题研究的基础上，确立了共同体子课题"以集智研修开发三健活力课程促进课堂教学转型的研究"。我们集聚团队智慧，刻苦研修实践，引导教师学习"科学儿童观"相关理念，进一步认识到教育是用生命润泽生命的过程。我们聚焦课堂集智研修，从关注教师教的有效性到关注教师教和学生学的有效性，改变教师的教学方式和学生的学习方式，培养学生的学科素养，努力打造智慧课堂。

我们研究本课题的主要目标是以三健活力课程开发为指南，通过各项活动的开展，帮助教师和学生开阔眼界、增强自信心，进一步提升学校内涵发展，提高学校办学品位。

1. 打造活力教师团队，使教师教有研究、教有特点

结合学习型教研组的建设，我们组织教师积极参与共同体推进的各个项目，充分发挥骨干教师的示范辐射作用，通过课程开发的任务载体，提高教师团队的教学水平。

2. 开发三健活力课程，使学生学有兴趣、学有动力

学校围绕课题"以集智研修开发三健活力课程促进课堂教学转型的研究"，在认真执行上海市教委课程计划要求、三类课程全方位开足的基础上，不断优化和完善"三健"课程框架，开发实施校本课程，使其逐步成熟。

3. 拓宽课程评价途径，使学校特色更特、亮点更亮

通过研究实施以评价为突破口的"小企鹅伴我学规范"微型课程，通过问卷、展示、评比、出刊宣传等多种方式，拓宽课程评价途径，使学校的特色更特、亮点更亮。

（三）研究依据

依据学校基础开发出来的课程称为校本课程。有效实施校本课程能满足学生的兴趣要求，能促进学生的个性发展，也能促进教师的专业发展。校本课程的开发能完善学校的办学宗旨，体现学校的办学特色。校本课程作为国家课程、地方课程的补充，能很好地弥补课程实施的不足之处。

1. 校本课程开发实施是课程改革的目标之一

《基础教育课程改革纲要（试行）》中对课程改革提出了六项具体目标，其中一项内容就是“为了增强课程对地方、学校及学生的选择性与适应性，实行国家、地方、学校三级课程管理制度”。因此，学校应依据教育理念进行校本微型课程的开发实施，选择、改编、新编教学材料，设计多种学习活动，建立内部评价机制以评价在校内开展的各种活动。

2. 加强基础教育，促进教师专业发展

随着教育发展、社会进步，素质教育成为许多人关注的焦点。教师作为教育行为的引导者，在教育教学活动中处于主导地位。高素质人才的培养离不开教师。当代教育改革的重点方向，无论是教育内容的变化，还是教育方法和手段的改进，都会体现在教师专业素养与能力的提高上。教师专业素养的提升也成为学校、社会关注的问题。

当代教育的改革，改变了人们的教育理念。新时代的教师要经过一定的专业训练，才能成为具有较高专业素养的工作者。基础教育新课程改革将从根本上改变教师的教学方式。这从根本上对教师的专业素养提出了新的要求，必然要求教师去重新理解课程、认识学生，并着眼于创新的教学理念和设计。

3. 校本课程开发实施是教师发展的有效途径

校本课程的目标有三个，其中之一就是教师的专业发展。校本课程开发实施能有效促进教师的专业发展。校本课程开发实施的三个目标（学生个性发展、教师专业发展、学校特色形成）相辅相成，三者的发展为建立一支高素质的教师队伍打下了坚实的基础。

学校实践教学是教师专业发展的重要途径。校本课程开发实施为教师提供了发展的平台。教师作为校本课程开发和实施的直接操作者，在其中起到了主导作用，处于中心地位。参与校本教材开发能提升教师的专业技能、专业发展意识等，从多方面为教师发展提供基础保障，有效提高教师的专业水平。

4. 校本课程开发实施能提高教师的团队合作精神

校本课程开发实施是通过分析学校办学宗旨和办学特色，分析学生学习需求，充分利用学校及社区资源来确定校本课程目标、选择并组织课程内容、决定课程实施方案的，因此校本课程开发实施是一种集体合作的事业。教师作为校本课程开发实施的主体，必须加强与各方面的合作。因此，平时我们就通过师德建设、教师培训等渠道增强教师的团队合作意识，培养教师的协调能力，让教师学会与其他教师、学生、家长、社区相关人员、专家合作。因为校本课程开发实施过程中，教师必须面对不同的人群，应对不同的情况，经历不同的过程，处理不同的问题，这为教师与他人沟通搭建了很广阔的平台。校本课程开发实施让教师、学生、家长、社区相关人员、校外课程专家和学科专家等交流起来，有效培养了教师的合作精神和创新工作能力。

二、三健活力课程的集智开发

（一）集学校、家庭、社会之资源

二实小积极构建学校、家庭、社会三结合大教育，进一步拓展课程资源。二实小自参与发展共同体以来，逐步构建起“以学校为阵地，以家庭为基础，以社区为依托”的“三位一体”大教育格局，统一学校、家庭、社会教育目标，从而确保未成年人健康成长，全面提高教育质量。

1. 牵手家长，拓展资源

学校地处松江大学城，周边有较多外资企业，许多学生是大学城教职工及外资企业白领的子女。这些家长不仅有着高学历，而且自身文化底蕴非常丰厚，是学校教育的一笔宝贵财富。如果能牵手这部分家长，使之成为学校三健活力课程开发的志愿者，将有助于学校的发展。学校对全校家长进行了问卷调查，愿意作为志愿者为学校提供帮助的占54%。我们把这部分家长请进了学校。这不仅大大激发了学生的学习兴趣，也为家长融入学校生活提供了平台，家校共育促进学生进步，提高了教育的实效性。

2. 挖掘大学优势资源

学校把大学资源的利用作为深化办学、特色办学和资源育人、特色育人的基点。学校与大学城的八所院校（上海视觉艺术学院、东华大学、上海工程技术大学、上海政法学院、上海对外贸易大学、上海外国语大学、立信会计学院、华东政法大学）签订了共建协议。近几年来，各院校的大学生志愿者走进二实小，给学生带来了精彩纷呈的活动，深受学生喜爱。

3. 实践探究，体验快乐

学校利用社会资源创设学生实践基地，利用松江区自然人文资源创设学生社会实践场所。如“爱心法庭”实践园课程中，学生步入松江区人民法院感受法庭的神圣；“贴心邮局”实践园课程中，学生进入邮政储蓄网点，了解邮政业务，体验邮递工作；“饮水思源”家乡课程中，学生走进松江区自来水厂了解制水过程，前往浦江之首感受浦江之美；"红色体验"家乡课程中，学生踏着步伐来到松江驻军叶挺部队，感受军旅魅力，培育爱国情怀。丰富的实践基地为学生提供了体验机会，学生在实践活动中感受家乡、社会之美，培育爱国爱乡之情。

（二）集共同交流活动之经验

随着课题研究的深入，我们在实践中不断加强校内课题组交流，并十分注重参与校际交流，从其他学校的子课题研究中受到启发。我们通过校际交流平台实现资源共享，合作共赢，提高学校管理效能，促进师生健康发展。

2013 年 10 月 31 日，共同体自然学科中心组在二实小开展了"关注体验、落实探究"松江区小学自然课堂教学研讨活动，由二实小翁卫庆老师执教。

为了推进小学一至二年级"基于课程标准的教学与评价"工作，2013 年 9 月至 12 月，共同体语文名师工作室在二实小开展了"基于课程标准的小学一年级语文阅读教学研究"系列活动。学校邀请区市名师、教研员、特级教师开设讲座、上课，帮助教师进一步认识课程标准在教学中的重要地位，把握各种规定和要求；帮助教师根据学生的年龄认知特点，遵循教学规律，有效开展教学与评价工作。

2014 年 4 月 1 日，共同体数学名师工作室在二实小开展了"基于课程标准，打造智慧课堂"课堂教学活动，促进了课堂教学研究活动的转型。

2014 年 5 月 13 日，二实小开展了共同体"拓宽课程资源，打造智慧课堂"教学展示活动，活动结合三健活力课程体系中的小企鹅德育实践园之微型课程开展课堂实践，让学生在角色体验、任务驱动中快乐成长，实现了教育资源的共享及课堂最优化，做到了"亦师亦友，教学相长；亦客亦主，情深义重；亦教亦学，良性互动"。

2014 年 5 月英语学科围绕"如何合理设计单元目标与合理分解课时目标"课题，强化了备课，要求单元目标设计应基于课标、基于学生，注意评价维度的一致性，通过语义、语境和语篇带动语言教学，强化学生学习经历与体验，培养学生学习能力。

2015 年 5 月 26 日，在二实小开展了以"积累科学知识、体验快乐探究"为主题的共同体各校学生科学小论文评比活动。小小的活动使学生的科技思维得到了锻炼和提升，对素质教育的实施与发展起到良好的推动作用。

（三）集区域专家引领之智慧

1. "企明星"社团，专业指导专家引领

在建构小企鹅拓展型课程基础上，我们成立了以小企鹅为标志的各类学生社团，着力培育明星社团（即"企明星"社团），同时各社团聘请各领域的专家进行指导。"企明星"社团包括：（1）铿锵少年中国鼓（绛州鼓乐团教师指导）；（2）梨园雅韵京剧团（上

海京剧院教师指导)；(3) 清悦弦音古筝社(松江区百姓明星陈慧和家长志愿者尹千鑫奶奶指导,四年如一日义务教学)；(4) 翰墨飘香书法苑(本校书法专职教师指导)；(5) 极速风行轮滑队(大学城体育中心专业教练指导)；(6) 灌篮高手篮球社(徐汇区少体校教练指导)；(7) 旱地冰球梦之队(大学城体育中心教练指导)；(8) 小企鹅跆拳道馆(大学城体育中心教练指导)。

2. 快乐转盘精品,专业特长教师教学指导

在“蒙学苑”转盘课程中,我们发挥本校教师专业领域特长,结合教师爱好专长,开发微型课程,同时聘请领域专业教师来校进行教学指导,培养学生多彩技艺。有教师根据自己的爱好特长开设的课程,如喜欢十字绣的教师开设十字绣课程、爱好摄影的教师开设摄影课程、擅长剪纸的教师开设剪纸课程。有依据学生需求开设的课程,如英语故事城堡、古诗词欣赏、电脑绘画。还有邀请领域专家开设的兴趣课程,如国际象棋、空模、足球。

3. 实践基地体验,领域先锋协同发展

为了设计和实施校外实践课程,在家乡课程、实践园课程中我们主动联系区内各学生社会实践基地,了解社会实践场所,设计课程内容及评价作业,引导学生在快乐实践中学习知识。如“浦江之首”家乡课程中,松江区自来水厂为学生提供了参观场地,专业技术人员为学生讲解了制水过程,学生边走边看,直观体验自来水的制作过程。在“爱心法庭”实践园课程中,我们邀请松江区人民法院的法官为学生介绍法院的作用,带领学生参观法庭、了解法庭人物,让学生身临其境感受法律的神圣威严。

4. 家长精品课堂,职业技术专长传授

通过宣传发动,自愿报名,审核确定,我们在全校的家长报名材料中选取了部分特色课程,集智研修,共同提升,至今已开展了四次校级家长特色课程观摩研讨活动。此外,我们还以班级家长课程为依托,积极开展普及型班级“美丽志愿、家长进课堂”活动,主动走向社区,充分利用大学城资源开设大学生志愿者课程,有效实现了学校、家长、学生、社区四方共赢。

三、三健活力课程的项目架构

(一) 基于办学理念,形成小企鹅拓展型课程框架

从课程实施维度,形成包括“蒙学苑”转盘课程、“实践园”年级课程、“主题节”活动课程、“梦舞台”班级课程、“企明星”社团课程、“爱家乡”实践课程六大核心模块的三健活力拓展型课程。从培养目标维度出发,形成小企鹅规范园、小企鹅健智园、小企鹅艺

术园、小企鹅创意园、小企鹅实践园、小企鹅游乐园、小企鹅成长园、小企鹅七彩园八大学习园课程，为学生提供多样化的课程选择，促进学生全面而有个性的发展。图 3－1 是小企鹅拓展型课程框架图。

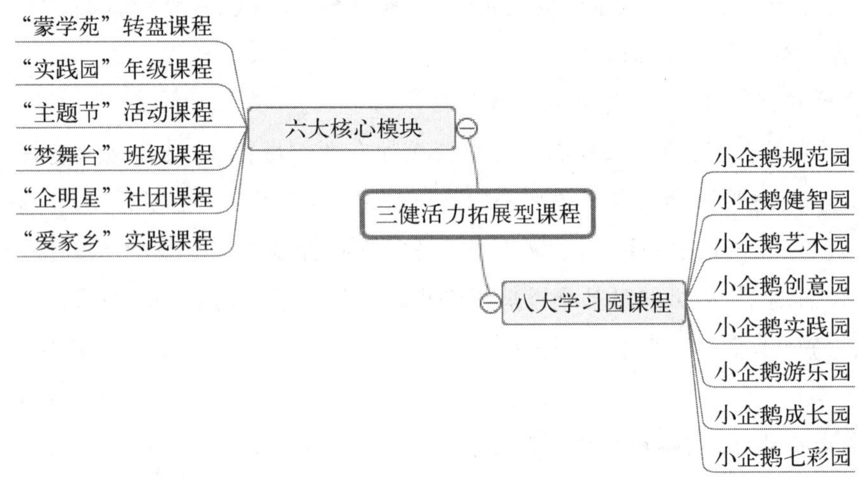

图 3－1 小企鹅拓展型课程框架图

（二）争戴“三健”奖章，形成三健活力星少年评价体系

1. 校本课程评价的意义

第一，评价指标多元化。从只关注学生学业成绩的高低，转为更关注对学生多元核心素养的评价。如注重对学习态度、学情等学生个体情况的评价，注重对创新意识、实践能力等学生个性化发展情况的评价，尊重学生的个体差异性，激发学生的个人潜能，促进学生的个性化发展。

第二，评价主体多元化。评价主体由单一的教师，转为学生自己、同学、家长、教师等。学校的管理者、参与者、监督者之间多元的评价更能有效促进学生发展，使得学生改进学习行为，实现自我进一步发展。

第三，评价方法多样化。注重多元素有机结合评价、量化与质性评价、等级与评语评价、过程性与终结性评价等评价原则的融合。在学生学习过程中，要有学业成绩的评价，又要有过程性的成长记录；要有表层的作业，又要有分层次的作业，并且要注重过程性评价，为终结性评价累积评价指标元素，促进学生多元发展。校本课程评价的实施需要多元化和个性化相结合，既要有整体的评价，又要有个性化的评价，体现学生的个性发展。

2. 三健活力星少年评价体系

学校把“乐乐”“慧慧”“健健”三只形象各异的小企鹅作为三健活力星少年奖章评

价的代言人。它们分别代言“乐乐章”(健康全面的人格)、“慧慧章”(健全聪慧的智力)、“健健章”(健强壮实的体魄)。三健活力奖章统整起学校对学生的综合素质评价。综合素质评价由学科素养、习惯养成、课程体验、绿色直通车四个模块组成。学生每完成一个模块的学习,并达到一定要求,就可以获得相应等级的奖章。学生人手一册综合素质评价手册《小企鹅三健活力星少年争章护照》,由师生共同参与评价,留下学生成长的足迹。

第二节　三健活力课程校本研修的实施

“丰富并完善校本课程体系,为每个学生提供更多样化的课程选择和发展可能”,这是二实小实行校本化课程的愿景。小企鹅三健活力校本课程基于“大课程”观,构建“大课程”体系,实现“大课程”愿景。我们所说的“大课程”,一是指学校组织的一切有目的、有计划的教育活动都可能成为课程;二是指在课程理念指导下,通过隐性课程显性化,显性课程系统化,形成完整的课程体系;三是指课程最终达成的教育目标是培养大写的人。

实施基于学校特色的校本“大课程”,需要学校集中全体教师智慧,融合各方资源,拓展多样的课堂形式,不断研修,开发并逐步完善校本课程体系,不断探索、实践、反思、修改、再实践、总结。

一、三健活力课程的校本化发展

我们提出了“崇尚理解、多彩发展”的办学理念,把象征“沟通与交流”的小企鹅作为学校精神图腾与文化符号,发展并提炼了颇具特色的“企鹅精神”(即团结凝聚力、顽强适应力、刻苦意志力、智慧执行力)。我们坚持把“培育成一所规范创优、特色渐显的发展中的精致型学校”作为学校的发展目标,确立了培养三健活力学生的培养目标。学校总结现有课程经验,开发系列课程,丰富学生学习经历,培养学生健全人格,初步构建包括“乐乐课程”“慧慧课程”“健健课程”三大板块的课程结构;并通过“乐乐章”“慧慧章”“健健章”评价激励,逐步建立并完善以《三健活力星少年争章护照》为载体的学生综合素质评价体系。

三健活力课程校本化发展经历了以下三个阶段。

(一)三健活力课程探索阶段

二实小在 2009 至 2010 学年开设校本微型课程,每门课程周期为 3 至 4 周,由学校进行统筹规划,部分教师根据时政热点、自身爱好及特长选择 1 至 2 门微型课程进行设计,其他教师共享并授课。课程约有25门,包括姓氏文化、奥运文化、餐桌礼仪、电影欣赏等,但未设置分类,周期短,实行教师走班制。

(二)三健活力课程初步形成阶段

2010学年,二实小依托"微型校本课程",结合"快乐活动日",创设小企鹅快乐转盘课程,以微型课程为蓝本,选择符合二实小学生学情的特色课程进行删减或扩充,将3至4周的课程周期拉长到一学期甚至一学年,同时深挖教师内在潜力,借助外界地理优势和教学资源,创设更多的课程,使课程门类从25门扩展至42门,实行全校学生自主选择、社团选拔、教师调剂的走班制。

学校在小企鹅课程理念指导下,以健康全面的人格、健全聪慧的智力、健强壮实的体魄为培养目标,构建了包括"乐乐课程""慧慧课程""健健课程"三大板块的课程结构,通过"乐乐章""慧慧章""健健章"评价激励,培养三健活力少年。小企业鹅微型校本课程如图3-2所示。

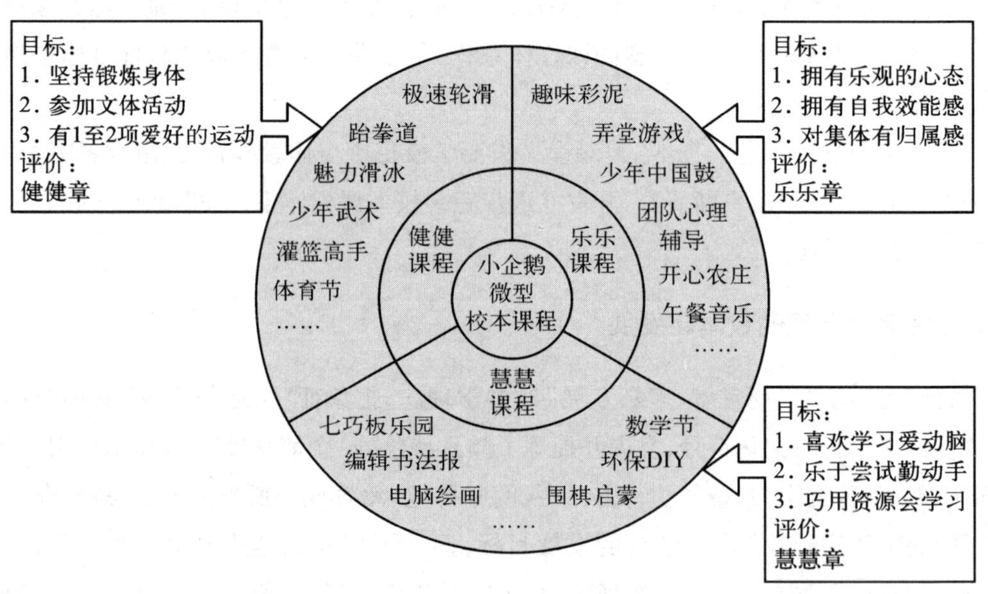

图3-2 小企鹅微型校本课程

(三)三健活力课程修改与完善阶段

二实小在快乐转盘课程的实施和推进过程中,以教研组为单位,通过集中教师智慧,组内共同开发研究,进一步细分课程及内容,同时整合已有的校本行为规范、年级课程、"主题节"活动、社团课程等,进行课程顶层架构,形成具有二实小特色的三健活力拓展型课程,包括六大核心模块和八大学习园课程。六大核心模块如表3-1所示。

表 3－1　三健活力拓展型课程的六大核心模块

核心模块	课程名称	实施途径
“蒙学苑”转盘课程	趣味剪纸、英语阅读、美食诱惑、围棋启蒙、灌篮高手、极速轮滑、行为规范“十个好”、创意思维训练	每周一下午，结合“快乐活动日”进行（主体是教师个人自主开发的特色课程，部分是教师团队开发的课程）
“实践园”年级课程	恒心环保站、贴心邮局、开心农庄、热心导游、爱心法庭	每月设计相关活动，有具体学期实施方案，结合午会、班队会进行（分年级体验特色课程）
“主题节”活动课程	艺术节、科技节、读书节、体育节、学科节、六一节、入队仪式、入团仪式、毕业典礼	每月开展一个主题节庆活动
“梦舞台”班级课程	班级风采展示	每两周一次，午间 20 分钟，以班级轮值方式进行，形式不限，主题不限，重在人人参与
“企明星”社团课程	篮球、足球、跆拳道、轮滑、旱地冰球 5 个体育类提高型社团，古筝、中国鼓、京剧、书法、篆刻 5 个艺术类提高型社团，空模、乐高机器人、数学创意思维 3 个科技类提高型社团	每周五下午第二节课后开展学生社团活动
“爱家乡”实践课程	一年级：醉白池公司、武警消防部队、佘山天文台和地震科普馆 二年级：月湖公园、方塔公园、松江城市规划展示馆 三年级：辰山植物园、松江科技馆、松江博物馆 四年级：程十发艺术馆、上海工程技术大学、叶挺部队 五年级：四鳃鲈鱼基地、二陆草堂、浦江之首	结合学校周边自然、人文、历史、科技等资源，开发设计了参观学习的实践课程，分历史人文、智慧科技、自然地理、军营风采四个类别。根据学生的认知水平，按年级分批参观学习并完成课程任务单，重在感受家乡的魅力

八大学习园课程从学生年龄特点、学段特征等维度出发设置课程内容，使之具有层级性与序列性，如表 3－2 所示。

表 3－2　三健活力拓展型课程的八大学习园课程

年级 内容	一年级	二年级	三年级	四年级	五年级
小企鹅规范园	认识 交通标志	知道 交通规则	学习 交警手势	进行交通安全 情境测试	开展交通安全 主题系列活动
	小企鹅伴我学规范： 行好礼、护好绿、走好路、上好课、说好话、读好书、睡好觉、吃好饭、做好操、写好字				

续　表

内容＼年级	一年级	二年级	三年级	四年级	五年级
小企鹅健智园	极速轮滑 围棋启蒙	跆拳道 围棋提高	魅力滑冰 中国象棋	少年武术 国际象棋	灌篮高手 弄堂游戏
小企鹅艺术园	少儿舞蹈	悠悠古筝情	京腔京味中国风	少年中国鼓	乐海畅游
	趣味彩泥	儿童绘画	翰墨香苑	剪纸艺术	素描
	美食诱惑	纸模服装	国画小品	电脑绘画	环保 DIY
小企鹅创意园	找规律填数 掷纸飞机	七巧板乐园 船模	有趣九宫格 车模	智算二十四 航模	缤纷“多米诺” 小发明家
小企鹅实践园	恒心环保站	贴心邮局	开心农庄	热心导游	爱心法庭
小企鹅游乐园	辰山亲子行	走进“泰晤士”	相约“方塔园”	军营国防绿	名校（名企）半日游
小企鹅成长园	入团仪式	入队仪式	十岁生日	快乐当家	毕业典礼
	午餐音乐好时光				
小企鹅七彩园	读书节、艺术节、科技节、数学节、英语节、体育节、“六一”儿童节				

二、三健活力课程的校本化运作

三健活力课程的开发、实施、修改、完善，离不开教师的集智研修。从微型课程的探索到快乐转盘课程的初具雏形，再到如今明晰的课程体系和架构，都需要教师前期精心开发、中期认真授课、后期及时反思与修改。每一门课程都凝结着教研组或年级组的心血，整合了外界资源，集中了多方智慧。接下来，从三个方面谈谈二实小三健活力课程的校本化运用过程。

（一）集智开发——从社会实践到“爱家乡”实践课程

根据每一学期学生参加社会实践活动的情况，我们认为可以深度挖掘某些景点的内涵，以任务形式带动学生更好地通过实践活动培养品格、习得知识、增长见识。二实小成立了“爱家乡”课程开发小组，由李军校长总负责，14 位教师共同参与开发和研讨。这 14 位来自语文、英语、自然、品社、劳技、美术、书法等学科的教师，于 2016 年 7 月开展了第一次课程开发研讨活动并设计了初稿，并于 2016 年 10 月再次聚集，共同探讨如何修改初稿，现已开发了 15 门课程。“爱家乡”实践课程如表 3 - 3 所示。

表 3－3　“爱家乡”实践课程

类别 年级	历史人文	智慧科技	自然地理	军营风采
一年级	醉白池公园 （姚海英）	佘山天文台、地震科普馆 （陈志民）		武警消防部队 （翁卫庆）
二年级	方塔公园 （王翠娥）	松江城市规划展示馆 （王金涛）	感受四季的韵律——月湖公园 （张青）	
三年级	松江博物馆 （毛继婷）	松江科技馆 （李桂清）	亲近植物——辰山植物园 （陆英）	
四年级	程十发艺术馆 （徐国秀）	上海工程技术大学 （吴建霞）		叶挺部队 （翁卫庆）
五年级	二陆草堂 （程娟）	四鳃鲈鱼基地 （王向东）	饮水思源——浦江之首 （姚佳颖）	

教师罗列了不同课程的开发背景、课程目标、课程内容、实施准备、实施过程、作业设计。通过一稿的初步开发和二稿的集智探讨及修改，“亲近植物——辰山植物园”“叶挺部队”“饮水思源——浦江之首”等课程已付诸实施。教师通过学生问卷调查反馈，再次调整内容，完善作业设计。如“饮水思源——浦江之首”课程，从开始的水文化（仅参观浦江之首并为学生讲解中国的水文化），到现在的饮水思源（整合浦江之首和松江区自来水厂参观），课程作业越来越丰富，如图 3－3 和图 3－4 所示。

六、课程评价（参观后的作业）

1. 谈谈你对这些成语的理解。

饮水思源＿＿＿＿＿＿＿＿＿＿＿＿＿＿＿＿＿＿＿＿

开源节流＿＿＿＿＿＿＿＿＿＿＿＿＿＿＿＿＿＿＿＿

蛟龙得水＿＿＿＿＿＿＿＿＿＿＿＿＿＿＿＿＿＿＿＿

上善若水＿＿＿＿＿＿＿＿＿＿＿＿＿＿＿＿＿＿＿＿

智者乐水＿＿＿＿＿＿＿＿＿＿＿＿＿＿＿＿＿＿＿＿

2. 结合参观的“浦江之首”景区元素，以 5 人一小组为单位，设计节约用水宣传语（2至3 句）并介绍一个节水小窍门。

＿＿＿＿＿＿＿＿＿＿＿＿＿＿＿＿＿＿＿＿＿＿＿＿

＿＿＿＿＿＿＿＿＿＿＿＿＿＿＿＿＿＿＿＿＿＿＿＿

＿＿＿＿＿＿＿＿＿＿＿＿＿＿＿＿＿＿＿＿＿＿＿＿

图 3－3　修改前的“饮水思源——浦江之首”课程作业

“饮水思源——水之源”课程任务单

班级 ____________ 姓名 ________________ 学号____________

1. 黄浦江为何称为母亲河？

2. 黄浦江有哪些实际功效？（多选题）

A. 浇灌　B.运输　C.供给饮用水　D.调节气候　E.养育鱼虾

3. 浦江两岸涵养林有什么意义？（多选题）

A.改善调节水源流量　B.改善水文状况　C.调节区域水分循环

D.防止河流、湖泊、水库淤塞　E.保护可饮用水水源

4. （两题选一题完成）

（1）自来水加工流程，经过哪几个环节？

（2）为什么说“水是生命之源”？

5. 谈谈你对这些成语的理解。

饮水思源____

开源节流____

蛟龙得水____

上善若水____

智者乐水____

6. 结合参观的“浦江之首”景区元素，以5人一小组为单位，设计节约用水宣传语（2至3句）并介绍一个节水小窍门。

____

____

____

图3-4 修改后的“饮水思源——浦江之首”课程作业

（二）集智实施——从快乐转盘到“企明星”社团课程

课程讲究系统性和完整性，部分快乐转盘课程比较特殊，每周只有一节课，远远不能满足学生的需求，比如体育类的篮球、足球等需要长期坚持训练，艺术类的古筝、中国鼓、书法等也需要持之以恒的练习。因此，二实小根据本校教师特长，整合外界资源，于每周五下午开设了“健健”“乐乐”“慧慧”三大类社团课程，具体包括篮球、足球、跆拳道、轮滑、旱地冰球五个提高型“健健”社团课程，古筝、中国鼓、京剧、书法、篆刻五个提高型“乐乐”社团课程，航模、乐高机器人、数学创意思维三个提高型“慧慧”社团课程。这些社团课程有些结合快乐转盘课程让学生进行提高训练，如篮球、足球、中国鼓、书法；有些借助社会资源让有兴趣且能力较强的学生进行课外拓展，丰富学生的学习体验，如跆拳道、旱地冰球、乐高机器人。通过社团课程的提升，二实小学生活跃在市区级各类比赛和活动中，并取得了不错的成绩。比如篮球社团成员在2014年区级篮球赛事中夺得男子女子双冠王，2016年，男队在区级篮球赛事所有比赛中均夺冠，女队在5人制全场比赛中夺冠；古筝社团成员近几年积极参与醉白池的元宵活动并获得好评；京剧

节目《卖水》和中国鼓节目《秦王点兵》在 2015 年 11 月松江区教育局举办的“中华文化启智慧，民族精神伴成长”学校少年宫成果展示活动中亮相展演。学校依托社团课程，为学生提供基础课程以外的学习和锻炼平台，努力打造更多二实小的“企明星”！

（三）集智探索——从实践园到探究型课程核心能力目标序列

在三健活力校本课程的设置上，我们注重纵向衔接、横向贯通。所谓纵向衔接，即在课程目标、课程内容等方面体现递进性。所谓横向贯通，即校本课程与基础型课程双向拓展，互为补充，促进学生立体学习，实现课程融合。

以三年级“开心农庄”课程为例，它通过“连续观察日记”“植物的结构”“社区是我家”等课例，帮助学生进行语文、英语、品社、数学、自然、美术等跨学科探索，如图 3－5 所示。

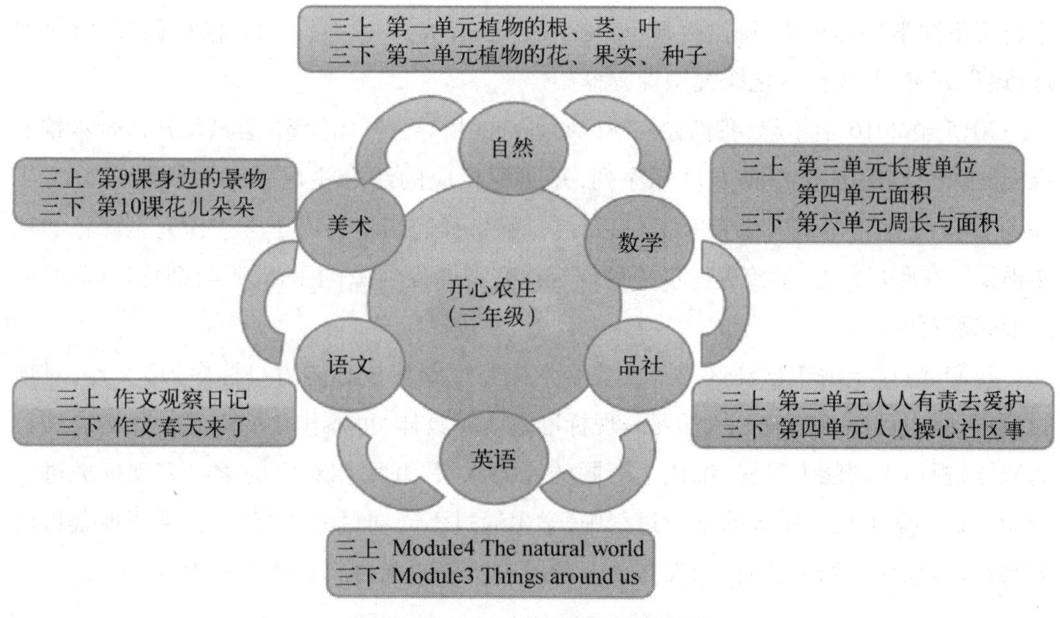

图 3－5　“开心农庄”课程跨学科探索

为更系统规范地进行校本化课程授课，二实小要求各学科负责教师集中研讨每一门小企鹅实践园课程，划分教学板块，设计教学内容，编写校本教材。目前，一年级《恒心环保站》、二年级《贴心邮局》、三年级《开心农庄》、四年级《热心导游》、五年级《爱心法庭》五本校本化教材已正式出版并投入常规课堂使用，如图 3－6 所示。

为进一步整合三健活力校本课程，做好与市级课程的衔接工作，培养学生的实践与探究能力，二实小在探究型课程方面进行了以下尝试：(1) 找准方向，重点整合实践园课程、创意思维课程、探究学习包这三大类课程资源；(2) 梳理现有课程资源，寻找适合主题探究的内容；(3) 将这些主题与纵向递进的核心能力目标序列进行对应，这些主题

图 3-6 小企鹅实践园课程部分校本化教材

来自于不同学科的教师，每位教师负责探究自己最擅长的主题；(4) 稳扎稳打，精雕细琢，逐步完善，形成校本化探究型课程框架。

2015 至 2016 学年起，我们在松江区研训部的指导下开始探索，尝试构建适合本校的纵向的探究型课程核心能力目标序列，并匹配相应的综合主题活动案例链。2015 年 10 月，我们还邀请了市区级专家来校指导。最后，我们初步形成了学校探究型课程的基本框架。在此基础上，学校进一步梳理现有探究型课程资源，不断完善与细化目标序列，并形成配套项目链。

我们通过《上海市松江区第二实验小学探究型课程核心能力目标序列》文件，对项目流程、能力目标、能力水平、学习表现标准进行了具体、可操作化的规定。我们以项目为载体，根据不同能力目标，细化了不同的能力水平，并用相对应的学习表现标准进行检验。在小学 1 至 5 年级的学习过程中，学生通过不同项目的探究实践，系统地获得规划与设计、操作与调控、归档与发布 3 个阶段中所需的能力。具体参考表 3-4。

表 3-4 上海市松江区第二实验小学探究型课程核心能力目标序列

项目流程	能力目标	能力水平	学习表现标准
准备阶段（规划与设计）	在教师引导下，学会提出问题	低	能够提出与主题相关的问题
		中	从提出的相关问题中筛选出能够探究和值得探究的问题
		高	能够较为清晰规范地表述筛选出的问题
	初步形成解决问题的思路	低	模仿教师（告知的）解决问题的思路
		中	尝试简单描述解决问题的思路
		高	有条理地描述解决问题的思路

续 表

项目流程	能力目标		能力水平	学习表现标准
准备阶段（规划与设计）	设计较为合理的计划和方案		低	明白教师设计的计划和方案
			中	在教师给定的框架下，尝试制订一份较为简单的计划
			高	在教师给定的框架下，能制订一份较为合理的计划
实施阶段（操作与调控）	初步学会查阅与收集、筛选与整理资料		低	在教师和家长的帮助下，根据主题收集相关文字、图片或实物资料
			中	初步学会通过不同途径（书籍、报刊、媒体、网络等），根据主题收集相关文字、图片或实物资料，并进行筛选
			高	初步学会通过不同途径（书籍、报刊、媒体、网络等），根据主题收集相关文字、图片或实物资料，并进行筛选、分类、整理
	运用不同的方式、方法进行实践操作	观察	低	有序观察事物，能简单描述其特征；对多个事物进行观察，能比较它们之间的异同
			中	有序、持续观察事物，能根据教师提供的模板或表格简单记录观察结果
			高	有序、持续、自主观察事物，能形成较为完整规范的观察记录或观察日记
		实验	低	观摩演示实验，能简单模仿实验的操作过程
			中	根据给定的实验方案，完成实验操作，记录实验结果
			高	在给定的框架下，设计实验方案，完成实验操作，记录实验结果，形成简单的实验报告
		调查	低	根据给定的调查问题和记录表，初步体验口头调查，用勾选等方式简单记录调查结果
			中	初步体验调查的一般过程（访谈、问卷），尝试设计简单的调查问题，用简单的统计方法记录调查结果
			高	根据教师提供的模版，学会设计简单的调查问卷、访谈提纲，开展调查活动并初步统计，形成简单的调查报告
		设计制作	低	大胆想象，用画图等方式表达与主题相关的小创意

续　表

项目流程	能力目标		能力水平	学习表现标准
实施阶段（操作与调控）	运用不同的方式、方法进行实践操作	设计制作	中	在教师和家长的帮助下，根据给定材料的特征，画出简单的设计图，并进行制作
			高	根据教师提供的框架，形成简单的设计方案，根据方案尝试制作，并对设计进行调整或改进
		角色体验	低	在教师明确的角色要求下，开展1至2项角色扮演活动，对角色有初步的体验和感受
			中	能完整经历角色扮演的全过程，加深对角色的认识，更胜任这个角色的基本任务
			高	在完成角色基本任务的基础上，尝试解决一些实际问题
		任务挑战	低	根据给定模型和材料进行动手操作，完成简单任务
			中	根据限定要求动手操作，完成有一定挑战性的任务
			高	自主尝试运用多种方案动手操作，选择完成有一定挑战性任务的最佳方案
收尾阶段（归档与发布）	对学习的过程与成果资料进行总结与归档		低	根据教师整理的过程性资料，进行简单总结，形成学习成果
			中	按照一定的要求尝试整理过程性资料，总结并形成学习成果
			高	有意识地整理归档较为完整的过程性资料，总结并形成学习成果
	学会用适当的方式展示学习成果		低	学会运用图画、实物等形象化的方式展示学习成果
			中	学会运用图画、实物、简单书面报告等方式展示学习成果
			高	学会运用图画、实物、书面报告、设计方案等方式展示学习成果，并能根据主题特性选择合适的方式进行成果展示
	学会经验交流分享，形成评价建议，并能尝试利用评价反馈加以改进		低	尝试交流分享感受和经验，学会倾听他人想法；对照给定的评价指标进行简单评价
			中	初步养成经验交流分享的习惯，对照给定的评价指标进行评价，尝试提出简单的改进建议
			高	略

三、三健活力课程的评价工具开发

（一）对课程评价的思考

课程离不开评价，评价始终伴随着教育教学的全过程。二实小的三健活力课程也需要借助评价工具为教学提供反馈与支持。

松江区第二实验小学结合《小学生日常行为规范》，于2010学年确定了行为规范十个好内容，即走好路、说好话、读好书、行好礼、上好课、做好操、写好字、保好洁、护好绿、吃好饭。这些内容涉及面较广。行为规范的养成需要不断反复和强化训练，然而这相对较为枯燥。为使训练内容更为生动有趣，帮助学生养成良好的行为习惯，学校根据学生爱收集各种彩卡的特性，推出了"小企鹅皇冠卡"评价工具，伴随"小企鹅伴我学规范"课程教材，通过提示台、方向盘、实践园，陪伴学生一起学习行为规范十个好内容。"小企鹅皇冠卡"人手一份，在教学过程中随时敲章，达标要求根据年级有所不同。学校通过"小企鹅皇冠卡"的评价方式激励并带领学生开展好习惯的养成训练。

学生良好的行为规范不是一朝一夕就能形成的，也不是靠班主任一头来教育就能形成的。要收到教育实效，必须将管理责任具体化、明确化。它要求"人人都是德育管理者"。为了让行规教育处处有管理，人人会管理，学校设计了"小企鹅皇冠卡"敲章人员分配表，如表3-5所示，希望通过各学科教师的参与，形成德育促进的合力。

表3-5　"小企鹅皇冠卡"敲章人员分配表

十个好内容	敲章涉及人员或学科	数量分配	备　　注
走好路	班主任	2	三年级涉及信息课，其余年级班主任敲两枚章；其他学科教师如有需要可与班主任商议调剂
	唱　游	1	
	体　育	1	
	书　法	1	
	信　息	1	
说好话	班主任	3	个别学科教师如有需要可与班主任商议调剂
	语　文	1	
	数　学	1	
	英　语	1	
读好书	班主任	2	

续 表

十个好内容	敲章涉及人员或学科	数量分配	备 注
读好书	语 文	2	个别学科教师如有需要可与班主任商议调剂
	英 语	2	
行好礼	班主任	6	
上好课	语 文	1	如学生的皇冠卡中该栏已满6颗钻,就不再重复敲
	数 学	1	
	英 语	1	
	音 乐	1	
	体 育	1	
	美 术	1	
	自 然	1	
	其 他	1	
做好操	班主任	4	
	体 育	2	
写好字	语 文	3	个别学科教师如有需要可与语文教师商议调剂
	书 法	1	
	英 语	1	
	数 学	1	
保好洁	班主任	3	个别学科教师如有需要可与班主任商议调剂
	自 然	1	
	美 术	1	
	书 法	1	
护好绿	班主任	5	
吃好饭	班主任	6	

在具体实施中,我们发现了一些问题,如学科素养与行为习惯混在一起,过于笼统;由于没有明确的评价标准,个别教师对于学生的评价过于主观,忽视了学生的自主评价价值;在推进“小企鹅皇冠卡”的使用时,过分单一的敲章形式和模糊不清的评价方式让教师和学生都渐渐失去了使用这一评价工具的兴趣。为改进评价工具,激励学生更好地学习,学校围绕学生学科素养的培养,结合校本课程和学科活动,设计了《小企鹅三健活力星少年争章护照》(以下简称《争章护照》)。“乐乐”“慧慧”“健健”三只企鹅作为三键活力星少年奖章评价的代言人,统整起学校对每位学生的各级各类评价,以此

促进学生全面发展与个性发展。

图 3－7　争章路线图及说明

综合素质评价由学科素养、习惯养成、课程体验、绿色直通车四个模块组成。学生每完成一个模块的学习，并达到一定要求，就可以获得相应等级的奖章。我们试行“1+3+3+X”评价模式。“1”：第一站，学科素养模块，须获得一枚奖章；“3”：第二站，习惯养成模块，须获得三枚不同奖章；“3”：第三站，课程体验模块，须获得三枚不同奖章；“X”：第四站，绿色直通车模块，只要获得任意一枚奖章，即可取代前三个模块中的任意一枚奖章。争章路线图及说明如图 3－7 所示。

学生人手一册综合素质评价手册《争章护照》，由师生共同参与评价，留下学生成长的足迹。如某个学生在某学段获得 7 枚奖章（“1+3+3”），就可当选该学段相应星级的活力少年称号。每学段都被评为星级活力少年的学生，将被授予三健活力少年荣誉称号，如表 3－6 所示。

表 3－6　三健活力少年荣誉称号对应学段

星　级	称　　号	学　　段
第一级	三健活力铜星少年	一至二年级
第二级	三健活力银星少年	三至四年级
第三级	三健活力金星少年	五年级

引导学生争当活力星少年活动，旨在培养学生健康全面的人格、健全聪慧的智力、健强壮实的体魄，从而促进学生全面而有个性地发展。

培育学生的学科素养，从整体上来说，应是培养“学生应具备的适应终身发展和社会发展需要的必备品格和关键能力”。校本化的等第制评价工具，不再着力于单纯的学业成果，而是根植于“学生综合能力的培养和健康发展”的理念。除了学业水平指数，学习自信心、内部学习动机、学生对学校的认同度、师生关系等绿色指数都影响着学生的学习和成长。多元化的校本评价工具，能够更好地激发学生的学习自信心和内部学习动机，增强学生对学校的认同度，改善师生关系，促进家校交流，同时对教师教学方式的改进也有帮助和指导作用。

在习惯养成模块，教师根据不同学段学生的特点，细化了“行为规范十个好”课程的评价目标,如表 3－7 所示。

表 3－7 “行为规范十个好”课程的评价目标

	一至二年级	三至四年级	五 年 级
护好绿	1. 不破坏绿化,关心班级植物角 2. 不乱扔垃圾	1. 爱护绿化,主动养护班级植物角 2. 有垃圾分类的意识	1. 主动护绿,参与校园“点绿”行动 2. 能正确地进行垃圾分类
睡好觉	1. 按时睡觉,能做到每天睡眠时间不少于 10 小时 2. 学着整理床铺	1. 按时睡觉,能做到每天睡眠时间不少于 10 小时 2. 学会整理床铺	1. 按时睡觉,能做到每天睡眠时间不少于 10 小时 2. 能主动整理床铺
读好书	1. 学着用普通话朗读课文,做到读音正确 2. 能选读自己喜爱的书,能把自己感兴趣的内容告诉别人 3. 阅读时间每天不少于 15 分钟,两年的课外阅读总量不少于 10 万字	1. 能用普通话正确、流利地朗读课文 2. 有课外阅读的兴趣和习惯,能做阅读摘记,能与同学交流自己的阅读感受 3. 阅读时间每天不少于 25 分钟,两年的课外阅读总量不少于 20 万字	1. 能用普通话正确、流利、有感情地朗读课文 2. 喜欢阅读课外书,自觉做读书笔记,乐于与同学分享自己的读书体会 3. 阅读时间每天不少于 30 分钟,一年的课外阅读总量不少于 20 万字
说好话	1. 学着说好普通话,声音响亮,能使用礼貌用语问候师长与同学 2. 上课发言先举手,声音响亮,口齿清晰	1. 坚持说好普通话,能正确使用礼貌用语问候师长与同学 2. 上课能主动发言,声音响亮,语言规范	1. 坚持说好普通话,能主动使用礼貌用语问候师长与同学 2. 上课能积极发言,语言规范,条理清晰
上好课	1. 学着做好课前准备工作,学具书籍摆放齐 2. 集中精神用心听,不插嘴,不私语	1. 课前准备要充分,学具书籍摆放齐 2. 学会倾听有所思,把握要领有所得	1. 课前能充分做好准备工作,学具书籍摆放有序 2. 用心倾听乐表达,学会质疑勤思考
写好字	1. 坐姿、握笔姿势要正确,“一寸、一拳、一尺”要记牢 2. 按笔顺正确写字,书写格式要规范,簿本整洁	1. 养成良好的书写习惯 2. 能掌握汉字基本笔画的书写方法 3. 书面整洁,有一定的书写速度	1. 养成良好的书写习惯 2. 熟练掌握汉字基本笔画的书写方法 3. 书面整洁,字迹美观,有一定的书写速度
做好操	1. 出操走路步伐一致,队伍整齐 2. 做操态度端正,姿势正确,动作到位 3. 坚持参与做操,不无故缺席	1. 出操列队静、齐、快,步伐整齐,摆臂有力 2. 做操态度端正,姿势正确,动作规范有节奏 3. 坚持参与做操,不无故缺席	1. 出操列队静、齐、快,步伐整齐,精神饱满 2. 做操态度端正,姿势正确,动作规范、整齐、美观 3. 坚持参与做操,不无故缺席

续　表

	一至二年级	三至四年级	五 年 级
行好礼	1. 自觉做好餐前准备工作，升降国旗要肃立，眼睛注视行好礼 2. 会行儿童团团礼，行礼规范，动作到位 3. 会使用礼貌用语问候人，懂礼貌，讲文明	1. 升降国旗要肃立，眼睛注视行好礼 2. 会行少先队队礼，行礼规范，动作到位 3. 遇事行礼问声好，关心他人懂礼貌	1. 升降国旗要肃立，眼睛注视行好礼 2. 会行少先队队礼，行礼规范，动作到位 3. 同学和睦行好礼，互帮互助同进步
吃好饭	1. 在教师的指导下学着做好餐前准备工作 2. 在教师指导下排好队有序盛饭 3. 用餐时不说话、不走动、不挑食、不偏食，尽量“光盘” 4. 在教师指导下学着将餐后残渣倒入泔脚桶，做好“一蹲、二放、三拨”	1. 同伴互相提醒做好餐前准备工作 2. 盛饭时自觉排队，双手接过教师递给的餐盒，会说“谢谢” 3. 用餐时不说话、不走动、不挑食、不偏食，做到“光盘” 4. 将餐后残渣倒入泔脚桶时做到不将残渣泼洒在地面上	1. 自觉做好餐前准备工作 2. 排队进入食堂，有序且安静，双手接过教师递给的餐盒，会说“谢谢” 3. 不挑食、不偏食，做到“光盘”，懂得健康的饮食习惯及饮食结构 4. 将餐后残渣倒入泔脚桶时如不小心将残渣泼洒在地面上，应及时打扫干净
走好路	1. 上下楼梯靠右走 2. 出操列队做到静、齐、快 3. 课间休息不奔跑	1. 上下楼梯靠右走 2. 出操列队静、齐、快，精神饱满，踏步整齐 3. 走路不打闹、不追逐 4. 楼梯拥挤要礼让	1. 上下楼梯靠右走 2. 出操列队精神饱满，步伐整齐，动作规范 3. 课间文明，不追赶、不吵闹、不跑跳

（二）开发三健活力课程评价工具的作用

1. 给予评价主体良好的评价导向

以往的课程评价更多关注学生知识技能的掌握情况，即学业成果。二实小的“小企鹅皇冠卡”也只是把行为习惯和课堂表现两者相对独立地进行评价。而整合后的《争章护照》，则兼顾了学生的学习过程与学业成果，在过程中重视学生的态度、兴趣、习惯、方法和思维，在结果中等第标准的明确则强化了需要进一步改进的方面，弱化了使用分数甄别学生的抽象性。静态的等第制指标结合动态的进步指标，让教师对学生的评价不再单一、一成不变，让教师能够看到学生各方面的动态变化。

此外，校本化的评价工具更易于评价主体理解，使用更为简便。校本化的评价工具将课程中每一模块多维度的评价内容进行等第评价标准的细分，让教师更好地掌握评价的方向和程度，减少以往评价过程中的主观性和随意性。评价主体不再是教师一方，而是把学生和家长也包括在内。《争章护照》的分级评价量表便于学生更好地明确自身的学习需求,也便于家长更好地了解学生情况并进行指导。学生和家长有了直观、可操作性强的等第制评价指标,传统的评价理念得到了转变。

2. 培养学生能力并帮助他们找出问题

《争章护照》中采用的折叠式评价具有连续性,可以更好地反馈优点与不足,帮助学生找出问题,取得进步。在以往的评价中,学生往往作为被动接受者,接受教师的评价和建议。而《争章护照》的使用,让他们明确了每一课程每一部分自己需要达成的目标,如果没有达成,该如何改进。《争章护照》细分的评价标准可以帮助他们更好地进行自我检测和评价。同时,多样的评价方式,如学生互评、小组评价,可以使学生在评价他人的过程中提高观察力和思考力,增强责任感和合作意识,使学生在学习的过程中互相欣赏和帮助,进一步提升学习策略应用能力。

3. 加强师生、家校间的沟通交流

《争章护照》的使用,为师生、家校间提供了更多的交流平台和更高频次的交流机会。从打星评价到评语互动,家校间形成了很好的合力。教师、学生和家长都是主动的评价参与者,都为了学生更好地学习和成长而努力。这种评价和互动的模式具有及时性和连续性,能让评价主体及时发现学习问题,共同商讨解决问题的方法以取得进步。

二实小使用《争章护照》这一校本化的等第制评价工具无疑为教师提供了更具体的符合学校和学生实际的绿色评价导向和操作方式。

(三) 三健活力课程评价工具的反思和改进

1. 评价量表的科学性有待进一步的实践探索与验证

教师通过教研组的团队协作,基于各学科课程标准及分学段分学科的评价指南,确定了评价量表的评价标准,在实施过程中取得了一定的成效。但还需要长期的实践探索及专家指导等来进一步验证其科学性。

2. 校本化评价工具与市级评价工具进行融合使用

上海市已有的《上海市学生成长记录册》,包含了小学阶段的所有课程,列举了市级统一评价标准。但对于学校而言,市级评价工具过于笼统和简单,校本化评价工具更具有可操作性和适切性。现在这两本手册都在二实小使用,今后在学校开展评价过程中两者是否需要融合,如何平衡两者的使用以减轻教师评价负担,增强校本化评价实效,还要进一步研究和探索。

3. 优化校本化评价工具以着力培养学科综合素养

北京师范大学价值与文化研究中心哲学学院李晓东老师在《学科核心素养的"通"与"同"》一文中指出:"应该着眼于整合思维,聚焦于小学生发展核心素养的落实与具体化。教师应该基于课程标准，深入研究如何在教学实际中转换思维，培育学生的‘必备品格和关键能力’。这是学生成长的素养基础，也是小学阶段实现学科核心素养培育的前提条件。小学阶段的教育教学必须关注学科核心素养的发展及其在教学和评价中的实现。这要求教师加强集智研修，基于学生发展核心素养的总体架构，通过寻求当下课程标准与小学学段学科核心素养的对应与衔接，深入发现和挖掘现有教学过程及评价中符合核心素养理念的内容和做法，结合现实发展的实际状况，积极探索学科核心素养的实现路径。”

不同学科的核心素养既有相同之处，也有相异之处，这更要求教师从学生的发展出发，既展现出“共同性”基于“整体性”的学生素养培育，也展现出学生素养培育的独特价值，致力于将学生成长的“历时性”状态与教育教学的“共时性”状态结合在一起，体现教育教学和评价活动系统性与过程性的统一。

评价始终伴随着课程教学，课程教学与评价是相辅相成、不可分割的整体。如何进一步优化校本评价工具，着力培养学生的核心素养，还需要教师和学校不断集智探索和钻研。

第三节　课 堂 转 变

一、课堂转变概述

随着教育部《基础教育课程改革纲要(试行)》和《上海市中长期教育改革和发展规划纲要》的颁布，上海教育进入内涵发展阶段。同时，社会各界也对基础教育提出了更高的要求和期望。可以说，教育价值观的转变是课程创新的内在驱动力，更是课堂转变的关键。

在探索课堂转变的过程中，我们越来越明白，教育并不是让教师直接去改变有差异的学生，而是通过课堂内外的各种教学活动，提升学生的学习品质，从而培养具备核心素养的学生。在通往这一目标的道路上，我们集聚集体的智慧，发挥团队的作用，努力推陈出新，深入开发课程资源，丰富学生体验，让学生回归课堂。

二实小构建了基于三健活力课程的课程框架体系。在“三健”目标引领下，推动“三课”(即课题、课程、课堂)互为联动。以课题带动课程的构建和完善，以课程推动课堂的转变和创新。课堂是学校的主阵地，是一切教育教学活动的核心，在提升学生核心素养和减负增效的大背景下，课堂的合理转变是新时代教育改革的最终目标，也是培养学生成为德智体全面发展的人的过程中最有力的手段。

什么是课堂转变？教育的核心是学生，教育的主阵地是课堂。以人为本、以学习为中心的教育理念已经成为教育界的共识。课堂转变是指从以教师和教科书为中心，到以学生为本，再到以学论教的转变。具体来说，课堂转变是指基于课程标准，尊重学生认知发展规律，不断更新教育理念，在课堂教学中突出学生的主体地位，不断尝试学生自主合作探究的学习方式，最终实现由教师课堂向学生课堂的转变。

为什么要转变课堂？上海市教委教学研究室主任吴强在《"课堂转型"再透视》一文中提到："课堂既是教育的一个细胞，又是教育的整个宇宙。因为课堂浓缩了基础教育的几乎全部要素，也浓缩了基础教育的几乎所有荣耀和困惑。"课堂的有效转变是教育实现转型发展的前提和基础。在"为了每一个学生的终身发展"课改背景下，课堂担负了提升教育质量、减轻学业负担、实现全面发展的重要任务。在先进教育理念下的引领下，课堂教学不仅要传授基本的知识和技能，还要注意培养学生的学习方法，培养学生的情感、态度和价值观，最终培养学生终身学习的能力。所以，课堂教学如果墨守成规、一味追求成绩和分数，只能是死路一条。唯一正确的选择，就是遵循学生的认知规律，以学生发展为本，从以教定学向以学论教转变，发挥先进教育理念的引领作用，结合现代信息技术，翻转课堂，从而让课堂更具包容性、发展性和科学性。课程、课堂、学生三维集智图如图 3－8 所示。

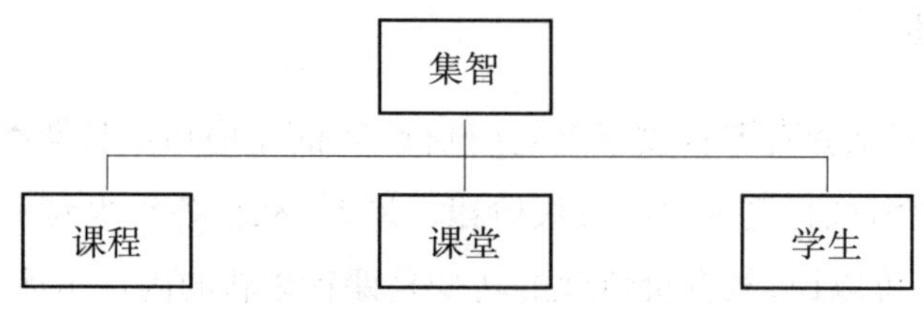

图 3－8　课程、课堂、学生三维集智图

如何实现课堂转变？课堂的有效转变必须以课程资源为依托，以培养全面发展的人为目标，以教师和家长的互相理解、通力合作为基础，合理优化校内外资源配置，系统整合三大课程体系，从教师授课习惯、学生学习方式、课堂组织形式、课堂评价方式四个方面积极探索课堂的转型和创新。

当然，实现课堂有效转变的关键还在于建设一支能够驾驭课堂的高素质教师队伍。教师自身理念的更新和个人能力的提升会影响课堂转变的实现。这就要求社会、学校给予教师更多的支持和信任，提供高质量、高效率的进修培训平台，提高教师的专业素养，增强教师的职业归属感和幸福感，让教师成为人人尊重的职业。

二实小是如何探索课堂转变的？课堂空间的延展和课程体系的多元是课堂转变的

突破点。本着“崇尚理解，润泽生命，奠基幸福”的办学理念，二实小积极探索校本化课程体系建设，确立了以培养“三健”活力学生为目标的教育教学框架，让社会、学校、教师全方位地为学生的成长服务，营造文明安全的校园环境，创建轻松愉快的温馨教室，为每个学生的学习生活和终身发展奠基。紧密结合三健活力课程，二实小积极探索课堂转变的路径，从三个方向探索和实践：一是拓展课程资源——由学校资源向社会资源求变；二是转变课堂形式——由传统课堂向开放课堂创新；三是丰富学生体验——由培养单一发展的学生向培养全面发展的学生探索，如图 3－9 所示。

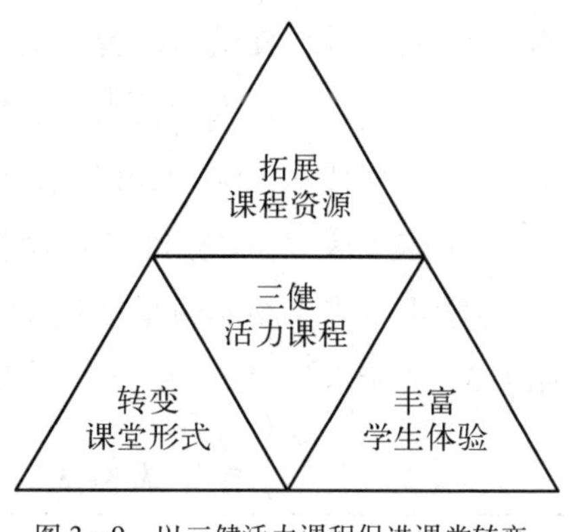

图 3－9　以三健活力课程促进课堂转变

二、健强体魄：课堂之“本”

健康强壮的身体是实现个人全面发展的物质保证，没有健康，一切无从谈起。在传统的体育课上，为了保障教学质量，教学更多地强调外在形式的整齐划一，在一定程度上制约了学生个性的发展，而过分强调教师的主导作用，就会忽视学生接受知识和技能的主体作用。

作为上海市体育传统项目学校，二实小多次在市区级体育项目比赛中取得优异成绩。在日常教学中，教导处、体育组通力合作，制订长期计划，系统地整合校内外资源，打破时间空间限制，从坚守课堂阵地、抓好两操，到开发《小企鹅教我做游戏》校本教材、组织田径篮球等体育社团，再到利用大学城资源开展普及性轮滑、篮球教学，打造了多维度发展的体育运动环境，为学生的茁壮成长保驾护航。

（一）拓展课程资源

1. 充分利用校内资源

二实小的体育教师队伍年轻、有朝气，敢于创新，敢于突破，专业项目从篮球、田径到足球、武术，覆盖面广，专业性强。体育教研组根据体育新课标各学习领域目标，研究平行目标，形成分层教学目标，紧紧围绕教学目标开展教学研讨，最大限度地减少随意性和盲目性，提高教学的针对性和有效性。二实小通过明确对新课标各学习领域目标的具体要求，确保课堂教学的各项活动都围绕教学目标进行，使课堂具有鲜明的目的性、层次性和可操作性。

2. 勇于开拓周边资源

二实小地处松江新城核心区域，有着优良的地理区位优势。校园周边科教文化氛围浓厚,能为学校提供一定智力支持。学校把大学资源的利用作为深化办学、特色办学和资源育人、特色育人的基点。学校与大学城的八所院校(上海视觉艺术学院、东华大学、上海工程技术大学、上海政法学院、上海对外贸易大学、上海外国语大学、立信会计学院、华东政法大学)签订了共建协议。近几年来,各院校的大学生志愿者走进二实小,给学生带来了精彩纷呈的活动,深受学生喜爱。“企明星”体育社团资源共建项目如表 3－8 所示。

表 3－8 “企明星”体育社团资源共建项目

序　号	“企明星”体育社团	资 源 共 建
1	极速风行轮滑队	大学城体育中心教练
2	灌篮高手篮球社	徐汇区少体校教练
3	旱地冰球梦之队	大学城体育中心教练
4	小企鹅跆拳道馆	大学城体育中心教练

3. 积极申请稀缺资源

在发挥传统项目优势的基础上,二实小还积极探索、开发新的体育运动项目,丰富学生的运动资源。作为松江区校园足球联盟校,二实小积极向教育局申请必要的教学资源。2016 年 3 月,足球外教走进校园,在三年级试点开展普及型足球教学。

(二) 转变课堂形式

1. 从室内转向室外

为贯彻落实“每天运动一小时”的理念,在体育课课时不足的情况下,学校统筹课程安排,每周安排两节阳光体育课,保障每天都有一节体育课。在此基础上,学校充分利用两操时间,分年级、分时段开展丰富多彩的大课间活动,把运动的欢乐时光还给学生。表 3－9 是松江区第二实验小学课间大活动方案。

表 3－9 松江区第二实验小学课间大活动方案

活动周次 / 年级	1、5、9、13	2、6、10、14	3、7、11、15	4、8、12、16
一年级	拍小皮球	跳短绳	转小呼啦圈	小球游戏
二年级	跳短绳	边走边拍小皮球	小球游戏与绳类游戏	转小呼啦圈
三年级	边走边运球(交替换人)、短绳	跳短绳或长绳、踢毽子	各种单双脚的跳跃游戏(立定跳远、石头剪刀布等)	呼啦圈游戏

续　表

年级＼活动周次	1、5、9、13	2、6、10、14	3、7、11、15	4、8、12、16
四年级	呼啦圈游戏、踢毽子	打篮球、踢毽子、跳绳（男女可交替轮流玩）	各种单双脚的跳跃游戏（立定跳远、石头剪刀布等）	打篮球、踢毽子、跳绳（男女可交替轮流玩）
五年级	打篮球、踢毽子、跳绳（男女可交替轮流玩）	呼啦圈游戏	打篮球、踢毽子、跳绳（男女可交替轮流玩）	各种单双脚的跳跃游戏（立定跳远、石头剪刀布等）

活动说明：(1) 活动前、中、后保管好自己班级的器材；(2) 组织有序，注意安全；(3) 四、五年级单周在操场，双周在篮球场。

2. 从兴趣转向发展

随着全体学生坚持锻炼的动员和普及型运动项目的开展，越来越多的学生加入到体育锻炼的行列中来，学生的运动热情被点燃了。体育运动没有门槛，每个学生都有兴趣点。如何在兴趣的基础上追求更高层次的发展？二实小引进周边资源，从大学城体育中心聘请了专业的指导教师，为学生开设了“企明星”体育社团，在一部分有体育特长的学生心中埋下一粒体育梦的种子。

（三）丰富学生体验

1. 坚强意志

意志品质对于热爱体育运动的人来说非常重要，它是人们通向成功最根本的心理保障，如果这个基础不过关，要想实现运动目标是不可能的。反过来说，坚持体育运动也能够使意志品质得到进一步的完善和提高。二实小每学年举办体育节、小企鹅踢跳比赛，检验学生日常锻炼的成果，提高学生的意志品质。

2. 发展兴趣

体育运动兴趣是指人们在日常生活中参与体育活动、享受运动乐趣所带来的身心愉悦和感受。大多数人的运动兴趣并不是天生具备的，而是在后天的社会实践活动中逐步形成和培养的。就小学生而言，受限于认知水平和身体素质，他们的运动兴趣比较单一，大多尚未形成中心兴趣点。但学生的运动兴趣是不断发展和变化的，在教师的恰当引导下，学生的运动兴趣可以逐步得到培养、巩固和发展。我校根据学生的兴趣开设了多项适合低龄段孩子的体育项目，如轮滑、旱地冰球、跆拳道，让学生有了更多的选择。

3. 追逐梦想

二实小鼓励体育健儿积极参加市区级比赛活动。近年来，二实小学生在市区级运动会、篮球、足球、健美操、武术操等项目上取得了令人骄傲的成绩。许多学生在小学毕业时还被选拔为体育特长生,在人生的道路上继续追逐梦想。

三、健全智力:课堂之“源”

智力是指人们认识、理解客观世界并运用所学知识和经验来解决问题的能力,包括记忆、想象、思维等。在课堂活动中,智力因素占据了非常重要的位置。二实小在促进学生智力发展方面,尊重学生的认知发展规律,以“理解教育”为内核,从课程、教师、评价等多角度促成课堂的有效转变,全面提升学生的智力。

(一)拓展课程资源

1. 自主开发文本资源

教学活动中的文本有着特殊的情境性,它是教师和学生一起合作创造的产物。从教学活动的角度进行分类,教学文本大致有四种类型:师生不参与编写的、既有的文本;师生事先准备好的教学设计文本与学习文本;在实际教学过程中创造的文本;教学告一段落后师生所生产的文本。结合课程的开发,我们自主编写了一系列校本教材,拓展了学生的学习文本资源。

【案例一】关注心理健康 编写校本教材

我们在三至五年级开设了心理辅导课程“倾心宇阁”,松江区学科名师张青老师组织编写了校本教材。我们在一至二年级每学期以专题教育形式实施团体心理辅导。我们重视搭建家校沟通的平台,促进家长之间的交流。2012 年至 2014 年,我们先后举办了六轮家长沙龙活动,邀请松江区教师进修学院心理健康教育研训员王银花老师带领家长共同感悟、体验、分享,教给家长一些养育心理健康的孩子所必需的方法和技能。

【案例二】小企鹅在行动 德育实践收获多

我们根据小学生年龄阶段特点,在各年级段开展具有特色的德育实践园活动,引导学生在多样化的活动中进行自我体验、自我发现、道德践行。实践园活动内容各年级有所不同,一年级是“恒心环保站”,二年级是“贴心邮局”,三年级是“开心农庄”,四年级是“热心导游”,五年级是“爱心法庭”,在此基础上学校开发编印了五本校本化教材。

2. 坚持拓展教师资源

在教学环境里,教师是最为重要的资源。教师素质的高低不仅决定了课程资源的开发、积累和利用,而且教师自身就是课程的实施者和评价者。教师的知识、经验、情感、态度、价值观和人格魅力等要素都会进入教学活动并成为影响教学活动的重要因素。

在课堂实践中，教师充分挖掘教材资源，创设教学情境，在课堂上与学生形成良好的教学互动关系，在这个过程中所形成的教师资源便是一种动态生成的教师资源。而这种动态生成的教师资源其实也正是教师职业素养的一种体现，包括道德素养、知识素养和能力素养等方面。二实小师资队伍建设一直保持高位发展，专家引领，集体研修。但是在开设一些专业性较强的艺术和体育类课程时，我们还需要更为专业的指导。因此，二实小聘请了一批校外兼职教师，指导学生的专业发展。表 3－10 为部分特色社团与专业外聘教师。

表 3－10　部分特色社团与专业外聘教师

社团名称	专业外聘教师
铿锵少年中国鼓	绛州鼓乐团教师
梨园雅韵京剧团	上海京剧院教师
清悦弦音古筝社	松江区百姓明星陈慧 家长志愿者尹千鑫奶奶
篆刻社团	松江区书法篆刻名家

3. 努力挖掘新型资源

除了利用已有课程资源，二实小还成功申请了两个创新实验室，即阳光温室创新实验室和数学创意思维创新实验室。这两个创新实验室的立项，为二实小学生的综合发展提供了更为有力的保障。

（二）转变课堂形式

1. 从被动转向自主

华东师范大学终身教授祝智庭这样解释问题化学习："所谓问题化学习者，他们在面对特定的学习任务时，能够主动介入元认知系统，综合高效地运用各种认知策略和方法，以学习者对问题的自主发现和解决为主线，实现知识的有效建构和智慧的持续发展。"

问题化学习是指教师和学生在课堂教学中互相协作、共同成长的学习方式。它的价值在于教师引导学生通过自主建设问题系统来促进学科思维的产生。在问题化学习的课堂上，教师要鼓励学生敢于提出问题，然后凝练有科学价值的问题，最后聚焦核心问题，小组合作、自主研究、设计方案，最终实现自主学习。

【案例】搭蔬菜架

执教：松江区第二实验小学　王金涛

活动设计

活动一　认识蔬菜架

学生活动	教师指导
1. 观察藤蔓类蔬菜图片，说说它们的共同特征 2. 思考交流，菜园里农民伯伯是如何解决藤蔓类蔬菜生长问题的 3. 揭示课题 4. 讨论交流，搭建支架给蔬菜带来哪些好处 5. 小结	1. 藤蔓类蔬菜包括黄瓜、丝瓜、番茄等，特点是茎细长，一般不能直立生长，需要依附其他物体（墙壁、岩石）或植物生长 2. 结合生活经验，引导学生说出给藤蔓类蔬菜搭建支架 3. 围绕阳光、空气、生长空间等要素引导学生认识搭建支架的优点

活动二　设计、制作三脚架

学生活动	教师指导
1. 出示黄瓜图片，思考适合黄瓜的蔬菜架 2. 设计方案 3. 交流展示方案 4. 进行几种蔬菜架模型的承重测试，比较它们的优劣 5. 总结三脚架的优点 6. 师生共同设计三脚架制作方案 7. 领取材料，小组分工搭建三脚架 8. 交流搭建过程中遇到的问题	1. 适当引导，鼓励学生自己设计方案 2. 挑选不同的设计方案进行展示、交流 3. 事先准备好支架模型，演示 4. 稳定、坚固、制作简单 5. 从分工、准备材料、制作支架、搭建支架几个角度引导学生设计方案 6. 巡视指导

活动三　测试三脚架

学生活动	教师指导
1. 领取勾码，测试三脚架 2. 交流在测试过程中发现的问题，思考如何改进 3. 小结三脚架的搭建要点 拓展	1. 讲解挂勾码的要点和填写记录单的注意事项 2. 木条连接处捆绑扎牢、三个支架高度一致、支架底部保持稳定 3. 尝试制作其他类型的蔬菜架

小组活动单

第____组

活动一　设计、制作三脚架

黄瓜架设计图

步骤一　准备材料

6 根木条、3 根铁丝、1 根横杆、土壤

步骤二　制作支架

两两合作，制作三角形支架

步骤三　搭建支架

把三个支架固定在土壤里，然后把横杆搭在上面

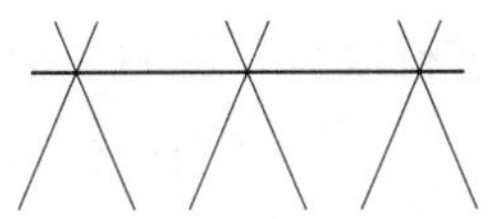

思考：在搭建过程中你遇到了哪些困难？____________________

活动二　测试三脚架

按照顺序一个一个悬挂勾码，成功后打“√”。

第一轮测试

数量	1	2	3	4	5	6	7	8	9
打“√”									

第二轮测试

数量	1	2	3	4	5	6	7	8	9
打“√”									

本探究主题旨在提高学生设计制作的能力，能力水平的定位是中级，即要求学生在教师帮助下，根据既定材料的特征，画出简单的设计图，并进行制作。同时，为了让学生经历完整的探究过程，在准备阶段和收尾阶段也有相应的能力要求：(1) 尝试简单描述解决问题的思路；(2) 在教师给定的框架下，尝试制订一份较为简单的计划和方案；(3) 按照一定的要求尝试整理过程性资料，总结并形成学习成果；(4) 学会运用图画、实物、简单书面报告等形式展示学习成果；(5) 初步养成经验交流分享的习惯，尝试提

出简单的改进建议。

本节课的设计中把学习单作为课堂教学的重要辅助工具，把“搭蔬菜架”的知识和技能转化为符合学生实际需求并能引导学生自主学习的导学材料，以此来达到在课堂教学中把握生活实际应用、整合课程资源的目的。

在实施教学过程时，教师对教材进行了适当的处理，强化思维训练过程，一开始就以实物为载体，让学生去思考蔬菜架是根据什么需求来搭建的，该如何设计，最后能否达到这个目的。在了解蔬菜架设计意图的情况下，教师让学生通过个人或小组探究，尝试搭建模拟蔬菜架。

在本课中，教师从生活实际的蔬菜架入手，通过出示三种不同类型的蔬菜架，启发学生认识到蔬菜架给蔬菜生长带来的好处，从而认识到结构的重要性。然后，教师通过情境引导学生发现不同蔬菜架对不同蔬菜生长的影响，使学生产生解决问题的需求，并根据需求针对结构进行设计。在这一环节中，通过观察图片，学生发现问题，产生需求，教师利用学习单，引导学生对结构展开设想，解决问题。这一方面有助于学生进一步理解设想与选择的作用；另一方面可以充分发挥学生的自主性，给学生充分的空间，让学生在真实的情境中体验探究过程，享受探究乐趣。

2. 从灌输转向体验

英语学习有两个关键点，一是文化，二是应用。二实小有一支敢于创新、勇于实践的英语教师队伍，他们充分发挥自己的特长，在英语课堂上关注学生的表达，鼓励学生多说、多练。同时，他们还充分利用西方节日开展英语情境教学，把西方传统文化融入课堂教学中，让学生开开心心学英语，培养兴趣，增加自信。

【案例一】圣诞老人进课堂

一年一度的圣诞节(Christmas)又到了，为了让孩子们了解圣诞节的风俗，了解西方文化，感受圣诞节欢乐的氛围，张菲菲老师于上周五提前在班级里开展了小型的圣诞活动。

在圣诞活动开始前，张老师对教室进行了简单布置，准备好了活动所需要的圣诞树、糖果、苹果等物品。张老师还邀请有兴趣的家长提前为孩子们准备圣诞帽、圣诞袜以及其他充满爱心的圣诞礼物，共同为孩子们营造圣诞节氛围。活动伊始，张老师用Merry Christmas歌曲欢迎参加活动的孩子们，并为孩子们介绍圣诞节的起源及相关的庆祝活动。随后，张老师为孩子们创造平台，让他们表演自编自导的英文短剧。孩子们玩得不亦乐乎。最后，孩子们还学习了经典圣诞歌曲Jingle Bells。在音乐声中，孩子们满怀期待打开圣诞礼物，有兴奋，有激动，有感动。

【案例二】万圣节不可怕　欢歌笑语齐装点

每年的10月31日是西方传统节日万圣节(Halloween)。为了让学生更好地了解西方文化,张菲菲老师于上周五提前在班级里开展了小型的万圣节活动。

在万圣节活动开始前,张老师对教室进行了简单布置,准备好了活动所需要的糖果、苹果等物品。张老师还邀请有兴趣的家长提前为孩子们准备了万圣节主题的南瓜灯、头饰、眼罩、面具、风衣,共同为孩子们营造一个特别的万圣节氛围。活动伊始,张老师用一首万圣节经典歌曲Trick or treat欢迎参加活动的小公主、小恶魔、国王等,并为孩子们介绍万圣节的起源(古代凯尔特民族的新年节庆)、万圣节的标志物品南瓜灯及其做法。张老师还让孩子们展示了他们自编自演的Vampire Killer、Halloween Show等英文短剧。紧接着进入到Bobbing the apples游戏环节,孩子们玩得不亦乐乎。最后,在Trick or treat音乐声中,孩子们唱歌跳舞,向张老师讨糖果,活动接近尾声。

(三) 丰富学生体验

1. 立足课堂

课堂上教师面对的是一个个个性鲜明的生命,碰撞和摩擦是智力提升的有效手段,因此智力的提升无法离开课堂。在备课过程中,二实小教师充分考虑学生的集体智慧和个性发展,始终关注学情,并根据教学现场进行恰到好处的调整。此外,二实小还开展了学科节(如数学节、英语节、读书节)活动,让更多的学生在学习过程中有了更多的可选项。

2. 启迪智慧

除了基础课程的学习,我们还会通过丰富多彩的活动去激励学生。我们在三年级试点了力翰科学“飞机总动员”创新型课程,学生在课堂上边动手边思考,在玩飞机的快乐体验中掌握了更多的科学知识,正如大家一起高喊的课程口号:“好好玩科学,科学好好玩!”

3. 弘扬国学

智力并不仅仅是一种纯理性的逻辑思维能力。从动物学的角度来说,智力的定义也可以被概括为通过改变自身、改变环境或找到一个新的环境进而有效地适应环境的能力。传统国学是中华文明的智慧宝库,富含着哲人先贤的思辨和哲理。二实小积极开设经典诵读、书法篆刻等传统国学课程,在课堂上传授国学,在生活中弘扬国学。

四、健康人格:课堂之“重”

(一) 拓展课程资源

1. 不断完善课程资源

二实小小企鹅德育实践园课程包括:一年级“恒心环保站”、二年级“贴心邮局”、三年级“开心农庄”、四年级“热心导游”、五年级“爱心法庭”，如表 3－11 所示。近年来，我们不断调整方案，完善实施细节，做好课程进展过程中的社会宣传工作，争取获得更多的支持资源。2014 年 10 月 14 日，小企鹅实践园校本课程开发工作研讨会特邀松江区教师进修学院研训员王开妍老师莅临指导。小企鹅实践园针对各年级开设不同的拓展课程，以体验学习为载体，依托角色模拟、实地考察等方式，促进学生的社会化。在编写校本化教材的过程中，我们一方面转换视角，在内容呈现上力求图文并茂、生动活泼；另一方面积极落实目标，在活动中收获体验，提高能力，拓宽视野，激发学生对社会、对生活的热爱。

表 3－11　小企鹅德育实践园课程

课程名称	开设年级	课程目标	活动过程
恒心环保站	一年级	提高学生垃圾分类的意识，提倡低碳环保、节能减排、科学文明的生活方式，形成节约资源、减少污染、保护环境的社会风气	1. 开展垃圾分类知识教育 2. 在二实小各年级进行垃圾分类管理 3. 举办废弃物制作竞赛
贴心邮局	二年级	了解邮政常识，感受邮政工作人员的艰辛，体会邮政与我们的生活关系密切，学会邮寄信件和分发报刊，培养严谨认真、协作诚信的品格，增强为他人服务的意识	1. “小企鹅走进邮政，增长知识”——走进邮局 2. “小企鹅学做信使，亲身感受”——学做邮递员 3. “小企鹅学写书信，鸿雁传书”——学写书信
开心农庄	三年级	体验劳动生活，了解农业基本常识，增强学生生活乐趣，丰富学生成长和生活经历，激发学生的好奇心和求知欲，使学生获得一些亲身探索的体验	1. 每班选派农场经理 1 名和农场小队长若干名 2. 种植时令蔬菜 3. 每班聘请家长志愿者 1 至 4 名，协助管理班级农场
热心导游	四年级	充分利用学校、家庭、社区、网络等资源，努力选择贴近生活的话题资源，采用灵活的形式组织教学，鼓励学生在生活中锻炼口语交际能力	1. 利用班队课开展校园小导游竞选活动 2. 在春秋游时，组织学生查阅资料，担任一日小导游 3. 有学校接待活动时，负责向来访客人介绍学校文化环境
爱心法庭	五年级	通过开展“爱心法庭”实践活动来让学生理解法律的意义，了解法律的基本要素；通过开展校内各种法律小活动，让学生了解学法的重要性	1. 法律进课堂 2. 争当小法官 3. 走进法院 4. 模拟法庭

2. 真诚争取家长资源

地处大学城腹地，二实小有一个非常大的隐性优势，那就是家长学历层次、整体素质普遍较高，这为我们开展教学活动提供了便利和支持。为了更好地发挥家长的作用，学校组织了"家长进课堂"活动，鼓励家长朋友来校授课。通过宣传发动，自愿报名，审核确定，我们在全校的家长报名材料中选取了部分特色课程，集智研修，共同提升。至今，我们已举办了三次校级家长特色课程观摩研讨活动。此外，我们还以班级家长课程为依托，积极开展普及型"美丽志愿、家长进课堂"班级活动，主动走向社区，充分利用大学城资源开设大学生志愿者课程，有效实现了学校、家长、孩子、社区四方共赢。校级家长特色课程菜单如表 3－12 所示。

表 3－12　校级家长特色课程菜单

序号	班级	学生姓名	家长姓名	课程名称
1	一(1)班	李俊烨	陈　森	小小演说家就是你
2	一(2)班	赵茂霖	赵　鸣	航空科技
3	一(2)班	张庭熙	张惠明	有趣的植物小知识
4	一(3)班	姚　盛	姚承志	树枝变变变
5	一(4)班	钟婼菡	张　建	创意小手工
6	一(6)班	度子昱	度学文	急救知识技能培训
7	一(6)班	朱子浩	朱　超	摄影欣赏
8	二(1)班	沈子安	杜晓倩	树叶书签
9	二(2)班	章欣懿	章资和	道路与交通
10	二(2)班	金顺妍	应夏燕	电的来源及安全用电
11	二(3)班	刘子璐	刘延辉	声波的奥妙
12	二(3)班	祝文睿	孟　倩	我不怕坏人
13	二(4)班	朱　姝	艾　葭	理财小能手
14	二(4)班	李金言	金传燕	五星红旗——我爱你
15	二(5)班	毛新宁	毛晓蔚	我会变魔术
16	二(6)班	徐钟訸	钟梅芳	体育课上的意外之现场急救
17	二(6)班	丁子夏	夏卡莉	走进缤纷的外语世界
18	三(1)班	季天翔	季　涛	神奇的光
19	三(3)班	杨一诺	李东东	法语初体验
20	三(5)班	范楚翘	房红萍	神秘的古埃及
21	四(1)班	连天任	连　磊	机器人的世界

续 表

序 号	班 级	学生姓名	家长姓名	课 程 名 称
22	四(2)班	李 图	李洪忠	儿童版画课
23	四(3)班	周 沁	刘 莉	声乐的技巧
24	四(3)班	王轶成	姚春霞	牙齿保健
25	四(3)班	徐王辰	徐胜健	认识毒品
26	四(4)班	赖诺馨	江佩虹	工艺手工
27	四(5)班	吴 凡	吴长水	探究好玩的科学

3. 深入挖掘乡土资源

松江是上海之根，具有悠久的历史，人文底蕴深厚。为了让学生深入了解松江的自然和人文景观，增强家乡自豪感，我们开设了"爱家乡"实践课程，通过社会实践、课堂学习等方式鼓励学生亲近乡土，走向社会，在实践活动中收获快乐，收获知识。表 3－13 是"爱家乡"社会实践地图课程安排表。

表 3－13 "爱家乡"社会实践地图课程安排表

年级 \ 类别	历史人文	智慧科技	自然地理	军营风采
一年级	醉白池公园	佘山天文台、地震科普馆		武警消防部队
二年级	方塔公园	松江城市规划展示馆	月湖公园	
三年级	松江博物馆	松江科技馆	辰山植物园	
四年级	程十发艺术馆	上海工程技术大学		叶挺部队
五年级	二陆草堂	四鳃鲈鱼基地	浦江之首	

（二）转变课堂形式

1. 从教师转向学生

【案例一】"爱心法庭"进班级

"爱心法庭"是二实小为五年级学生定制的实践园课程。五年级的学生已经对法律有了一定的了解，初步感知了法律在社会中的重要作用。

10 月 9 日中午，五年级全体学生进行了一次学习。一拿到精美的校本教材《爱心法庭》，学生就迫不及待地开始阅读。什么是法律？法律有什么作用？公民是什么？许许多多法律知识都在教材中呈现着。学生还收看了《法律陪伴我成长》宣传片，卡通人物检察官向学生介绍了基本的法律常识，生动有趣的画面阐述着小学生与法律的关系。

【案例二】进法庭　学法律

4月12日中午，二实小组织五年级学生开展了一次精彩的模拟法庭展示活动。别看是模拟法庭，审判程序和真正的开庭审判程序一模一样，先进行开庭前准备，再由原被告双方进行当庭辩论，最后审判。审判长正襟危坐，审判员分列两旁，记录员则在旁认真记录。各方当事人、旁听人员也严阵以待，俨然在打一场真正的官司。

这次模拟法庭活动获得了学校法制辅导员朱平老师的大力支持，他编写剧本、指导排练、临场指挥，把一场惟妙惟肖的法庭庭审呈现在了五年级全体学生的面前。同时，松江区律师协会主任以及松江区法律援助中心的老师也观摩了模拟法庭活动，律师协会的傅主任对本次活动给予了极大的肯定，他赞扬了学生生动的语言，更赞扬了模拟法庭严谨的法律程序。

模拟法庭活动在师生中引起了强烈反响，参加模拟法庭的学生纷纷表示，通过模拟庭审，切身体会到了法官审理案件的威严，也理解了法官威严背后的辛苦，此次模拟法庭活动将会激励自己更加努力学习，将来有朝一日成为真正的人民法官。

法律是社会生活安定有序的保障，人人懂法、人人守法是现代文明社会的标志，从小培养学生的法律意识也是学校教育非常重要的一环。法律不仅具有惩罚的作用，更重要的是有着保护的作用，学生应该学会利用法律来保护自己的人身财产安全。我们希望全体学生自觉学习法律法规知识，自觉改正不良行为，提高自我保护意识，从个人做起，从小事做起，珍惜美好时光，好好学习，快乐成长，争当知法、懂法、守法的好学生。五年级特色课程“爱心法庭”，旨在宣传普及法律知识。依法治国是社会主义核心价值观的重要内容，通过这样的活动，学生对法律的概念有了深入的认识，一定能成为懂法、守法的小公民。

2. 从身体转向心灵

【案例】人人操心社区事

执教：松江区第二实验小学　金爱萍老师

教学过程：

一、初步感知，社区需要人人操心

（一）讨论并出示社区各个职能部门

随机出示：安全保障、医疗健康、保护环境、加强交往（交通）、学习发展……

（二）思考“社区里有哪些人在为我们提供服务”

（三）导入新课并出示课题

人人操心社区事

（四）讨论“学校这个小社区里，有哪些人在为我们提供服务”

二、通过实践园，深入感知

同时出示五个小企鹅图标：一年级的“恒心环保站”（恒心）图标、二年级的“贴心邮局”（贴心）图标、三年级的“开心农庄”（开心）图标、四年级的“热心导游”（热心）图标、五年级的“爱心法庭”（爱心）图标。

（一）小企鹅实践园——“贴心邮局”

1. 分享小企鹅实践园为大家提供的服务

2. 教师出示邮递员小朋友写的一份日志

3. 学生自由回答对邮递员小朋友所说的话的感受

4. 教师小结：要干好一项工作，我们必须要有恒心

（出示：恒心）

（二）小企鹅实践园——“恒心环保站”

一年级开展的恒心环保站讨论活动

（三）小企鹅实践园——“热心导游”

（出示：热心）

（四）小企鹅实践园——“爱心法庭”

1. 板书（出示：爱心）

2. 调解纠纷（观看录像）

（五）小企鹅实践园——“开心农庄”

1. 作为“开心农庄”的一员，你为农庄做了什么事？

2. 其实我们这个农庄还有其他几个小岗位，我们来了解一下岗位职责。

农场经理：全面负责农庄管理，并需要观察和记录蔬菜的生长过程。

农场小队长：协助农场经理，并负责每天早晚给蔬菜浇水的工作。

（那么，我们班级的农场经理和农场小队长分别是谁呢？）

3. 现场采访，作为农场经理，你的职责是什么？（感受艰辛）你主要做了哪些工作？（写观察日记）

（出示：开心）

（照片呈现）

4. 作为农场经理或农场小队长，你有哪些困惑？

生1：我功课都来不及做，还要天天负责农庄的工作，每天为蔬菜浇水、施肥，有时会觉得太累了。

生2：农庄里的事大家都应该参与，不知为什么天天都是我一个人在做，有时我真想放弃。

想一想：作为农庄一员，你能帮同学解决这些问题吗？

5. 总结：农庄并不是一个人的事，人人都要去操心。

三、情境辨析，加深理解

我们班级菜地的水已经浇完了，隔壁班级的同学还没来的同学，这时，我们要不要给他们的菜地浇水呢？（同桌讨论）

总结：每个人都应该做好自己的事，不应该给别人添麻烦。

四、实践总结，故事延续

第一，社区是由很多人组成的社会共同体，只有每个人都来关心学校这个小社区，把大家的事当成自己的事情，我们的小社区才会更加和谐幸福。

第二，我们做好了社区实践园的事，可校园里还有很多不尽如人意的画面（出示图片），我们需要操心的事还有很多呢。

这节看似普通的品社拓展课，既基于教材，又是对教材的二度开发。该课找准了切入点——社区。社区是由很多人组成的社会共同体。教师从责任这一关键词入手，结合学校小企鹅实践园的活动，尤其是“开心农庄”活动，让学生在课堂学习中提高了自主参与的意识。这节课折射出了我们在培养社会公民时所注重的品质，如贴心、恒心、热心、爱心、开心，寓教育于实践，又从实践中提取出教育的内涵。

（三）丰富学生体验

1. 学会感恩

中华经典诗文是我国民族文化的精髓，也是中华文化艺术宝库中一颗灿烂的明珠。学校有一些热爱古诗文的老师，他们把经典古诗文与学生的校园生活、语文学习相结合，使古诗文融入学生的兴趣活动。

2011年开始，为了有计划地在班级中开展经典古诗文诵读活动，陈爱君、陆冬梅、彭雪琴三位老师选编《三字经》《弟子规》《笠翁对韵》相关内容，尝试编写了低年级《经典诵读校园读本》。老师们在各自班级推广，利用每天的晨读时间、每节课的课前预备时间、每天中午“每日一诗”时间开展趣味诵读，坚持带领学生天天吟诵。古诗文的诵读不仅让学生加深了对中华传统文化的认识，而且让学生了解了古人的品性和德行。

正如一位家长朋友所说:“从小诵读《弟子规》可以让孩子养正、养志、养德!”

2. 职业体验

结合德育实践园四年级“热心导游”课程,小企鹅们在每一次春秋游时都有机会做一名小导游,为同学们引路、解说。孩子们认真准备,积极演练,把课堂从校园搬到了景区,不仅锻炼了自我,增长了知识,而且体验了导游的工作流程和工作环境。德育实践园课程给孩子们创设了丰富的实践环境,让孩子们从小就体验不同的职业,如农民、邮递员、导游、法官。在这个过程里,孩子们学会了感恩,学会了尊重,更重要的是埋下了一粒粒希望的种子。

【案例】热心导游——四年级东方绿洲之旅

2016 年 11 月 10 日星期四,二实小四年级的孩子们迎来了期盼已久的秋季社会实践活动,目的地是位于上海市青浦区的东方绿舟。它是上海唯一的集拓展培训、青少年社会实践、团队活动以及休闲旅游于一体的野营基地,邻近风景宜人的淀山湖,占地面积 5 600 亩,其中水域面积达 2 000 亩。东方绿舟由智慧大道区、勇敢智慧区、国防教育区、生存挑战区、科学探索区、水上运动区、体育训练区、生活实践区八大园区组成。

二实小要在这里开设与社会实践活动相衔接的校本实践课程——“热心导游”实践课程。四年级的班主任老师特别重视,孩子们也积极响应。活动过程如下:

准备篇:“热心导游”招聘会

四年级各班早在这周的星期一就已经组织了招聘会。为了能够竞争上岗,应聘的孩子们做足了功课。小导游们借助网络的力量,对东方绿舟的各个园区进行了详细了解和概括。老师和其他同学依据小导游们在招聘会上的表现,最终确定了“热心导游”人选。

实践篇:“热心导游”展风采

国防教育区里,陈列着各式“退役”的国防武器,有坦克、装甲车、战斗机等。且听我们的“热心导游”将这些兵器的“前世今生”娓娓道来,且看孩子们侧耳倾听的专注表情。每个孩子的眼神中都流露着愈发强烈的民族自豪感和国防自信心。

智慧大道区上,矗立着古今中外“大家们”的雕像,“执心导游”深情地讲述他们的伟大事迹。在这里,二实小的孩子们呼吸着智慧的气息,沐浴着伟大的思想。

勇敢智慧区、生存挑战区、科学探索区、水上运动区、体育训练区、生活实践区的“热心导游”无不诠释着专业、称职的实践精神。

感受篇:“热心导游”有收获

“热心导游”校本实践课程,是孩子们体验生活、感受生活的良好载体。“热心导游”不仅得到了一次展示自我的机会，同时也理解了实践的真谛。

3. 艺术梦想

梦想舞台给了学生更多的才艺展示机会，越来越多的孩子们在舞台上尽情地释放自己，收获阳光和自信。这是一份爱的传递，有家长的培育、教师的鼓励、同学的掌声；这也是一份梦想的传递，有日复一日的坚持、追求卓越的品质、超越梦想的勇气。如果说校园是一块试验田，那就让孩子们的梦想在这里发芽、开花；如果说教师是一位引航员，那就让孩子们在这里放飞梦想，向着美好的明天扬帆起航。

【案例】金色童年，向阳花开

——记四(3)班庆圣诞迎元旦双语联欢晚会

伴随着“叮叮当，叮叮当，铃儿响叮当”的美妙音乐声，充满着幸福、快乐的节日——圣诞节就要到了。2016 年 12 月 23 日 18:00 至 20:00，第二实验小学四(3)班在松江视觉艺术学院 6 号楼演艺大厅里举办了以“金色童年，向阳花开”为主题的庆圣诞迎元旦双语联欢晚会。本次活动由四(3)班承办，参与的人员除了本班全体师生和家长，还有李军校长、沈丽华书记、吴秋艳老师及前班主任许晓红老师。

伴随着欢快的音乐节奏，一首动听的英文歌曲《Silent night》拉开了晚会的帷幕。整个大厅，灯光绚烂。美轮美奂的舞蹈让观众大饱眼福，小品相声表演让现场笑声此起彼伏，乐器演奏展现出了孩子们的才华，小学生的活力展现得淋漓尽致。每个节目配备的背景动画都让人叹为观止，现场气氛持续升温，观众们兴奋不已，整个晚会处处洋溢着节日的气氛，孩子们欢呼雀跃着，高兴的心情溢于言表，所有人共同体验着节日的快乐与美好。

晚会在 7 个气宇轩昂的男孩子朗诵的跌宕起伏的《少年中国说》中圆满结束。孩子们和老师们共同度过了一个快乐有意义的圣诞节。本次活动不仅让孩子们更多地了解了西方节日的风俗，培养了学生多元文化的意识，而且让学生体验到了节日的幸福与欢乐，丰富了孩子们的情感体验。

“五十四朵向阳花，朵朵向阳开”——充满活力、童真烂漫的四(3)班学生在班主任许晓红老师的带领下，从二年级开始就在二实小打响了“家校互动，快乐童年”的品牌。在全体家长的积极配合和共同努力下，四(3)班的小朋友创办了属于自己的“荔枝电台”，组建了“周末徒步小分队”和“国王足球队”。当然，最让大家津津乐道的还是他们的班级特色“梦想舞台”，从 2015 年第一次在学校舞台上亮相，到每年一次的班级迎新晚会，孩子们在爸爸妈妈的帮助下，自编自导自演，奉献了一场场精彩的演出。学校不仅是知识的海洋,更是梦想起航的港湾,孩子们在舞台上展示自我,秀出真我,体验着快乐和感动,沐浴着幸福和阳光,更收获着一生相随的美好回忆。

小结

第一,先进的办学理念是治校之本。先进的办学理念是一所学校发展的灵魂。一所好的学校,必须要有先进的办学理念。这些先进的办学理念体现了前瞻性和科学性。可以说,一所学校的崛起得益于校长崭新的办学理念。正如苏霍姆林斯基所说:“领导学校,首先是教育思想上的领导,其次才是行政上的领导。”第二实验小学在李军校长的领导下,找准了学校管理的切入点,使学校在短短的时间内凸显了办学特色。

第二,鲜明的办学特色是学校发展之魂。办学特色是指学校在长期的办学过程中积淀形成的本校特色,是其不同于其他学校的独特办学方向和办学行为。第二实验小学凝练办学理念,构建学校和师生的共同发展愿景,通过微型课程的开发促进学校可持续发展;提炼小企鹅精神,彰显德育特色;加强内涵建设,以师生身心多元式发展为目标,以社会需要、教育需要和师生自身发展需要为方向,建立梯队式队伍建设管理模式。

第三,课程开发是学校发展的基石。教育作为一种培养人的活动,就是要使每个人的个性都得到充分而自由的健康发展,从而使每一个人都具有高度的自主性、独立性和创造性。校本课程的目的在于创造一种适合学生发展的教育。校本课程的开发有利于教师的发展。教师通过校本课程开发实践,可以使自己的专长得到一定程度的发展。因为教师自己参与了课程开发,掌握了课程开发的一般原理与技巧,必然会对所教学科的知识性质、知识结构、呈现方式等有一个新的认识和理解,进而能够运用新的教学组织形式,尝试新的教学方式和课堂管理艺术,这样,教师的教学能力也就能自然地得到提高。校本课程开发有利于学校特色的形成。第二实验小学找准了切入点,充分认识自己学校的优势和风格,进而通过校本课程开发形成特色。

第四,育人特色定位引领课程走向。在校本课程建设过程中,有方方面面的要素需要整合,哪些要素是统领我们进行校本课程建设的关键?我们认为,每个学校在设计校本课程开发框架时,“育人特色”的定位很重要,这是对学生发展、学校特色和资源利用的一次综合考量,是一次系统思考。第二实验小学就是围绕三健活力学生的培养目标去构建课程开发框架的。“三健”是指健康全面的人格、健全聪慧的智力、健强壮实的体魄。对应“三健”培养目标,学校对三类课程进行梳理,寻找学生教育的空白点。例如:我们先把健康全面的人格分解为主体性人格、创造性人格、爱心性人格、合作性人格、进取性人格五个方面,再根据这五个方面去寻找校本课程的生发点。

第五,突破评价瓶颈促进课程、师生的活力发展。校本课程评价,是校长和教师对学校开发的课程进行质量分析和监控的过程,也是学校对校本课程进行跟踪管理的过程。第二实验小学积极探索校本课程评价的方法,系统设计了一套可行的评价方案,发挥了评价的正向积极作用,促进了课程、师生的活力发展。校本课程评价,应该以学校课程资源为基点,以开发与实施过程为主线,以学生发展为目的,既要评价校本课程开发的程序和内容,又要评价教师和学生在课程实施过程中的行为和体验,还要评价校本课程作为教育信息载体在学校发挥的作用。这就要求我们遵循校本课程评价原则对校本课程的开发与实施进行全方位的评价。具体包括以下原则:(1) 科学性原则,要运用科学的评价方法,提高评价的效度和信度;(2) 可操作性原则,评价方法要简单可行,可操作性强;(3) 素质培养原则,课程评价要注重提高学生各方面的素质,培养学生的创新意识和创新能力;(4) 参与性原则,对学生的评价要注重其在校本课程中的参与情况,并将之作为学生学分考核的依据;(5) 全面性原则,对教师的评价既要考虑到课程目标的达成情况和学生能力的提高情况,又要考虑到校本教材的编写质量。

第四章　多维对话与集智研修

第一节　多 维 对 话

一、学习型组织理论与自组织理论

（一）学习型组织理论与集智研修

学习型组织理论（Learning Organization），最早由美国学者彼得·圣吉（Peter M. Senge）在《第五项修炼》（The Fifth Discipline）一书中提出。他认为，组织处于一个自由的但又受四面八方影响的状态，应力求精妙简洁、扁平化又不失弹性，鼓励组织内部不断自我强化，学习经验知识，完善自我，通过维持竞争力来面对变化剧烈的外在环境。而此次我们将共同体作为一个区域组织，以集智研修的方式推进校本研修。学习型组织理论恰好可以解决我们共同体所面临的问题。面对外部多变的环境因素，共同体力求通过自身的不断学习，提升教育效能促使课堂良好转变。

1. 建立共同愿景

在共同愿景的大背景下，组织可以将每位成员凝聚起来，通过这种方式，让大家朝着共同的方向努力，为组织的共同目标奋斗。共同体各学校的最终愿景是相同的，大家努力的方向也是相同的。一切为了学生的成长，是共同体达成的无声共识。

个人愿景是共同愿景的组成部分，共同愿景高于个人愿景。师者，所以传道授业解惑也，教师把教书育人作为自己的职业目标。但是在现实生活中，职业道德失范的现象也会在部分教师的身上出现。共同愿景不能以理想化的方式进行，必须要考虑到教师作为差异性个体的各个方面，将教师个人发展与学生发展相联系，明确学校办学目标。

（1）完善制度建设

完善学校制度建设，建立教师评价机制，并确定合理而细化的评价量规。这些制度不仅方便管理者对教师进行管理和评价，而且更加明确了教师的工作准则，将条目明确化、细致化，有助于教师个体建立起与学校及共同体共同的愿景。

（2）提高教师工资待遇

教师作为一个社会群体也会有日常生活开销，不能单单以崇高的奉献精神作为精神食粮。适当提高教师工资待遇，消除教师的生活烦忧有助于教师更好地投入工作。

（3）进行自我修养学习

共同体将教师的自我修养学习列入教师职业发展学习项目，通过专家讲座、网络学习、自主研修等方式提升教师的职业道德素养，在崇尚以生为本的前提下，更好地建立共同愿景。

（4）关注自我发展

教师的自我发展，表现在个人专业能力的提高上。共同体通过校与校之间的学习、校际教研组的交流、校内备课组的探讨等集智研修方式让教师更快更好地发展。而教师的自我发展，又促使共同体朝着共同目标前进。

教师应形成共同的价值观和教育信念，以集智研修方式，同心协力，建立致力于学生成长的共同愿景，让共同体区域组织更好地发展。

2. 团队学习

一个人的智慧是有限的，只有集聚大家的智慧才能达成更好的课堂转变，促进学生和教师的共同发展。教师个人的知识储备越来越不能跟上知识的更新速度，共同体通过集智研修的方式，鼓励教师分享自己的学习体验、教学经验，在分享过程中让教师获得更进一步的体验和感受。

共同体集智研修，主张教师针对目前课堂中存在的关键问题、瓶颈问题、战略问题等主动、自觉、自愿地进行智慧交流。共同体通过草根式问题交流、固定教研活动、教学展示活动、教育论坛、课题撰写、专家讲座、优秀案例集汇编等方式，提供团队学习交流的机会；通过校内教研组、备课组间的团队学习和区域共同体各校间的团队学习，达到教育发展的目的。

3. 改变心智模式

在从事某项工作时，我们趋向于从原有的思维方式出发。但是社会在发展，知识体系和学生思维方式都在不断变更，这就要求教师必须成为终身学习的践行者，跟上时代的步伐，激活新思维。人是社会人，在与人交流合作中更新自己的知识体系和思维模式。共同体集智研修是一种共同学习、集众家之长的方式。优秀的个人和优秀的教育方式会在集智研修过程中脱颖而出，成为一种“标杆”。这有利于教师个人迅速而及时地更新自己的思维方式，取其精华，去其糟粕。

4. 自我超越

团队的发展与个人的发展息息相关。个人与愿景之间有种“创造性的张力”，特别是当个人有意愿、主动地投入工作并专精工作技巧时，就会产生自我超越的动力和意识，迸发出能量。有了自我超越的动力和意识后，个人就会更加主动地接受知识、寻求知识，就会对专业技术以及课堂效能进行主动的思考和创新，在实践过程中反思方法，重新建构，最后达到自我发展的目的，形成良性循环。

5. 系统思考

系统思考是排除“管中窥豹，可见一斑”局限性的一种方式。共同体以集智研修方式，促进共同体各校进行信息收集，系统学习，给各阶段的教师提供系统思考的机会。教师在校和校的交流中，对知识有更广泛的了解，在校内的学习中，对知识有更细化的理解。教师将自己的知识点，通过借助外力的方式连成面，从而达到系统思考的目的，对教育也有了更深一步的理解。

（二）自组织理论与集智研修

自组织理论（Self-organizing Theory），是一种系统理论，在 20 世纪中期建立并发展起来，也是 L. Von Bertalanfy 系统理论的发展。一个组织保持原有功能和产生新功能的能力与组织本身的自组织能力有关，两者之间往往成正比。例如，与动物界相比，人类社会的自组织能力强许多，所以人类社会比动物界所能保持和产生的功能也就高级很多。这就像一个生态系统具有自我调节能力一样，生物和环境之间相互协调，达到一个相对平衡的状态。当然，人类社会能在技术、知识等方面达到更高的高度。五所学校作为一个共同体，以集智研修的方式，在组织内部进行自我供给和调节交流，在保持原有教学模式和相关教育教学方式的基础上，改善和促进新功能的发展，达到推进教育发展、促进教师成长的目的。

1. 耗散结构理论（Dissipative Structure）

耗散结构以与环境发生物质、能量交换关系为基础。学校本身是社会的一部分，在谈教育理想化以及学校教育时，离不开社会对学校这个组织本身的影响。而共同体更是如此，主动或被动地接受着社会各界对于学校教育的影响。家长和学生、家长和学校、教师和学生、教师和学校、学生和社会、教师和社会等无时无刻不进行着信息交换。

（1）开放体系

组织通过消耗和发散，形成了产生自组织有序结构的必要条件。消耗外界有效物质与能量的过程，即向组织输入负熵。发散体系无效物质与能量的过程，即向组织输出正熵。

社会在不断进步和发展，学校教育就不能故步自封、闭关锁国。及时接受外界的信息冲击，可能短时间内会造成混乱，但是经过有序的组织后，会形成比原先更好的状态。各个学校如果永久性地闭门造车，不能及时更新教育方式，就会落后于时代。共同体将学校个体作为小组织，区域学校作为大组织，鼓励学校和学校之间进行开放式的交流，彼此分享各自的长处和短处，将问题都暴露出来后，诚挚地解决问题，交流经验，扬长避短，讨论研究，寻求一种更适合学生、教师、学校的方式。各个学校在区域组织内，开放交流，彼此分享，集智研修。

（2）远离平衡状态

让组织处于非平衡状态，积攒体系反应的推动力。花费这样的一段时间有助于组织进行自我调节，把无序转化为有序，形成耗散结构。

往咖啡里面加牛奶时，就会出现一种非平衡状态，你能看到的是一碗无序的混汤，毫无规则可言。但就是需要这样一个非平衡状态，才会产生那种瞬息万变的美丽花纹。可见，有序的生机是在远离平衡状态时萌动的。而我们要的也是在达到平衡状态之前丰富多彩的状态。就像春秋战国时期百家争鸣，各种流派争芳斗艳，正因为有了这种远离平衡状态的状态，春秋战国时期才成为我国文化最为璀璨的时期，形成了一种空前浓郁的学术氛围。各种大家相互辉映，又相互诘难，好生壮观。这是远离平衡状态的艺术。集智研修是搅乱平衡状态的一根温和而有力的棍子。虽然不用激进的方式进行大刀阔斧的改革，但是却能给区域共同体组织带来求新的光亮。共同体希望以这种集智研修的方式，产生春秋战国时期百家争鸣的效果，给予教师之间交流研讨的机会。

（3）非线性作用

非线性作用，是一种差之毫厘、失之千里的以小博大效果，一个微小的输入可以产生巨大的涟漪。非线性作用是一种局部线性叠加效果，体系内的每一个要素都有超越整体的能力，体系内的这种非线性因果关系往往超出预期。它也是一种让体系内部进行自我放大的机制，强调突变行为、相干效应、协同动作，让体系以异乎寻常的方式重新组织自己，实现有序。换句话说，要素间的作用如果只有量的积累，没有质的飞跃，即只有线性作用，那么就只是一种堆砌，不能成型。

在日积月累的过程中，学校内部无论在日常工作处理上，还是在教学方式上都已经形成一种相对稳定的状态。而他校的涉入，就是对固有组织的一个微小输入。在非线性作用下，这样一个微小输入能产生一石激起千层浪的效果。所谓生于忧患，死于安乐，外界的冲击有时更能激发个人以及原有组织的潜能。共同体不单单把学校作为一个组织让其进行自我内部学习，而是要求多校联合，互相刺激，互相影响，进而形成大组织的协同。

（4）涨落作用

非线性的相互作用开始前，涨落或起伏的变化是体系运行的必要条件。涨落能使体系摆脱原来的状态，发生质的变化，跃迁到一个新的稳定的有序状态，形成耗散结构。

因此，涨落是一种启动力，涨落导致有序。涨落是随机的、偶发的。这些随机的、偶发的涨落是由一些难以控制的来自于体系内部或者外部的复杂因素引起的。这就再一次表明，偶然性是必然性的补充，必然性要通过偶然性来表现。不确定的因素，虽然无法完全预知，但仍会在具体操作中显现出来，这样的干扰恰恰为震荡后的有序做好了铺垫。

2. 协同论(Synergertios)

系统内部各要素之间的协同是自组织过程的基础。系统内部各要素之间，不管是合作关系还是竞争关系，都是系统最后产生新结构的直接根源。共同体区域组织，希望通过校际交流研讨，以集智研修的方式建立区域组织内的协同机制。在这样的机制中，大层面的校与校之间，小层面的校际教研组之间、校际备课组之间，学校内部横向和纵向的教师之间，都会产生合作或竞争关系，而这些关系是产生新结构的直接根源。

二、多维对话的意义

(一) 当前的研修现状

新课程改革在学校中大面积落实，这在一定程度上促进了各校研修的发展，对教师专业性的提高也有一定的帮助。学校对于教师个人的发展呈现出空前重视的状态。在斯腾豪斯提出“让教师成为研究者”之后，教师个人也将一部分精力花在研究上，钻研自己的学术专业。共同体在市区各层面上组织教师进行教学培训，鼓励教师及时总结经验，撰写教学案例，并组织相关比赛以提高教师的研究学习热情。在校本研修这一块，各校普遍进行得比较顺利，但也存在一些问题。

1. 校内研修成负担

目前，校本研修在发展的过程中出现了一些问题。比如教师内在动力不足，职业倦怠现象逐步出现，对于校本研修不积极，参与度不高；形式化的校本研修制度建设，使得学校大部分教师的学习教研没有以研修的方式展开；学校各项目之间缺乏交流和整合，连接存在缝隙；教学领域的研修习惯和氛围还没有形成；实际操作中虽然采用了多种研训方式，但效果欠佳；理论脱离实际，在研训中较多关注教学理论，较少关注实际教学操作。根深蒂固的个人主义思想存在于教师群体中，并且渗透到了日常教学、生活的各个方面，教师做事、做学问缺乏活力。因为没有内在的驱动力，教师在校本研修时，常常会感到无所适从，力不从心。

2. 教师个人视野局限

目前，共同体以学校管理和师资建设为主要内容，把学校作为一个团队组织研修学习。许多教师已经习惯于既定的、固有的职业发展模式，不愿意发生太大变化，因为职业倦怠，学习欲望不强。虽然学校内部存在多个用于学习的组织，但是由于组织多，反而没有发挥出很好的作用。而且一位教师隶属于多个组织，疲于奔命又始终局限于学校内部。教师在教学过程中，局限于校内的观念、做法，管中窥豹，个人视野局限，没有大格局，又因为没有及时引进并调整自己的教学方式和教育理念，呈现出故步自封的状态。

（二）多维对话的创新性

共同体希望借助多维对话的研修思维积极改善目前的研修状态，提升教师的职业认同感和专业素养；促进教师在专业道路上的自我觉醒、自觉发展、自我关注和自我超越；促使教师专注校本实践并在教学实践中解决实际问题。以共同体集智研修的方式进行多维对话，增强了教师研修活力。

1. 拓宽广度

多维对话以共同体集智研修的方式进行，不再以校本研修作为主要形式，转而面向共同体内的其他学校，鼓励学校与学校之间进行交流协作；不再仅仅以校内教研组为单位进行课堂组织研讨，转而以学校和学校之间的教研组为单位，围绕日常课程研讨方式等进行经验交流；不再以教育理论作为学习对象，转而从校际层面进行专题性的学习，以一课或者一系列、一单元的课作为研究对象，有针对性地解决教育实践问题，从校际层面拓宽广度，提炼教师的经验，扬长避短；不再个人闭门造车，转而以校际同伴对话的方式进行经验交流，资源共享，先以同龄的方式进行，增加共同性，总结共同存在的问题，再以跨龄的方式进行，增加指导性，起到指明灯的作用；不再以严格实现规划方案为主要目标，转而在集智研修过程中不断调整和优化方案，积累新的经验，丰富新的知识，形成新的能力，充分体现校际共同体作为一个新型团队的力量；不再局限于自己知道或者熟知的内容，转而拓宽视野，在研修过程中对教育方面的知识进行再生产，以一个开放的系统，接纳来自校外的各种信息，让各自的长处和短处都暴露出来，形成暂时的非平衡状态，为有序转变做铺垫；不再以急功近利的心态进行，转而以循序渐进的方式进行，集智研修，不急于求成，促进教师的可持续发展。

2. 增加深度和广度

以共同体集智研修的方式在校际之间进行多维对话，将教师思维提升了一个高度，在这基础上再回到各学校以及教师个人身上时，会产生奇妙的效果。知识与智慧在分享的过程中，会以其独特的方式加厚。共同体的集智研修、多维对话往往能起到画龙点睛的作用。教师在集智研修之后，能从一个更高的视角重新审视自己的问题和不足，并从多维对话中找出相应的好方法，进行再重整或再完善。这对教师个人的专业发展是十分有利的,能增加教师知识的深度和广度。

（三）多维对话的现实意义

1. 打破研修现状

当前的教师研修入驻学校,以学校为本进行教师专业技能培训。这种以学校为主的方式,往往会局限教师的学科视野和大局视野,使教师大部分的知识经验来源于自身课堂。当前研修的局限性,不仅在于立足本校研修,校际交流少,还在于个体之间鲜有交流,与文本、专家等的交流更是少之又少,没有交流对话,就没有新鲜血液和新的思维。

通过与多方面的对话来开阔自己的视野,改变自己的旧观念,打破原有的研修局限。这一点无论是在教师还是在学生身上都适用。无论一个人被沉默的习惯感染多久或者多深,与别人对话接触都可以帮助他批判性地看待世界,修正自身已有的对世界的理解。我们的多维对话以一种模式化、自由化的集智研修方式进行。

2. 促进课堂转变

多维对话既对教师提出了更高的要求,同时也为教师专业发展提供了更多的便利。共同体通过集智研修,整合多校的力量和资源,促进教师多维对话。

在教学过程中,我们提倡以生为本,学生是教学主体,而教师作为教学主导,要引导学生进行知识体验和学习。教师教育观念的转变、教学手段的创新、教学方式的改进、教学过程的设计最终都归于课堂。在课堂上,教师可以把课程内容转化为具有探索性、开放性、适应性的教学问题,同时,也可以把多维对话作为一种课堂展开方式,组织全体学生围绕问题展开多维对话,如学生与学生之间的对话、学生与教师之间的对话、学生与课本之间的对话。在这一过程中,教师和学生一起探究知识、发现问题、解决问题,在必要的时候帮助学生做出判断。教师行为的变化带动了学生学习方式和学习体验的改善,有助于达到课堂转变的目的。

3. 提高课堂效能

在课堂中学生的注意力会随着学习时间的增加而降低,也就是说随着学习时间的增加,学生的课堂学习效率会逐渐降低,教师的授课也会变得事倍功半。在当今数字化进万家的状态下,传统的授课方式如果不加改变,课堂效能就难以言说。要提高课堂效能,就要从根本入手,倡导学生积极动脑,主动参与,勤于动手,培养学生解决问题的能力。以往灌输式的学习,让学生往往只会被动接受知识,缺乏思考的能力。而课堂上学生学习方式的改善是以教师教学行为的变化为前提的。教师应借助多维对话教学,改变理念,增加学生学习的主动性,从而提高课堂效能,事半功倍。

三、多维对话之“维”的选择与实施

（一）多维对话之“维”的选择要点

共同体采用多维对话方式进行集智研修，促进教师专业发展。“维”的选择有其根据：

1. 基于问题

现在，教师不再只是一个知识的传播者，而是一个研修者，但是在校本研修中仍存在以下问题：（1）模式单一，教师职业倦怠疲于应付；（2）年轻教师，孤芳自赏闭门造车；（3）经验教师，知识默会不能言传。

2. 基于共同话题

对话的双方或者多方要有共同的话题，或者说共同的目标。有了这样一个共性，彼此才可以展开对话。与自己对话，是为了反思自己的行为和状态；与同伴对话，是为了一起进步，相互帮助；与专家对话，是为了达成同一个教育目标；与课堂对话，是为了提高课堂效能，促进课堂生成；与文本和理论对话，是为了根据课程标准、课程内容，正确解读文本并进行知识传递；与学生及家长对话，是为了学生的知识习得和身心健康成长。

3. 基于主体自觉

对话是一个人为的自主发起的活动。主体自觉在科学发展中要被提炼并强调。这种自觉不仅需要对科学发展的主体自觉，更要正确揭示主体自觉下的科学的发展与社会主义内在本质之间的联系。贯彻科学发展观的，前提是了解科学发展观的内在本质，并且从客观的角度对科学发展的主体加以辩证性的认识。我们的多维对话也是如此，我们作为对话主体，必须要保持主体自觉性。教师要主动自觉地与学生进行对话交流，了解学生的学习近况和学习状态；学生发现问题后，如果能自觉地寻求对话，多提问多思考，对自身发展也会有很大的帮助。教师要积极主动地与文本和理论对话，在文本和理论里面寻求方法，并将其应用于实践，在实践中反观自己的行为，与自己对话。教师要主动与专家对话。依仗专家的宽视野，教师会看到不一样的风景，促进自身专业成长。

为了促进教师发展，实现课堂良性转变，共同体确定了多维对话的八个维度，分别是与自己对话、与同伴对话、与专家对话、与课堂对话、与理论对话、与文本对话、与学生对话、与家长对话。

要学会与自己对话，这是一种每日三省吾身的自省行为，对自己的行为进行反思，有反思才有总结，有总结才有经验，这也是研修的核心。要学会与同伴对话，相互学习，交流经验，实现资源共享，共同提高。要学会与专家对话，从与专家、权威的交流中汲取有益经验，不断提升自己的专业能力与水平。要学会与课堂对话，反思、观摩自己的课堂，从镜子中看自己，在反思中总结，在反思中提升，在反思中成长。要学会与理论对话，以理论为基础，用理论指导实践，一言一行有章法，有依据，在专业学习中善于抓住关键问题，有效辅助实践，善于学习理论，掌握规律。要学会与文本对话，读万卷书，行万里路，要爱读书，读好书，接受新知，开阔视野。要学会与学生对话，学生是教学的对象，也是教学的主体，是促进教师专业成长的最大推动力。要学会与家长对话，家校沟通包含方方面面，对家长进行问卷调查也是反思教师课堂教学实效、检测学生学习能力及教师教授能力的途径之一，在反馈中反思，在反馈中成长。因此，共同体提出并构建了自我反思、同伴互助、专家指导、案例分析、理论武装、钻研文本、直面学情、家校联合八位一体的“多维对话式”集智研修模式以促进教师专业成长，如图 4－1 所示。

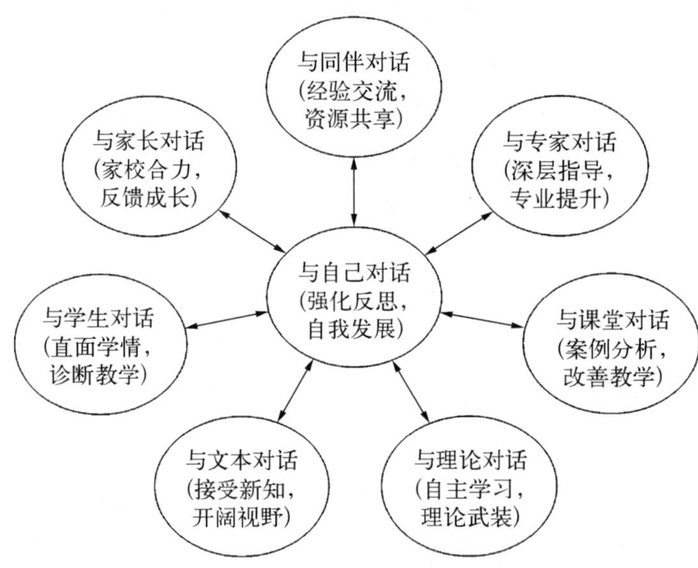

图 4－1　八位一体的“多维对话式”校本研修模式图

（二）多维对话之“维”的实施要点

在与自己对话、与同伴对话、与专家对话、与课堂对话、与理论对话、与文本对话、与学生对话、与家长对话时，教师要注意采取科学的对话方式，以使对话效果最大化，同时要注意从校内转向校际，让对话在共同体各校之间进行，提高资源利用效率，增加对话的广度和深度。

1. 对话双方的平等意识

无论是与同伴对话，还是与学生、专家对话，在对话时都要有平等意识。

教师应以一个平等的立场与学生进行对话。课堂活动中每个对话者都是独立的个体，都有各自独立的观念、思想、经验、个性，个体存在差异性。教师不再是课堂权威，教师要让学生意识到，学无止境，教师在课堂上也可能会犯错，也有讲解不恰当的地方。学生不能一味附和，将知识一股脑收入，而要积极思考和内化，提高自身的学习自主性。教师和学生在课堂中成了一同探寻知识真理的伙伴，教学相长。

教师应以邻家朋友的心态与家长对话，让家长了解学生的生活、学习情况。教师和家长针对学生的表现以及问题平静地讨论，商讨对策和方法。教师可以为家长提供一些家庭教育的方法，以促进学生身心健康发展。

教师与专家对话时也要有平等的意识。正如学生之于教师一样，教师之于专家也一样。虽然在某一领域专家积累的知识量在普通教师之上，但是在对话时，教师也不能唯专家是从，而应该根据自身在教学中遇到的实际情况衡量对话内容，与专家进行探讨。

与课堂、理论、文本等的对话亦是如此，不要一味地遵循，而是要多一份自己的思考，将理论与自己的教学实际相结合，走出自己的特色。

2. 对话时间的合理把握

除了课堂上的固定时间，教师还要合理把握其他对话时间。与文本和理论的对话最好在课堂实施前后进行。在课堂实施前，教师对教学内容要做到心里有数，成竹在胸，提前准备好适合这个教学内容的教学方式，并且对相关理论有一定的了解，带着这样的准备进行课堂实施。而课堂是千变万化的，为了了解课堂生成效果，了解成功之处和有待改进的地方，教师要与自己对话，回顾课堂；与文本对话，反思教育目标达成情况；与理论对话，思考将理论应用于实践时要有哪些调整。

教师要适时与学生对话，了解学生的知识掌握情况。如果学生遇到困难，需要了解家庭情况时，教师就要及时与家长进行对话，帮助学生调整。

3. 对话主题的开放自由

学生与教师在课堂上围绕一定的主题开展讨论，积极思考，碰撞出智慧的火花，层层深入。教师在对话过程中是寻导者、护导者。对话的主题不是预设好的，而是动态的、非预期的，是随着教学过程不断变化的。在变化中针对某个点逐步深入，这个过程学生是欣喜的。与传统的教学方式相比，这种对话方式增加了探究的乐趣，提高了学生的主动性。

4. 对话方式的丰富多样

在对话过程中，方式可以多种多样，如双方一问一答的问答式，教师提出问题，学生回答问题，这是最传统的课堂对话方式；学生通过思考对课堂中遇到的问题提出质疑的质疑式，鼓励学生积极动脑，不人云亦云，提高学生学习主动性；对话双方和谐讨论式，教学相长，获得新知；对话双方激烈辩论式，在辩论中擦出智慧的火花。对话方式虽丰富多样，但方向是一致的，无论是与学生对话，还是与专家对话，大家都就事论事，以平和的心态进行对话。

5. 对话内涵的深入挖掘

有些对话在平日里我们也会进行，但是这些随意而简单的一问一答对话过程看似热闹生动，内涵却始终停留在表层，没有更深一层。为了对话而对话，没有深入挖掘对话的本质内容，只会徒费时间，没有起到实质的作用。所以，教师一方面要对话，一方面要有意识地挖掘对话的内涵。对话有时候就是一次简易的头脑风暴，针对某个问题，你的第一想法往往会停留在表层，如果就此停止，不在表层上延伸是把握不了其内在的。在第一想法的基础上，你如果有意识地进一步打开思维，思考问题和问题之间的共同点和不同点，就会曲径通幽，豁然开朗，有不一样的惊喜。

第二节 多维对话集智研修的实施

一、多维对话集智研修的四个阶段

我国现行的研修方式多种多样，可惜的是，这些研修方式大多具有局限性。第一，形式主义。为了响应集智研修，学校纷纷设立研修部门，制订研修计划，但大多没有后续的培训和研修过程，所谓的研修仅仅只是一种口头上的说法。第二，效率低下。由于学校各层面事务繁忙，教师时间和精力有限，研修效果不甚理想。第三，成果推行受阻。众所周知，研修的目的是为了解决问题，最终要落实到具体的实践中，但较少立足具体学情的研修成果，在推行过程中遇到许多阻力，许多教师对研修的必要性产生怀疑。

多维对话集智研修对现有的问题进行了梳理并提出解决策略，在此基础上进行行动研究，对研究结果进行反思，从而形成一定的理论体系，划分了多维对话集智研修的四个阶段。

（一）四个阶段

1. 提出具体问题

具体问题的提出，是进行研修活动的基础和前提，是第一阶段。问题从何而来？教师在常规课堂教学中产生的困惑和想法、教师对课程标准理念的看法、教师对培养学生能力的思考、教师对提升自我教学素养的需求等，都可以作为集智研修问题的来源。同时，为了实现多维对话这一要求，提出的具体问题，必须是在广大教师的教育教学中普遍存在的问题。在此基础上，共同体各学校和研修部门多方面集智讨论、筛选，将具体问题转化成一个可供实际操作的课题。

2. 确定研修内容

确定了多维对话集智研修的课题，第二阶段就是确定研修内容。如何确定研修内容呢？首先，共同体各校要把教育教学的相关理论著作作为研究的理论依据，通过阅读这些理论著作，将一个具体问题提炼成一类具体问题，将解决一个问题转变成解决一类问题；其次，共同体要邀请市区级在研修方面颇有建树的专家进行指导，闭门造车式的集智研修不仅效率低下，而且在成果推行中也会遭受许多阻力，由专家引领的多维对话集智研修，能够帮助研究者精准定位研究方向，提高研修效率和准确性；再次，要鼓励全体参与研修的人员发挥自己的作用积极讨论，多维对话集智研修的特点就在于多维对话，因此只有群策群力，才能及早发现研修问题的突破口；最后，要对研修内容进行汇总整理，做到条理清楚，可操作性强。研修内容包括四个方面：解决问题的基本理念和理论依据；研究的预期目标；研究的基本方法策略；实施运作的模式步骤。

3. 进行行动研修

第三阶段的行动研修，是多维对话集智研修最重要的阶段。我们主要通过课堂教学来进行行动研究。在备课中将个人备课和集体备课相结合，既有助于个人教学风格的体现，又集中了集体的智慧；在上课中使用多种课堂呈现形式，如一位教师用同一教育理念在不同班级上课，进行不同学情的行动研究，如两位教师进行同课异构，进行不同教学目标的行动研究，如邀请区教研员、特级教师等专家上展示课，进行最前沿的教育理念的行动研究；在课后进行上课教师的说课反思、听课教师的评课交流、专家教师的讲座汇报。通过这一系列的对话交流和行动研修，来对我们的课题进行改进、提高的探索。

4. 总结研修成果

多维对话集智研修的第四阶段，是对研修成果进行总结的过程。首先，对之前的行动研究的过程进行梳理，明确行动设计是否合理；其次，对课题研修的结果进行分析，对成功的做法进行总结，对成效比较低下的做法进行反思，争取规避同类型的错误做法；最后，对新发现的问题进行再整理归纳，为下一次集智研修提供新的方向。多维对话集智研修的成果总结离不开每一位教师的支持和实践，因此总结绝不是泛泛而谈，而应当体现多维对话。先由教师个体对自己在集智研修过程中承担的任务进行经验分享、成果汇报，并讲述自己在行动研究中发现或者无法解决的问题；再由备课组、教研组分享利用集体智慧解决问题、获得成果的经验；最后由共同体各校和专家师对此次多维对话集智研修的总体成果进行分析点评，在方向上和内容上客观评价此次研修活动。

我们通过四个阶段的多维对话，来体现集智研修的特点。

（二）多维对话集智研修四个阶段应注意的问题

1. 研修动力的持续性

教师在教育过程中常说的一句话就是“兴趣是最好的老师”。对于参与多维对话校本研修的教师而言，兴趣也是极为重要的。在进行多维对话集智研修的过程中，要让参与教师意识到，参与多维对话集智研修有利于教师教育教学工作的有效开展，有利于教师教学能力和教学素养的提高，有利于教师科研水平的提高，有利于教师的职业发展，这样教师才会乐于参与多维对话集智研修。

有了初始的动力，接下来就应该维持住这个动力，否则就会让集智研修变得有头无尾。共同体各校通过现有的校本研修成果展示，来树立参与教师的自信心并使其相信，通过自己的实践研究，必定能有所收获。有了参与集智研修的动力，并能长时间维持这种动力，多维对话集智研修才能循序渐进地开展。

2. 研修方法的指导性

教育是科学，只有在理论指导下的实践才是积极有效的，没有理论指导的实践往往只能在低层次、低水平上重复和徘徊。对于普通的一线教师而言，参与多维对话集智研修是一种前所未有的体验，如果没有研修方法的指导，即使参与教师充满热情，想要参与到集智研修的过程中来，也是一件困难的事情。因此，共同体单位、学校和研修部门务必要对研修方法进行全方位的解读和指导，这样才能促进集智研修的可持续进行。

在集智研修活动开展前的讲座指导中，少一些宽泛的讲解，多一些具体的实例，以帮助教师形成最直接的理解；在要求阅读相关的教育教学理论书籍时，罗列一些具体的专家姓名和著作名称，避免教师在自行阅读理论书籍过程中可能会出现的书籍理论指向性不强、耗费大量时间阅读的书籍与实际研究问题无关等问题，从而提高教师参与集智研修的主动性；在上课过程中，规定听课、指导教师的数量，使上课教师的实践得到多位教师的帮助和指点，而不仅仅只是某位教师的“独角戏”。总而言之，只有在研修的过程中明确了方法指导，多维对话集智研修才能有条不紊地进行。

二、多维对话集智研修的具体实施

（一）方案确立

1. 多维对话集智研修的理念

为了有效开展集智研修活动，泗泾小学共同体的几所学校经过多次讨论研究、专家讲座，最终形成了多维对话的集智研修理念。为什么会形成这样的集智研修理念呢？在我们看来，对话是人际交往中最不可少的交流方式，是解决问题的最佳途径之一。通过多维对话集智研修，我们希望实现这些目标：帮助教师解决实际教育教学问题；帮助教师提高教学素养；帮助教师提升教学科研能力；帮助教师实现职业发展规划；帮助教师增强对学校的认同感、对教师职业的归属感；帮助教师塑造积极向上的人生观、价值观。因此，共同体成员学校之间采取了多种措施。

第一，利用教职工大会的时间，开办教师人文素养讲座，请每一位教师把自己的教育理念、生活感悟等以讲座的形式在全校教职工中进行交流分享，在对话中实现人与人的沟通、人与人的理解和人与人的交往。

第二，通过教研组活动、备课组活动、办公室活动来进行集智研修，在每一次的教研活动中，请每一位教师把自己的困惑和问题表达出来，寻求集体的帮助和解决的方法。这一过程增强了教师个体对集体的认同感，将教师"单打独斗"的教育教学模式转变成合作共赢的集体教研模式。

第三，通过学校组织的教职工趣味运动会、新年登高比赛等活动，增强全校教师的凝聚力，培养全体教师的团队合作精神。教师在集体活动中，感受教师这一职业带给自身的快乐感和幸福感，从而增强自己对教师职业的自豪感和对学校集体的认同感。

2. 多维对话集智研修模式的确立

多维对话之"维"的选择与实施这一部分，已对多维对话的八个维度进行了阐述。

（1）与自己对话

与自己对话在多维对话集智研修中处于核心位置。这就说明教师要经常对自己的教育教学工作进行反思。

（2）与同伴对话

集智研修并非一个人就可以完成，需要教师与同伴对话。在对话中，教师与同伴可以进行经验的交流，可以进行资源的共享，从而实现共同进步。

（3）与专家对话

专家是教育教学的权威，对教育教学理念有着独到的见解。通过与专家对话，教师不仅可以了解最前沿的教育教学理论，而且可以从与专家对话中吸收对自己有帮助的内容，促进自身发展。

（4）与课堂对话

课堂教学是进行多维对话集智研修的主阵地。无论是教研组、备课组的听课评课，还是专家教师的指导示范课，都是立足在课堂教学中的。因此，教师要学会与课堂对话，从课堂中发现自己的不足，加以改进；从课堂中发现他人的亮点，尝试将其应用到自己的课堂教学中。

（5）与理论对话

理论著作是对一类问题的归纳总结，体现了普遍规律。通过与理论对话，教师可以反思自己面临的困难，并按照理论的要求，规范地进行具体问题的实践研究。

（6）与文本对话

除了要与理论对话，教师还要学会与文本对话。所谓“读万卷书，行万里路”，阅读不同种类的书籍，与书中的文字、人物对话，能够帮助教师开阔视野，获得许多不一样的知识和感悟。

（7）与学生对话

学生是教学的对象，也是教学的主体，是促进教师专业成长的最大推动力。因此教师一定要学会与学生对话。教师可以在课堂上与学生对话，可以在课间休息时与学生对话，也可以在作业中与学生对话。

（8）与家长对话

家长是当下教育中不可或缺的一环。只有教师、学生、学校、家长合理沟通和互动，才能真正实现教育的蓬勃发展。因此，教师要经常与家长沟通，及时发现学生的最近发展区，及时了解家长对学生、学校的期望。

（二）组织方式

1. 与自己对话的组织方式

提前做好备课工作、认真完成教学任务是教师与自己对话最基本的方式。此外，共同体各校还要求青年教师每学年参加一次技能评比大赛，训练青年教师的说课、上课能力；要求有经验的教师、校骨干教师每学年上一节展示课，分享自己独到的教学经验，展示自己多年的教学成果；要求每位教师能够针对自己的评比课、教研课和展示课写教学反思；要求每位教师每学年完成一篇教学案例和一篇教育案例的撰写工作。共同体为教师与自己对话搭建了丰富多样的平台。

2. 与同伴对话的组织方式

共同体各校充分发挥学科带头人、骨干教师、备课组长的积极作用，发挥有经验教师的引领示范作用，通过师徒结对的方式促进青年教师的发展。对于每一年新入职的教师，学校会安排两位有经验的教师分别承担教育和教学带教师傅的职责，让新入职的教师在师傅的指导下迅速投入到教学工作中来，同时，新教师和带教师傅的交流对话，也能促进教学相长。新教师能从带教师傅处学到许多教学经验，带教师傅看到新教师敢想、敢拼、敢冲也能重新焕发朝气。共同体通过定期举行师徒教学观摩、公开课展示、教学评比活动，来实现带教师傅和新教师的共同提高。除了师徒结对，教研组的活动也体现了与同伴对话。松江区第三实验小学在校本研修实践中逐步形成的“草根式”“集智式”“行动式”研究方法，正是与同伴对话这一组织方式的最佳体现。共同体各校还会不定期开办人文讲座，组织不同学科的教师进行全校学科融合的教研活动，处处落实与同伴对话。

3. 与专家对话的组织方式

共同体通过邀请专家学者和特级教师到共同体学校开办系列讲座，来提升教师的师德境界，指导教师的实践探索，发展教师的人文素养。与专家对话，可以帮助教师提高自身的教育素养，可以帮助教师了解最新的教育理念，可以帮助教师提高自身的教育技能。

共同体学校在承办区级活动时会请市、区教研员和特级教师等专家学者深入课堂教学。执教教师可以获得与专家面对面交流的机会，从前期备课、上课过程到课后反思，获得最前沿的思想浸润。最可贵的是，与专家对话，可以让我们的教师把一个个琐碎的问题归纳整合成一类问题，将分散的困惑提炼为普遍存在的问题，进而实现从问题到主题再到课题的一步步深化。

4. 与课堂对话的组织方式

多维对话集智研修的一个很重要的途径，就是课堂教学。与课堂对话的组织方式，对实现集智研修具有极其重要的意义。独立备课和集体备课相结合是共同体各校的普遍做法。独立备课要求教师立足本班学生的实际学情，在备课过程中考虑“学生要学什么”“学生要学到什么程度”“如何评价学生的课堂学习”“如何进行分层设计”等问题，考虑板书设计和作业设计，从而形成一节完整的课的设计。集体备课则充分发挥了共同体教师集智研修的特点，在个人备课的基础上，所有备课组、教研组的教师对多位教师的教案进行分析研讨，找到共性的目标，挖掘不同的内容，讨论教学形式的有效性，对多份教学设计进行优化修改，最终形成一份体现集智研修成果的教案，帮助有困难的教师呈现有效的课堂教学设计。此外，与课堂对话最重要的途径自然是听课、评课了。首先，上课教师对自己上课的过程进行反思，实现个人与课堂的对话。其次，发挥共同体教师、教研组长的作用，对这一节课的提问、回答、评价等环节进行分析和归纳，对课堂中的亮点给予高度认可，对课堂中暴露出的问题进行指导建议，促使教师在与课堂对话的过程中有所收获。最后，上课老师将进行教学案例或教学反思的撰写工作，将集智研修的成果以案例或者反思的形式进行总结和整理，为下一次的集智研修提供可用的资料。

5. 与理论对话的组织方式

我们身处一个信息爆炸的时代，教师如果仅仅局限在课堂，无疑会被时代所抛弃。这就要求广大教师与理论对话，通过理论著作的学习，来提升自己的教学素养。共同体各校通过分发理论书籍、举办读书交流会、邀请专家或理论书籍作者来校开办理论知识座谈会、让教师撰写理论书籍读后感等，帮助共同体教师与理论对话，更新自己的教育理念，时刻跟进课程标准的目标方向。

6. 与文本对话的组织方式

作为一位教师，读书是一门必修课。苏霍姆林斯基在《给教师的建议》一文中指出，教师要把读书作为自己人生成长的一笔重要财富。这就要求教师与文本对话。共同体各校的集智研修为教师提供了多种与文本对话的机会。许多教师苦于没有时间阅读，共同体学校就开展了师生每月共读一本书的读书活动，让师生静下心来，一起慢慢走进书中的世界；组织了以学校为单位的好书交流会，要求每位教师制作一本好书的交流课件，为那些甚少有机会挑选书籍的教师提供阅读书单；邀请了理论书籍作家走进共同体学校为全体教师开办讲座，让教师爱上阅读。通过多种形式，教师与各式各样的文本对话，丰富了精神世界，获得了智慧的启迪和沉淀。

7. 与学生对话的组织方式

每一个学生都是独立的个体，有各自独立的观念、思想、经验、个性，个体存在着差异性。与学生对话，绝不仅仅局限于师问生答。学生作为课堂的主体，可以进行自主的质疑。可以在课堂上呈现生问师答的现象；可以学生进行小组讨论，教师主动加入到学生的小组讨论中去；可以在课堂教学结束后，教师与学生进行谈心，交流课堂上没有提及的内容，满足学生的表达欲；可以让教师在学生日记、作文的评语中写上想对对方说的话，关注每个学生的不同需求。总而言之，通过各种形式与学生对话，能够让教师从各方面了解学生，从而去解决更多的教学疑难问题。

8. 与家长对话的组织方式

教师在和每位家长的对话中，得到了不同教育理念和教育方法的碰撞，在家长们的集体智慧中得到了成长。一般而言，与家长对话的主要形式有家长到校与教师面谈学生在校的情况、最近的表现，家长与教师通过 QQ、微信进行简单的沟通，教师通过家访与家长沟通孩子的教育问题等。此外，共同体各校每学期都会召开一次家长会，参与人员主要包括正副班主任和任课教师。在家长会上，各教师会就班级的整体教学情况和本学科的年段特点与家长进行交流，从而实现及时、有效的家校互动。

（三）实施保障

为了调动共同体成员参与活动的积极性，保持共同体的活力，实现共同体成员的共同发展，促进教师教育工作持续、稳定、健康、快速开展，必须建立健全有效的运行机制，实行科学管理。

1. 组织保障

松江区泗泾小学作为共同体的组织学校，承担组织各学校的工作，其他共同体学校紧紧跟随松江区泗泾小学，共同组成了多维对话集智研修的组织力量。同时，共同体还邀请市、区级教研员和在教育教学方面颇有建树的专家学者作为组织保障的强大力量，为共同体的研修建设提供理论和实践上的支持。

2. 管理保障

我们把共同体各成员校作为最高的管理层级，各学校的教导处作为分管的中级层级，积极开展各学科教研组、备课组的调研和组织工作，要求教研组长、备课组长做好每一次课堂教学教研活动记录工作。管理制度层层递进，努力促成自我反思、同伴互助、专家指导、案例分析、理论武装、钻研文本、直面学情、家校联合八位一体的“多维对话式”集智研修教师专业成长模式。

3. 后勤保障

学校发展共同体的一切工作和活动都离不开后勤保障。而后勤工作的任务，就是为科研工作和教育工作服务，为科研工作者和教育工作者创造条件，使他们能够专心致志地从事科研工作和教育工作。共同体学校的后勤保障绝不单纯是一个物质保障的问题，它直接关系到整个区域教师专业发展规划的落实。现代化设备设施的应用，学校人本主义管理思想的树立，都对后勤工作提出了新的更高的要求。所以，后勤保障部门只有与时俱进，树立后勤即服务的观念，才能使后勤工作在真正意义上达成“一切为了教师，为了一切的教师，为了教师的一切”的目标。

4. 评价保障

众所周知，教师评价是教育评价中一个十分重要的领域，它对教师专业发展起着关键的导向作用。围绕促进教师专业发展以全面提升教师素质这一目标，教师评价改革适时跟进，保证教师专业发展各项计划顺利实施。事实上，只有当教师了解了自己的专业水平，认识到自己专业发展的不足，才能激发起自主发展的欲望。只有当教师明确了问题所在，了解了努力方向，才能有效地自主发展。我们所提倡的多维对话集智研修所要做的就是真心实意地帮助教师认识自己专业上的不足，并通过制订个人发展规划，引导教师系统和理性地发展。这就要求改变传统的自上而下的单一的教师评价考核模式，推行科学的有利于教师发展的多元评价体系，让教师具有归属感和成就感。

三、多维对话集智研修促进课堂教学转型

多维对话集智研修模式的出现，弥补了一所学校在教师研修资源上的不足，通过校际资源共享，逐步形成了具有开创性、实践性、研究性特点的教师研修方式，在多维对话中促进了互动发展，开创了在合力状态下谋求资源共享、优势互补、共同发展的新模式。

（一）教师学习共同体初具规模

通过多维对话集智研修的实践，我们明显感受到共同体学校的教师间已经产生了

一种纽带，所有的教师都乐于参与到集智研修中来。无论是将自己在教育教学实践中出现的问题讲出来寻求帮助，还是将自己在教育教学实践中的经验拿出来交流分享，都让全体教师感受到了学习共同体带给他们的帮助。在此过程中，教师的课堂教学不再是一个人的孤军奋战，而是教师学习共同体的共同实践。反思教师学习共同体的形成过程，不难发现：教师更加愿意在集体中分享自己的教学智慧，教师更加愿意在集体中交流自己的所思所得，而这也促使我们的课堂教学往更好、更优的方向转型。长期处于这种学习氛围下，教师会把这样一种共同学习、共同成长的学习方式转变成一种习惯，让集体的力量浸润课堂教学，从而实现课堂教学质量的进一步提升。教师学习共同体的形成，不仅让每一位教师获益良多，也让每一个学生在课堂教学中学到更多的知识，甚至共同体学校也可以从教师学习共同体的成长中提炼经验，凸显学校的课堂教学特色，拓展学校的特色课堂文化。

（二）教师教学动力持续激发

共同体学校的教师在集体研修的过程中，进行了思想的碰撞、理念的学习、方法的交流，这就让教师的教学动力得到了持续激发。一般的课堂教学，由于教师缺少与水平相近甚至更高水准教师的交流，宛如一潭死水。但在多维对话集智研修的探讨模式下，教师不仅可以和许多教学水平相近的教师比较学习，更能向许多优秀、有经验的教师请教教学上的技巧，让自己的课堂教学变得更加丰富多彩。也正是有了同伴的智慧，教师在完成课堂教学任务时，能够使自己的教学动力得到持续激发，从而使课堂教学充满生命力。

（三）教师教学技能全面提升

1. 教学语言更加丰富

共同体注重在多维对话这一特色环节中进行集智研修，让共同体教师的教学语言更加丰富。如在与课堂对话的过程中，教师聆听并感受了其他教师教学语言的魅力；在与理论对话的过程中，教师阅读并学习了科学、规范的课堂教学语言；在与学生对话的过程中，教师倾听并评价了学生的课堂行为。这些行为能够让共同体教师的教学语言更有科学性、启发性、丰富性、代表性。

2. 教学辅助技能更加多变

不同年段、不同学科具有不同的特点。教师在使用课堂教学的辅助技能时，往往会很头疼。一年级学生到五年级学生的不同心理特点要求教师不能使用一成不变的教学技能。一年级学生的课堂教学要生动活泼些，教师可以利用多媒体课件呈现图片、视频信息来辅助课堂教学；五年级学生的课堂教学要沉稳些，教师可以通过查找资料、汇报交流的课堂教学模式来辅助课堂教学。由此可见，多媒体技术在教师的课堂教学中发挥着极其重要的辅助作用。在多维对话集智研修的模式下，青年教师的电脑操作水平较高，可以帮助其他教师掌握多媒体课件的制作方法；而有经验教师声情并茂的语言艺术、表演艺术，也能拓宽青年教师的教学思路，实现了教学相长。

3. 教学应变能力趋于成熟

课堂教学的过程是时刻变化的，即使教师在备课环节中有再多的预设，到了实际的课堂教学中，依旧有可能会出现预料不到的状况。共同体学校的青年教师能够按照自己的教学设计完整地上完一节课，已经是一件很了不起的事情了。但仅仅停留在上完一节课，不仅不利于学生实际能力的培养，对教师技能的发展也会有所局限。在多维对话集智研修的模式下，共同体的青年教师可以聆听专家和名师的示范课，观摩共同体教师的展示课、教研课，学习其他教师临场应变的方式方法，并应用到自己的课堂教学中来。在与学生的对话中，共同体学校的青年教师普遍感受到课堂教学的氛围变得活跃了，学生学习的积极性提高了，而自己的教学应变能力也趋于成熟了。

4. 教学实践理念更加明确

教师的主阵地就是课堂，课堂教学是教师进行教育教学工作的核心途径。在多维对话集智研修的实践模式下，教师课堂教学实践的理念更加明确了。在与自己、同伴、专家、课堂、理论、文本、学生和家长的对话中，共同体教师在教学实践中更加关注学生的学习经历，将沉闷的课堂教学转型成自由的课堂、主动的课堂、多元的课堂。

总而言之，多维对话集智研修模式的实践，既提高了共同体学校教师的能力，又促进了课堂教学转型。

第三节 课堂转变

一、自由：课堂之“追求”

现代学校，各类活动仍然离不开教师和学生，但是就其内核来看，其实有很大的区别，特别是在网络成为人们日常生活和工作不可或缺的工具之后，如何满足学生多样化的发展需求、如何帮助教师适应这种发展变化，成为学校发展的新问题。比如说，近年来上海大学附属中学一直实践着资优生培养，这里所说的资优生不是指智力优先的学生或智力超常的儿童，而是指具有较强学习能力且在某一方面有突出潜质的在校生群体。

那么，怎样去发觉、培育学生优于他人的潜质？这不仅需要依靠教师个体的摸索，而且需要教师打破学科间的界限，重视学科间的交流、参与和融合。在这个过程中，如果没有教师参与其中,那么学生的发展就会成为无源之水、无本之木,同样,如果没有教师一定程度的发展,那么学校的发展也就无从谈起。现代的教学要求使教师学习共同体的实施成为必然。共同体最早只是一个社会学概念,出现在1881年德国著名社会学家和哲学家藤尼斯的社会学名著《共同体与社会》中,是指在一个地区内有共同目标和共同利害关系的人组成的社会团体。1995年著名教育学家伯耶尔首次提出了学习共同体的概念,并将其定义为一个由学习者及其助学者(包括教师、专家、辅导者等)共同构成的团体,成员之间经常在学习过程中进行沟通、交流,分享各种学习资源,共同完成一定的学习任务,进而形成相互影响、相互促进的人际联系,这就逐渐形成了一种多维对话的模式。

对于教师培训,我们共同体注重在多维对话中实现内容与形式的辩证统一。在此期间,我们各个成员学校不断丰富和创新校本培训形式,通过自主学习、专家引领、教师论坛、学生论坛、课程学习、课题研究、项目推进、专题研讨等多种形式进行校本培训。在这多种形式的交流、学习与互动中,我们逐渐明确了多维对话的追求是自主课堂,而自主课堂的追求则是自由。什么是课堂中的自由?笔者认为,与自由融为一体、不可分割的即是权利。

许多学生都希望被赋予责任和自主管理的权利,同时学生也想拥有参与课堂评价、选择课堂活动的权利及协助教师管理课堂的权利。可是对于教师而言,我们很难相信学生能够自主自愿地参与学习且管理、分配好自己的学习任务。大部分教师会认为,学生除了负责之外什么都要。可见,教师和学生的看法在这一点上是大相径庭的。此外,教师和学生都想主宰课堂走向,二者也常常在应由谁控制学习过程的问题上产生冲突。

我们认为自由即课堂控制权。在这个问题上,教师得到的参考信息可谓五花八门。一些教育者提出:教师应该让学生成为自我指导的、更加负责任和主动的学习者(也就是说,教师应和学生分享更多的课堂控制权);而另一些教育者则坚持应由教师指导、组织和控制课堂。这种教育现象说明:现在的教育观念正十分缓慢地从以教师为中心的行为主义取向("学生排排坐,所有人用同样的方法学习")转向以学生为中心的社会认知取向。杜威认为,权威与自由不相对抗,"权威代表着稳定性",人只有在权威的庇护下才能找到自己的方向,自由就是有意识地寻找自己方向的推动力量。杜威认为,"我们需要一种权威,但这种权威不同于它们活动的旧形式,不同于那种为个人无限制的经济自由所产生并为它作辩护的个人自由,我们所需要的这种个人自由是具有普遍性和为大家所分享的,而且它是在社会上有组织的、明智的、控制的支持与指导之下的"。杜威认为,教育的自由就意味着理智的自由,即用理智的方法获得美好的生活,正因为如此,自由与权威就统一起来了。

对于教师而言,自由课堂之"自由"指向的是教学自由,我认为可以理解成教师在遵循一定教学规律的前提下,呈现出的一种独特、自主、自发自觉的教学行为,其中包括教师的教学思想独立和教学精神自由。外在自由源于内在自由,只有教师的教学思想独立、教学精神自由,教师才能拥有真正的独立和自由。这个定义的提出无疑为教师的教学创造提供了空间,并承认了这一空间的价值。即,创造和创新的前提就是保证教师精神与行为的自由,教学自由为教学创造提供发展的教的自由,即教师教什么、如何教的自由,关键是教师教得"活",能充分理解教学目标,充分运用教材。所以不能一味地照本宣科,形成教死书,学死书的教条主义。基于此,教师在课堂中的自由包括:

(一)教学观念的自由

教学观念指教师在教学实践中形成的一种思想意识,教师根据教学观念对教学进行决策、计划、实践、总结,不断丰富和提高教学实践水平。学生学习观念不仅受教师日常教学活动的影响,还受教师自身世界观的影响。教师的教学观念,来源于教师在教学过程中对培养目标、教学质量所持有的态度和想法。拥有正确教学观念的教师更容易在教学过程中做出正确的教学决策,从而提高教学质量。

(二)教学内容的自由

教学内容指教师在课堂中教授的课程内容。因此,教学内容的自由就是教师自主理解教学内容。自主理解的含义就是教师在认识、了解教育教学规律的前提下,自发地把教学规律运用于教学实践,并在法律和道德的范围内随自己意志来教授课程内容的权利。教学规律是客观存在于教学过程中不以教师的意志为转移的本质的必然联系。

(三)教学方法的自由

教学方法是教师与学生为实现教学目的和教学任务要求,在教学活动中所采取的行为方式的总称。从这个概念中我们可以看出,教学方法是受制于教学目的和教学任务的,同时教学方法还受到教学内容和教学组织形式的限制。所以教学方法的自由就是教师在考虑前面所提到的教学目的、教学任务、教学内容、教学组织形式等因素的基础上,根据课堂中学生的实际情况自由、随机地采用不同的应对策略和教学方法。教师可以根据教学目标,自主地选择适应自己课堂的教学方法。教师可以根据实际的可操作性目标来选择和确定最终的教学方法,达成不同程度和不同层次的教学目标。例如,教师本节课的教学任务是训练学生听和读的能力,那么可以采用评价法、讨论法等学生感兴趣的教学方法。如果教师本节课的教学任务是训练学生实际操作的能力,那么可以采用合作法、实验法等。如果教师本节课的教学任务是训练学生思维拓展的能力,那么可以采用观察法、探究法等。如果教师本节课的教学任务是让学生感悟、体会,训练他们认知的能力,那么可以采用陶冶法等。

同时,教师还应根据不同内容选择不同方法。不同学科的知识内容与学习要求不同,不同单元、不同课时的知识内容与学习要求也不同,这些都需要教师灵活运用各种教学方法,以达到不同的教学效果。比如在语文教学中,课文的特点、体裁、内容深浅程度不同,就应该选择不同的教学方法,而不能一概而论,千篇一律。有些文章适合朗读,教师就应该在课堂上腾出大量的时间给学生阅读,并且可以组织多种形式的活动;有些文章适合添加教师的讲解,教师就应该在课堂上精讲,并且对文章的内容进行拓展,层层深化;有些文章适合学生自主阅读,教师就应该把时间交给学生,自己在一边引导即可。当然这并不是说,教师在一旁无所作为,这时教师要在旁指导,帮助学生提高自主阅读的效率。综上所述,语文教学方法务必要灵活机动,只有相应的策略才有利于学生提高思维能力和读写能力,而这些也为学生学习其他学科奠定了基础,教师可以引导学生活学活用。当然,教师更应当注意的是,要依据具体的教学实际,对自己所选择的教学方法进行调整和优化。教师不管运用哪一种教学策略或方法,都要将学生放在第一位,时刻牢记学生才是课堂的主体。

(四)教学组织形式的自由

教学组织形式指教师在遵循一定的教学思想、设置固定教学目的和教学内容的情况下组织安排教学活动的方式。教学组织形式不是一成不变的,而是随着社会对人才的不同需求而改变。教师可以自由地设计教学组织形式,也就是说教师可以根据自己在课堂上的需要及时调整教学组织形式去适应即时的课堂教学。在我国,教学组织有集体授课、个别指导、分组教学和复式教学等几种形式。在教学活动中,教师可以依据实际情况和目标任务进行自由、灵活的调整和选择。当然,教师选择教学组织形式并不是随心所欲的,而应在具体的教学环节中依据教学目的和班级的实际,把各种教学组织形式结合起来综合运用,发挥其能动性。这就要求教师在教学的过程中不断探索,积累经验,吸取教训,寻找适合自己教学的新方法。这就要求教师积极运用现代教育技术,使现代教育技术与集体授课制等多种教学形式相融合,提高教学质量,保证教学效果。

二、主动:课堂之“重点”

在研究如何开创“自主课堂”以推进共同体多维对话交流中,怎样促使学生积极主动地参与课堂成为我们研究的重点。

(一)主动参与课堂的概念与意义

纽曼认为,学生参与课堂主要是指一种心理投入。学生在参与的过程中,会有一些偏过往的行为化的经验,这些行为是学生心理的一种载体。学生参与指的是学生为提高学业成绩、掌握知识技能做出的努力和精神投入。他还认为,这种心理投入,不易观察。学生的参与可以从不同角度进行观察，如可以从学生注意的集中度、学习兴趣和热情等角度来观察。但是，这很容易被误导，有的学生在课堂上常常呈现出很努力、很投入的模样，但其实他们只是纯粹遵守课堂规范，并没有真正参与。而有的学生，看上去是在走神开小差，但也有可能他正投入在课堂问题中，其实这也是在参与。他还特别强调，学生的参与涉及心理投入，所以，我们不能拿成绩直接衡量，学生认真完成学业，课堂表现良好，但也许他们并不投入。参与和动机不同，动机只是一种意愿倾向，学生或许有动机，但也有可能他并不愿意参与或投入到自己的学业中。参与显然要比动机宽泛得多，参与是与特定的教学情境分不开的。因此，有学者认为，学生参与教学，是指在民主、宽容的课堂环境中，学生作为教学中被公平对待的一员，积极、主动、专注地介入到教学过程中，与教师共同推进教学。有学者认为，学生参与教学，是指学生在教师的引导下，按照明确教学目标，用一定的学习方法，积极、主动地介入到教学活动的每一个环节，以接受教育、获取知识和发展能力的过程。有学者认为，学生参与教学是指在现代教学理论的指导下，学生能够自发主动地参与到教学活动中，并自发地、创造性地与教师共同完成教学任务的一种表现行为。有学者认为，课堂上的学生参与，是指学生在课堂中的生存状态及学习方式，具体表现为学生价值取向、情感参与、认知参与、思维方式以及行为参与的有机结合。

（二）促进学生主动参与课堂的策略

在共同体集智研修中，我们针对开创“自主课堂”的方法与策略进行过多次探讨和研究。通过学校与学校的互动、专家与教师的交流、教师的课堂实践探索，我们总结了以下策略：

1. 提供选择

在多种教学要素（如内容、程序、评价、纪律）上给予学生选择的机会，会促使他们把更多的精力投入学习活动中。比如，允许学生自己选择表达知识的方式，会大大减少他们对分数等级的焦虑和恐惧。

2. 倾听学生的反馈意见，并对学生的反馈意见做出反应

当我们想知道学生对教学有什么看法时，可以尝试问问他们喜欢什么、不喜欢什么、最想从课堂上获取些什么、怎样的课堂活动会使学习更有意义或更有趣。当教师收到这些问题的答案时，就要和学生讨论哪些想法是能够被课堂允许的，然后确定教学目标、分析指标、形成整个教学活动的行为规范。如果教师愿意结合学生的意见，并且和学生共同完成一些课堂活动的话，学生会更加乐于投入并且花费精力去参与活动。

3. 和学生一起制定课堂规范

当学生参与制定课堂规范后，他们会更主动地遵守这些规范。有的教师觉得，学生

参与制定课堂规范时会感到紧张，然而，研究证实：多数学生和教师一样渴望构建规则。实际上，在我们共同体多次实践对话中，学生制定的课堂规范有时比教师还严格。为了简化规范的制定过程，教师可以将学生提出的各种规则放在首要位置考虑，根据其中的主要思想罗列出一定数目的规则，如果规则太多的话，学生也难以遵守。

4. 在课堂上开展以学生为主体的学习活动

部分教育学家认为，教师照本宣科的教学方法过时了。许多教师也发现，在课堂中，把机会留给孩子是至关重要的。这并不意味着教师就不再采用教授的教学方法，有时讲解也是必要的，但更应了无痕迹地融入其他教学方法，比如时而采取教师讲解的教学方法，时而采用小组学习、独立思考、同伴互助、学生质疑等，这都使课堂变得生动有趣，能更好地促进学生学习。不管怎样，每个人都应该明确课堂内容。有时这些学习活动过于有趣，以至于学生反而会忘记活动的目的，所以在一节课结束时，教师要及时地总结一下所学的内容。

5. 给学生自我评价的机会

让学生对自己的学习过程进行反思，不仅能帮助学生关注自己的学习，并产生一种责任感，还能提醒他们持续关注自己的学习效果。而让学生评价自己的行为，能引导他们明白课堂行为适宜的场合。这些自我评价使学生明白了最终受控于自己的行为结果。当让学生参与评价后，教师也卸下了一定的精神负担，教师甚至会惊讶地发现，学生对待努力和行为的态度会如此客观。

以下是共同体活动中，松江区第三实验小学数学教师孟幻运用以上策略进行的一次课堂实践。

【案例背景】

“圆的初步认识”是沪教版四年级第一学期数学几何小实验的教学内容，主要包括生活中的圆、圆的组成、画圆等内容。根据课时安排，本课为第一课时，主要是从生活中的圆形物体出发，感知圆形物体的共同特征；通过画圆的操作，让学生初步认识圆，认识圆心、半径。本案例为第一课时的一个教学设计。

【案例过程】

一、生活引入

（一）生活中的圆

师：生活中哪里有圆？

（出示图片）

（二）抽象圆形

师：看了这么多圆后，你觉得圆是个什么样的平面图形？

（三）揭示课题

师：今天我们就一起来认识一下圆。

（板书课题）

二、动手操作，认识图

（一）尝试画圆

1. 学生根据已有经验介绍圆的画法

师：你们平时是用什么方法画圆的？

（徒手画、用圆形物体描、用圆规……）

2. 观察体育老师画圆，初步学习画圆的方法

师：猜猜看，体育老师是怎么在操场上画圆的？

（学生猜测）

师：我们来看看有没有人猜对。

（观看视频，充分讨论）

师：谁来总结一下，体育老师是怎么画圆的，体育老师在画圆的过程中有什么需要注意的地方。

（先把一根木棍固定在地上，这是为了固定圆的位置——圆要有一个固定点，再在这根木棍上系上绳子，拉紧绳子绕着木棍转一圈。拉紧绳子是为了用固定长度绕圈——固定点与圆之间有固定的长度）

3. 学生两人合作，利用工具尝试画圆

师：我给大家准备了一些工具（硬纸条、橡皮筋、回形针），请拿出你们自己的笔，两两合作，尝试用其中一个工具画圆。

4. 交流画圆的方法（固定点、固定长；在画的过程中注意两点：一是手固定的地方不能动以固定点，二是工具必须要拉直以固定长度）

5. 学生再次尝试画圆，体验感悟圆的构成要素（固定点、固定长度）

师：为什么用橡皮筋很难画圆？

（长度不固定）

6. 师生合作在黑板上画圆

师：我也有根绳子，请帮我出出主意该怎么在黑板上画圆。

（二）认识圆心和半径

1. 学习圆心和半径的概念

（出示：圆心、半径）

师：刚才你们说的固定点，在圆中我们称作圆心，用字母 O 来表示。固定长度，我们称作半径，用字母 r 来表示。

（教师板书）

请大家在自己刚刚画的最标准的圆中找一找半径和圆心，用字母表示。

（学生展示）

师：你刚刚是用什么工具画的圆？在工具上什么是圆心？什么是半径？

2. 学习圆心和半径的特征

师：你们能再找到一个圆心和一条半径吗？能画出来吗？你们发现了什么？你们觉得什么是半径？

（圆上所有的点与固定点 O 之间都有固定长度 r，固定点 O 叫作圆心，固定长度 r 叫作圆的半径）

师：什么叫圆上“所有的点”？（请学生观察课件）圆上有多少个点？

（圆上有无数个点，所以在同一个圆里，有无数条半径，而且每条半径的长度都相等）

师：同一个圆的半径相等吗？不同大小的圆的半径相等吗？

（半径长短决定圆的大小）

师：那圆心又起什么作用呢？

（圆心决定圆的位置）

三、生活应用、实践拓展

问题一：当有人在广场上表演时，观看的人群会自然围成一个圆，这是为什么？

问题二：车轮为什么要做成圆的？

四、师生交流、共同小结

今天有什么收获？

五、再次欣赏生活中的圆（机动）

【案例分析】

学生通过以往的学习和生活经验的积累，对圆形的物体已有了感性认识，同时在之前学习对称轴时已经知道了圆有无数条对称轴，今天的课就建立在学生这些经验上。本节课的重点是初步概念的形成，先介绍体育老师在操场上画圆，再让学生在多次利用工具动手画圆的过程中感悟“定点定长”，认识圆心与半径，学习“圆上所有的点与固定点 O 之间都有固定的长度 r”这一概念，最后回归到生活，让学生感受圆在生活中的应用。

整节课在设计时，特别加强了学生的主动参与度。其实在圆的初步认识中，需要动手操作的主要是用圆规画圆，而第一课时学习的主要是圆的组成、圆的特征等概念性知识，而这类知识以往更多以老师传授、学生记忆的形式学习。但在这一教学案例中，采用了大量的动手操作，主要包括两块内容：通过动手画圆体验圆的特征"定点定长"，通过自我尝试发现圆心与半径的特点及作用。在第一块内容中，首先，学生观察体育老师画圆，初步总结画圆的方法；其次，同桌合作用其他工具画圆，交流明确画圆要点；再次，学生尝试画圆，体验感悟圆的构成要素：固定点、固定长；最后，师生合作在黑板上画圆。这一连串的操作活动是不同层次的，是循序渐进的，最终目的不是画圆，而是体验圆的构成要素，从而引出圆心与半径。大量的主动参与，让学生能够非常深刻地感悟什么是圆心，什么是半径，而不只是抽象地记忆圆的组成部分。而在第二块内容中，老师让学生自己去画尽可能多的半径，是为了让学生体验什么是半径，总结半径有什么特点。与其老师去告诉学生，半径有无数条，还不如让学生自己发现半径有无数条。

在数学几何学习中，动手操作是学习几何图形特征的有效方式。数学教学中主体参与的价值在于提高和培养学生学习数学的自主性、能动性和创造性，使学生真正成为学习的主人。主体参与既能让学生积极主动、全身心地投入教学活动中，又能让学生更高效、更深刻地学习知识，能够促进学生更好地学习。

由此可见，多维对话的进行对于"自主课堂"的开创有着显著的促进作用。

三、多元：课堂之"希望"

（一）多元课堂的概念与意义

多元课堂包括课堂内容多元、评价方式多元、作业练习多元等元素。多元课堂基于学生的"多元智力"。当美国心理学家加德纳的多元智力理论在我国传播开来之后，我们乐于看到运用多元智力理论分析课堂教学问题的现象逐渐增加，这对于我们帮助学生树立积极乐观的学习观，帮助教师树立"因材施教"的教学观和灵活多样的教育评价观，改变课堂教学"少、慢、费"的现状，提高学生学习的能力，培养学生高尚的审美情趣和文化素养，健全学生的人格都有着积极的意义。因此，促进课堂的多元化发展是我们共同体集智研修中较为关注的话题，我们在深入研究加德纳的多元智力理论产生的背景和内涵的基础上，把它和现阶段的课堂行为结合起来，在教学实践中进行了一些研究，有了一些收获和体会，同时对其中存在的问题也进行了深入的反思。

比如，我们的语文教学依旧停留在文本被权威解读的阶段，其实我们忽略了学生自己早已有了对文本的理解和感悟；当我们的语文教学依然停留在传统的评讲阶段，我们不了解学生或许已经对这种学习方式倦怠。尤其是文言文的教学,教师在单一的句法结构和句意理解上花费了大量精力,可课堂效果并不理想。而多元智能理论应用的前提是尊重每个学生的个体差异,并力求挖掘学生身上的潜能,因势利导地将其与学习内容相融合,以学生感兴趣的方式达到最有效的教学效果,而且多元智能理论的评价机制也非常利于学生树立自信心,教师对学生也多了一种评价形式。当心理上的教育期望值提高时,师生双方都会有不同程度的改变。在集智研修中,我们曾尝试过对语文新课程中教师的角色地位进行重新界定,并认为"教师是学习活动的组织者和引导者",是培育学习者人文素养和创新拓展精神的重要的促进者和引导者。因此,教师应切实树立学生主体的观念,重点培养学生自主学习的意识,并为学生的学习活动创设适宜的环境,通过多种形式引导学生在实践中学会学习;教师要积极参与到课程资源的开发中,掌握现代教育技术,运用多种课堂教学策略,创造性地开展教学活动,努力提高教学效果。语文新课程还对教学设计与评价机制进行了重新界定,认为语文教学设计与评价要本着促进学生发展的原则,重视学习者在学习过程中的积累、感悟和体验;要从知识与能力、过程与方法、情感态度与价值观三个维度对学习者的语文素养进行综合评价,同时,在评价过程中,提倡"评价主体多元化",强调学生自评、学生互评和教师评价相结合。

(二)共同体在集智研修中对多元课堂的探索

在共同体集智研修中我们发现,现代多媒体具有视觉的形象性、直观性和听觉的节奏感等重要特征,对培养学生认知思维、形象思维、情感动力和想象能力等有一定的帮助。因此,在多元课堂中,我们主张把现代多媒体信息技术运用于文本教学之中。如在语文教学中,可以给抒情散文,如朱自清的《春》《荷塘月色》等配乐,可以把说明文中一些难以理解的道理,如"花儿为什么这样红""看月食"等演化为具体生动的动画。这些视听媒体的运用,大大提高了学生对语言的学习兴趣、感受力与理解力。在《孔乙己》一课的教学中,我们可以结合多媒体教学手段,让学生欣赏电影《祥林嫂》片段,并与小说进行对比,引导学生关注电影的创新意义,以培养学生的评鉴能力和分析能力。

同时,在共同体组织的多次课堂教学实践中,我们逐渐意识到每节课都是由众多的教学活动和教学环节组成的,并且每个教学活动又必须按照一定的顺序排列形成不同的结构。过去,凯洛夫的"五环节"教学模式对我国的影响较大,但由于它以教师活动为主,没有以学生为主体,已经基本被抛弃。现在,较为适合的教学活动流程就是加涅设计的教学事件流程。加涅的宗旨是"为学习而设计教学",他认为,一般来说,教学包含一套外在于学生的、用于支持内部学习过程的事件,在某些情况下,教学事件是作为学生与课的特定材料相互作用的一种自然结果而出现的。加涅把教学事件分为九个,每一个都与学习过程有关联。教学事件及其与学习过程的关系如表4－1所示。

表4－1 教学事件及其与学习过程的关系

序 号	教 学 事 件	与学习过程的关系
1	引起注意	接受各种神经冲动
2	告知学生目标	激活执行控制过程
3	刺激回忆前提性的学习	把先前的学习提取到工作记忆中
4	呈现刺激材料	突出有助于选择性知觉的特征
5	提供学习指导	语义编码，提取线索
6	引出作业	
7	提供作业正确性的反馈	建立强化
8	评价作业	激活提取，使强化成为可能
9	促进保持和迁移	为提取提供线索和策略

在多次课堂实践中，我们发现，可以根据教学需要对九大教学事件进行取舍，进而设计出促进学生发展的活动过程；也可以利用已有的教学法或教学模式，如“课堂六步法”“点拨教学法”。这里，我们仍以《祝福》为例，说明如何设计达成两个教学目标的课堂教学活动。第一，播放电影《祥林嫂》片段，让学生接受多感官刺激，以提高学习的兴趣。第二，告知学生学习目标，并展开师生互动，教师与学生一起将既定目标分解成几个具体的学习任务，以便于课堂活动。第三，回忆学过的鲁迅小说（如《孔乙己》《故乡》）在情节结构上的特点，以过渡到本课的学习。第四，要求学生在预习的基础上通读课文，概括小说的情节结构，并理解作者采用“倒叙”的意义，此项活动可通过师生对话的形式完成。第五，让学生找出小说集中描写祥林嫂外貌的语段，并反复朗读，以体味语段中所蕴含的感情，此项可与下一项一起完成。第六，组织课堂讨论，要求学生分析并理解小说如此外貌描写对塑造祥林嫂这个悲剧人物形象的深刻意义，以促进生生互动；讨论中，不强求答案的统一性，目的在于通过“人本互动”提高学生学习的主动性和积极性。第七，教师对讨论情况进行简要总结后，提出思考问题，如祥林嫂有没有反抗精神、谁是杀害祥林嫂的真正凶手，激发学生课下进一步探讨的热情。

多元课堂尤其关注将教学评价纳入课堂教学之中，实施评价时，将学生的言语行为、智慧和情感三个维度的表现整合起来，并贯穿于过程、内容和方式三个教学层面之中。教师检测与评估、学生相互检测与评估、学生自我检测与评估等，应是课堂教学评价的主要形式；课堂教学互动的程度、学生创造性思维的培养、学习自主性与积极性的发挥、学习兴趣与习惯的养成等，应是课堂教学评价的主要因素；课堂问答、书面练习与测试、学生实践活动的观察与记录等,应是评价学生认知水平、情感态度、兴趣习惯等的主要手段。

小结

目前,学校对于教师个人的发展呈现出空前重视的状态,市、区各层面大力组织教师进行教学培训,鼓励教师及时总结经验,撰写教学案例,并组织相关比赛提高教师研究、学习热情。但在实施的过程中也存在不少问题,比较突出的是作为发展主体的广大教师学习动力不足的问题,出现了培训者"积极""有为"与被培训者"消极""无为"的现实矛盾。出现这样的问题,根本原因还是教师本身的主体发展意识没有被激发出来。这直接影响了教师培训的效果,阻碍了教师专业发展。多维对话,集智研修从教师自身的知识、经验和需要出发,充分调动教师的主体意识,促进教师个体和群体共同发展,然后进一步将其应用于课堂,寻求课堂改善。

分析原有校本研修模式存在的弊端及消极因素后,我们提出"多维对话式"集智研修模式。它以合作双方专业知识发展的内在需要为动力,在真实背景下对具体实践问题进行行动研究,促进教师对自己教学行为、教学思想的反思,促进专家教师和一般教师的经验互动,实现理论与实践的整合,实现多学科的整合。我们期望通过"多维对话",有针对性地提升学校教师的教育教学能力,切实帮其减轻工作负担和压力,使其全方位享受研修给教学生活带来的改善与收益,进而激发他们的教学热情,让学校教师能更加主动、积极地把自己的教学理念与期待融入校本研修生活。集智研修的中心任务是使教师将活动中学习到的先进的教育理念运用于自己的教学实践,解决在教育过程中遇到的实际问题。我们的学习并非仅仅停留在对书本知识的汲取上,更在于引导教师开展系统的调查研究、自我反思、专家指导、小组研讨、经验分享、实践论证等丰富多彩的研修活动。集智研修一共有四个阶段。首先是提出问题阶段,从教学实践中提出问题,并把问题上升为研究课题。其次是策划研修阶段。此阶段主要通过理论学习、专家引领、同伴协作研讨、分析议论,预设一个科学的方案。再次是行动研修阶段。此阶段是集智研修模式不可或缺的一个环节。在确定详细的解决方案后,将根据方案设计出的解决措施应用于课堂实践,加以论证、探索。最后是反思研修阶段。我们的研修不仅仅停留在发现问题与解决问题上,更应深刻反思,形成经验模式,进一步指导今后的理论研修与课堂实践活动。本文中所提到的多维对话主要指以下几个维度:与理论对话——自主学习,理论武装;与文本对话——接受新知,开阔视野;与专家对话——深层指导,专业提升;与自己对话——强化反思,自我发展;与同伴对话——经验交流,资源共享;与课堂对话——案例分析,改善教学;与学生对话——直面学情,诊视教学;与家长对话——家校合力,反馈成长。

以多维对话的形式进行集智研修,其最终目的是促进课堂的转变。其一是追求“自由的课堂”。在目前中小学的教学活动中,学生能够真正得到的自由相对来说还比较欠缺。这导致学生对所学的知识没有很大的兴趣。为了提高学生的学习能力和思维能力,我们通过“多维对话式”的集智研修方式鼓励教师与文本对话,与学生对话,与同伴对话,不断反思与研讨,在课堂上给学生提供时间上、思维上、空间上的自由,通过讨论等灵活多样的教学方式,构建独立且互助的师生关系和生生关系,使学生能在一个宽松、自由、平等的环境中学习。其二是追求“主动的课堂”。学生主动参与教学,是指教师营造民主、宽容的课堂环境,将学生看作教学中平等的一分子,让学生积极、主动、全身心地参与教学的每一环节,和教师一起推进教学。教师是课堂的组织者、引导者、合作者,学生是学习的主人。学生只有在课堂上呈现“我参与,我快乐,我自信,我成长”的状态,思维的大门才能最大限度地敞开,思路才能最大限度地拓展。其三是追求“多元的课堂”。我们在如今的教学中,不免有这样高耗低效的课堂教学方式:一种是应试教育,其表现为烦琐分析多、书面练习多、应试测评多;另一种是形式主义,其表现为上课提问、学生讨论、尖子表态、全班小结。这样高耗低效的课堂终将导致学生学习热情逐渐下降,师生关系趋向紧张,课堂氛围也不容乐观。因此,促进课堂的多元化发展是我们共同体集智研修中较为关注的问题。“多元课堂”包括课堂内容多元、评价方式多元、作业练习多元等元素。依据现代学习论相关理论,我们知道,学生是学习的主人,也是课堂教学的主体,现在的教学不应该再体现为单向型的老师教、学生学,而应趋向于形成双向型或多向型的师生、生生之间的互动交往,师生双方应协力参与课程的开发。而在具体的课堂教学中,我们应始终坚持以人的发展为核心,重视学生的自我体验与生命价值,突出学生之间的个性差异,积极倡导并鼓励学生突破创新。我们在研修的过程中针对学生学习中的重点问题、难点问题、易混淆的问题进行不同维度的对话,发现一些规律性的内容,通过创设“平等、合作、交流”的学习情境,逐步使课堂向自主、创造、生活、应用完善。在此基础上,我们根据学生的学情集智设计练习,不断改善评价方式,由关注学生的学业成果转向关注学生的学习习惯、学习兴趣、学习能力,对学生进行多维度评价。

综上所述,多维对话式集智研修模式的出现,弥补了教师研修资源的不足,真正做到了校际资源共享,形成了教师学习共同体,强化了教师对自身职业的认同,促进了教师的专业发展,努力开创了一种在合力状态下谋求资源共享、优势互补、共同发展的新模式。

第五章　合作培养与集智研修

第一节　合 作 培 养

教师合作培养是联合培养行动，是教师为了完成某项教学任务一起商榷、学习的过程。教师合作教学是指教师为了达成课程教学目标，紧密围绕某个教学主题，通过教师之间的对话、探讨、沟通与合作，实现教师教学水平的提升和专业能力的发展。实施教师合作教学，就是实现教师资源的联网，激活整个教学环境，达到教学环境各动态因素的多边互动。它是教师基于专业发展需求自发开展的教学研究活动。

随着九亭地区人口骤增，学校规模不断扩大，生源质量参差不齐，年年都有数十名新教师加入九亭第二小学。青年教师成了我校教师的“生力军”。这支队伍朝气蓬勃，富有热情，但缺少教育教学经验。面对这样的困境，如何有针对性地开展教育教学工作，从而大面积提高教学质量，关系到学校的可持续发展。要解决这些问题，教师合作培养是一条重要途径。我们通过教师与教师的合作，整合各种优势，从而不断提升教师的团队合作精神。

事实证明，教师合作培养就是利用教师群体的资源差异，优势互补，加快新教师的成长和成熟教师的专业化，全方位改进教学实践，使教师加速成长为反思型、研究型教师。

一、对合作培养情况的前期调查及统计分析

九亭第二小学于 2013 年 11 月对学校的青年教师进行了关于合作培养情况的问卷调查。问卷内容见附件。

（一）教师基本信息分析

我们在共同体组建初期，对学校的青年教师进行了关于合作培养情况的问卷调查。被调查对象 49 人，均是入职 0 至 5 年的青年教师。从性别上看，女性占 95%，男性占 5%。从学历上看，本科学历占 70%，研究生学历占 30%。从职称上看，见习期教师占 3%，小学初级教师占 97%，其中，备课组长占 2%，普通教师占 98%。从以上数据可以看

出，我校女教师占较大比例，教师整体学历高，职称低，教育教学经验缺乏。

（二）合作培养情况分析

1. 主观愿望

对青年教师的问卷调查结果显示，出于自身专业发展的需要，100%的教师认为合作培养很有必要。99.5%的教师非常希望自己在合作教研活动中得到其他教师的指导和帮助。在回答“您认为哪些因素对提升教师专业素养起到主体作用”这一问题时，有95%的教师选择了合作培养。这说明大部分教师把合作培养作为提升专业素养的重要途径之一，主观上是愿意参加研修活动的。

2. 方式

对教师合作培养方式的问卷调查结果如图5－1、图5－2、图5－3所示，小学教师更倾向于比较灵活的、非正式的合作教研方式。相对于比较正式的集体备课、专家讲授式讲座等，小学教师更愿意进行教师间的自由交流。有超过一半的小学教师认为，以同年级同学科教师，也就是一个备课组为合作单位进行教研，是最有效的教研方式。备课组间、校际、区域的合作培养也起到不同程度的帮助作用。

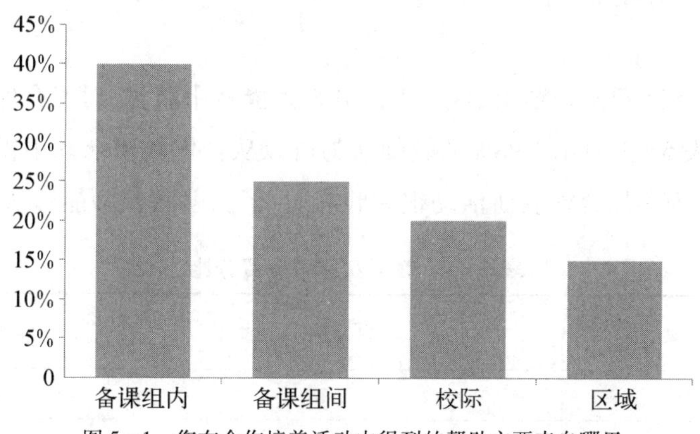

图5－1　您在合作培养活动中得到的帮助主要来自哪里

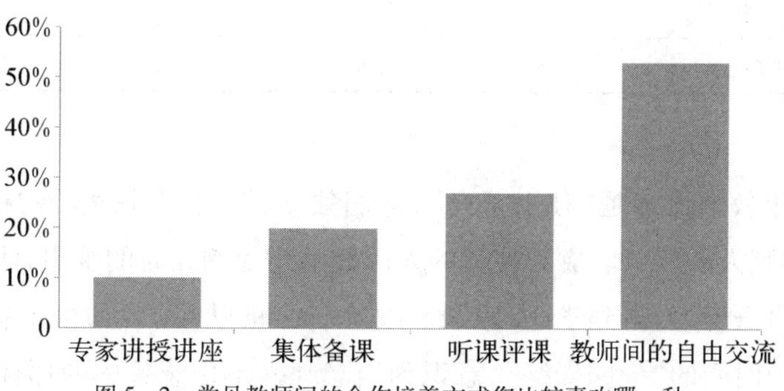

图5－2　常见教师间的合作培养方式您比较喜欢哪一种

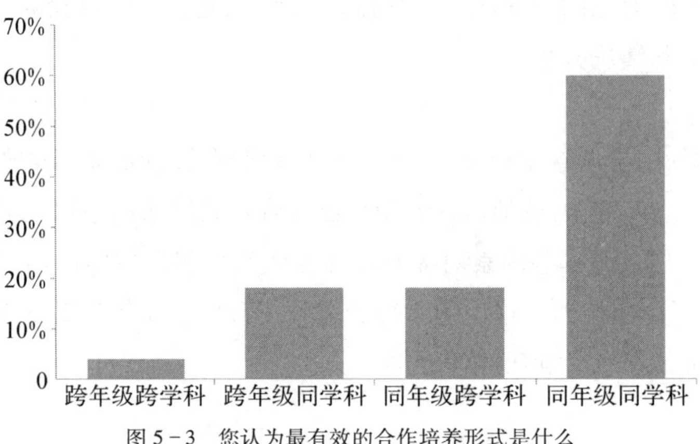

图 5－3 您认为最有效的合作培养形式是什么

非正式的备课组内的合作培养是一种自下而上的自发行为，同年级同学科教师本身具有共同的目标和共同的教学话题。他们可以灵活地选择合作交流搭档，自由交流教学中的困惑或经验。这种组合以教师相互信任为基础，突出了教师的自发性、主动性，将合作的主动权还给教师个人，便于教师长期维持，主动参与。所以，教师更喜欢选择一些非正式的合作培养方式。

3. 效果

合作培养效果问卷调查结果显示，大部分教师能从中获益，对于合作教研活动的整体评价较高，如表 5－1 所示。98%的教师认为可以从合作教研活动中得到帮助，其中，有 35%的教师认为参加合作教研活动很有收获。可见，多数教师能够从活动中受益。

表 5－1 教师获益程度百分比

获益程度 \ 百分比	百 分 比	累积百分比
很有收获	35%	35%
较有收获	42%	77%
略有收获	21%	98%
没有收获	2%	100%

4. 特质

现在的青年教师大多是“独生子女”，他们独立、自信、有热情、有想法、会思考、善探究，希望得到别人的认可。成为神圣的人民教师是他们儿时的梦想，他们愿意在教师的岗位上通过自身努力，得到学生、家长、学校、社会的认可。“初生牛犊”的他们经过一个月甚至更短时间的“上岗操练”，意识到当老师并不是想象中的那样简单。此时的他们需要来自各方面的全方位的帮助，而合作培养就是最具体、最简捷、最有实效的帮助方式。

二、课堂教学的合作原则

（一）自主性原则

自主性原则是指在合作培养中，研修的主体具有自主性。研修的主体，即青年教师能够自愿、主动、积极地参与各种形式的合作培养。众所周知，教育工作、教学工作本身就是一项合作的事业，教师之间的合作是搞好教育工作、教学工作的前提。由此看来，我们应引导教师充分认识合作的价值，促使教师自主合作，让教师相信自己能够在合作活动中提升自己的专业发展水平，改变由于学科本位而导致的狭隘的专业素养观。

（二）民主性原则

民主性原则是指在合作培养中，研修的氛围具有民主性。教师畅所欲言，各抒己见，营造民主、平等、自由、宽松的研修氛围。这是最能吸引大多数教师参与的一种方式。这种方式能够建立良好的沟通渠道，使教师就教育教学中的热点问题进行自由探究，充分发表自己的见解和想法，碰撞出不同的思维火花，从而得到认识上的提高，思想上的升华。

（三）针对性原则

针对性原则是指在合作培养中，研修的主题具有针对性。因为研修内容来自教师，也许是教师在教学过程中遇到的困惑；也许是教师要完成的一节公开课、一篇论文、一个案例。所选择的研修内容应切合本校教师的教研需求，能帮助教师不断改进教学行为，解决教学中遇到的困惑和问题，促使教师由被动到主动，由实践者成长为研究者，使其成为乐于研究、善于研究的学习型、研究型教师，从而促进学校课堂教学均衡发展，提升学校教学质量。

（四）创新性原则

创新性原则是指在合作培养中，研修的过程具有创新性。合作培养是一种有组织、有计划的教师团体学习形式。这是针对教师之间缺乏交流、各自为战的状况而提出的。主要表现为教师课前集体备课，研讨教学方案；课中集体观察课堂，分工记录课堂教学实施情况；课后及时研课磨课，主讲教师“说课”，介绍自己的授课感受，其他教师根据各自的听课记录，围绕教学目标，对教学设计、教学效果各抒己见，质疑问难，求同存异，互相学习，共同提高。主讲教师在自我反思的同时开放自己，其他教师就课程实施进行专业切磋、协调和合作，共同分享经验。合作培养的过程中实现了教学思维、教学智慧的碰撞，从而产生新的教学思想和新的教学行为。

（五）实效性原则

实效性原则是指在合作培养中，研修的结果具有实效性。合作培养活动都有呈现的结果，这个结果可以是对某个问题的解决，也可以提供深入解决的策略。教师通过研修，能有方向性地切实有效地解决自己在教育教学中的问题。具有实效性的合作培养才能使教师能力得到提高，才能激发教师参与热情。

三、合作培养的几种形式

（一）组内

组内合作培养是指备课组或年级组教师在办公室里随时随机进行教育教学研讨的一种形式。这种形式的优点是：（1）没有时间的限制，有空课就可以交流，没有空课用课间几分钟也能完成；（2）没有内容的局限，即时交流管理学生的困惑，即时交流批作业时发现的学生易错的知识点，即时交流学生对当天新授内容重点、难点的把握情况；（3）解决问题及时且有针对性，能做到“日日清”。

办公室里经常能看到几个教师围坐在一起，听备课组长分析讲解本周要完成的教学任务，如何抓住教学重点，突破教学难点。这种近距离实质性的组内教研，使青年教师们对教材的理解更加透彻，对教材的拿捏更加自如。试教课、研讨课、公开课后，组内教师通过面对面的即时评价方式，用自己的想法剖析着整节课的展示成效，表达一家之言。这种组内交流是平等的，没有权威，有的只是思维火花的碰撞、新策略的衍生。它展现了最真实的信息资源的共享，迅速地捕捉住了瞬息的教学灵感、观课智慧。

这种组内合作培养形式最常用，最实惠。组内教师们就像一个大家庭的成员，互帮互助，合作交流，一起研讨，共同成长。

（二）组间

组间合作培养是指跨年级组间教师进行教育教学研讨的一种形式。这种形式打破了年级的界限，在备课组间进行合作培养。这种形式对于只熟悉本年级教材、不了解其他年级教材的青年教师尤为实用。每门学科教材的编排都有系统性，而青年教师由于入职时间短，只了解本年级或本学段的教学内容，对知识的讲解相对片面，只局限于当前的内容，没有系统性。通过组间合作，青年教师能系统地、全面地了解各学段的教学内容，能够自如地“以旧引新”呈现知识的来龙去脉。这不仅有利于学生掌握所学内容，而且能体现出过程教学的精髓。

（三）校际

校际合作培养是指共同体五校间教师进行教育教学研讨的一种形式。校际合作培养是校校之间进行的有目标、有规划、有组织、有互动交流的一种教师团体研修活动。

校际合作培养活动的宗旨是把不同学校之间的差异作为教师教育的资源,促进校际之间的信息沟通、资源共享,缩小校际之间的差距,促进校际之间的均衡发展。

这种形式可以是传统的教师们聚在一起,围绕一个主题开展合作培养活动,校际间互通信息,优势互补;也可以是针对某个教学主题,教师们在主办人员的策划组织下,进行网络校际在线合作培养。后者能通过信息技术放大教师教学过程中的每个活动细节,定格活动过程中的得失成效,捕捉活动过程中思维撞击的火花,以细节剖析的方式再现整节课的设计流程及实施情况,顺应网络时代的发展,更加快捷、便利。

校际间的网络研修是最便捷、最常见的一种方式。对上课教师而言,每一次上课、每一次阅读网上的评课意见,都是一个不断反思自身教学行为的过程。它要求上课教师及时发布教学预案并与听课教师交流,达到共同提高的目的,并要求听课教师结合自己的观课情况与教学实际撰写评课文稿,最后汇总并上网交流。采用这样的评课方式,参与的教师多了,反馈的速度快了。但由于"仁者见仁,智者见智",常常出现评课者对某一教学细节甚至对整节课的评价完全相悖的情况。而这些不同意见的碰撞,对授课者特别是青年教师来说大有裨益,能激励他们不断反思和重建,以进一步提升教学研究的质量和水平,促使课堂教学回归本源。

(四)区域

区域合作培养是九亭、泗泾地区内新教师进行教育教学研讨的一种形式。2016 学年九亭第二小学被授予"松江区见习教师规范化培训基地学校"称号,承担了九亭地区五所小学、九亭成校、泗泾三小等单位 20 多位新教师的培养任务。

我们细化了"松江区见习期教师规范化培训要点",依据理论联系实际的原则,以"18 要点"为主要任务,采用骨干讲座、课堂示范、面谈沟通、现场诊断、教学实践、读书反思等多种形式,加强对见习期教师的培训指导工作。学校把文化浸润、任务驱动、现场指导、专题培训作为培训方式。

文化浸润方面。借助学校"德育中心组"和"学科中心组"的平台,见习教师积极观摩九亭第二小学组织的青年教师课堂教学评比活动。在学校组织的"基于课标,把握要求,有效落实"骨干教师、备课组合作教研课堂教学展示活动中也能看到我们见习教师好学的身影。

任务驱动方面。见习手册分为四大块,十八项。我们在梳理见习培训内容的过程中,根据实际情况分阶段推进。第一学期的听评课活动,以徒弟听师傅的课为主。第二学期的听评课活动,主要由徒弟实践,师傅评课。学校还下发了两本专业书籍《给教师的建议》和《致青年教师》,鼓励教师通过读书反思的形式加强自我学习。培训手册的填写既是任务,同时也是对自己学习的一种记录和见证。

现场指导方面。我们的指导教师都是学校的骨干教师,有的还身兼数职,本身的工作量就很大,但在这种一拖二甚至一拖三的带教模式下,他们还是既做好身边带教工作,又积极上门辅导,不仅提升了个人的业务水平,也夯实了教师团队的专业基础。

专题培训方面。针对见习教师的共性问题,我们结合教育教学实际,开设了各类专题讲座。内容包括徐平校长“和爱合力,创新创优”、戚风副校长“意外事故的预防及处理”、青年教师李澄老师“初为人师,笑着前进”、骨干班主任魏海晶老师“班级管理方面的经验和心得体会”、新桥小学骨干教师平富丽老师“教学常规经验”等。这些讲座都给了老师们很大的启发和帮助。

第二节　合作培养校本研修的实施

合作教研是社会发展和科技发展的产物,也是对教育自身反思的结果,它已经成为国际教育改革的重要指导思想之一。有人将以合作教研思想为指导的教学改革称为“近十几年来最重要和最成功的教学改革”。

九亭第二小学是一所成立不到 7 年的新校,人文底蕴积淀不足。近几年来由于教育事业的快速发展,学校师资与生源发生了显著的变化。一方面,大量新招聘、新调入的教师涌入,如何尽快整合现有名优骨干教师与青年教师的优势,促进教师专业化发展,成为学校发展的战略任务;另一方面,由于学校规模不断扩大,生源质量参差不齐,如何针对性地开展教学,从而大面积提高教学质量,成为关系学校生存和发展的重大问题。要解决这些问题,合作培养是一条重要途径。我们集聚各方面的智慧,以校本研修为手段,以合作培养为切入口,促进教师的专业成长,促成课堂教学的转变,成就学生的发展。

一、名师示范重引领

名师是教师队伍中的精英,是勤于思考、敢于实践、乐于创新、精于积累、善于总结的奇兵,是能够起示范、引领、辐射和促进作用的中坚力量。我们最大限度地挖掘名师潜力,发挥名师在教师队伍中的示范引领作用,用名师优秀的教学业绩、扎实的教学作风、过硬的教学素质来感染和影响其他教师,促使更多的教师不断超越自我,积极向上,推动教师队伍逐步向优质化、科研型发展。

(一)名师引领的运行机制

1. 专家引领

九亭第二小学成立至今,多次邀请市级、区级教研员或特级教师等专家来校进行课程教学、班级管理、课题研究等方面的培训。如：我们邀请上海市教研员薛峰老师、陈振老师开办“学科教学”讲座，上海市教育科学研究院杨四耕教授开办“每一位教师的课程版图”讲座，上海市特级校长洪雨露开办“今天如何做班主任”讲座；邀请上海市特级教师贾志敏老师、卢雷老师上课；邀请松江区教研员谈永康老师、郑艳老师来校听课评课；邀请庄关通老师对青年教师进行文本细读指导，黄其明老师进行论文写作指导等。

2. 成立名师工作室

名师工作室是实施教师专业培训、提升教师专业素养的重要平台。通过名师工作室的有效运作，营造学习文化氛围，发挥“名师效应”，是一条促进教师专业成长的捷径。我们聘请了在区内有影响力的前区教研员徐宁老师、特级教师张志芳老师、曹光彪小学何慧芳老师、著名田径教练员张如义，并成立了以其为中心的名师工作室。

3. 工作室成员引领

工作室成员李梅老师身兼双重角色，既是工作室的研究员，更是所在学校的教学骨干和教学引领者。工作室通过团队成员向更广领域辐射先进的教学理念，从而引领一个教研组、一所学校教师队伍的成长与发展。

（二）名师引领的专业价值

1. 改进课堂教学，提高教学质量

教师的生命在课堂，名师引领的根也在课堂。名师是在课堂教学摸爬滚打的历练中成为名师的。所以，名师身上蕴藏着丰富的优质课堂教学资源。名师资源共享，是无数年轻教师快速成长的捷径。在课题研究过程中，我们发现，与名师一起扎根课堂，可以促使年轻教师不断改进自己的课堂教学，提高教学质量。

（1）夯实青年教师的学科专业知识

每一个学科都有自己特殊的知识系统，作为教师，不可能全部掌握某一个学科的知识细节，这在年轻教师身上表现得更为突出。但是，在课堂教学中，教师却时时刻刻都在跟这些学科细节打交道。一个细节上的失误，可能会给课堂教学带来很大的损失，需要教师花更多的时间和精力来弥补。名师把关，可以减少青年教师细节上的失误，不断扩充青年教师的学科知识背景。

例如，在教材《家乡的桥》一课中有这样一段话：“实在玩累了，荡一条小船进桥洞，舒展四肢平躺着，那凉丝丝的风，轻轻荡漾的水波，转眼就把你送入梦乡……”对于文末的这个省略号，许多教师在说课时认为它的作用是表示省略，省略了梦的内容。张志芳老师在指导时，则明确了这里的省略号的作用是意犹未尽。张老师还和青年教师一起探讨了如何根据语境，区分省略号的作用。有了这次分析探讨，青年教师在独立备课时,对省略号这一知识点的理解会更加深入。

(2) 增长青年教师的学科专业技能

作为教师,知道"知识是什么"是基础,懂得"怎样把知识有效地教给学生"是关键,后者直接决定课堂是否有效。而这就与教师的学科教学技能有关了。名师掌握了扎实的专业知识,具备了灵活多变的技能策略。在五年级语文教学中,有一个知识点是修辞的作用。在学生的试卷中,经常会出现这方面的考题。一开始,许多教师是摸不着头脑的,不知道怎么教会学生回答比喻、拟人、排比这几种常见修辞在某一句子中的具体作用。教师们常常苦恼"比喻的作用自己讲了很多遍,为什么还有那么多学生答不出来"。带着这一苦恼,教师们聚集在专家面前进行研讨。这时,徐宁老师告诉我们,回答这样的题目是有规律的,要把这一规律教给学生,而不能只教给他们那些散落的知识。比如,教学生回答比喻的作用时,可以教学生运用"生动形象地写出了哪个事物的哪个特点"这一句式。"哪个事物""哪个特点"因不同的句子而异。掌握了这个句式,学生答题就轻松多了,学生轻松,教师便轻松。这次探讨之后,我校教师立即在课堂教学实践中活学活用,将规律性的内容进行迁移,如迁移到说明方法的运用、词语辨析等。

(3) 提升青年教师的学科专业认识

每一门学科教学都是有核心目标的,但并不是每一位教师都能理解这一目标,并在课堂教学实践中向着这个目标前进。在语文学科教学方面,有人就指出,有的教师可能教了一辈子语文,都没有教对。这是多么可怕!语文教学博大精深,涉及面广,内容繁杂。能否从纷繁复杂的事项中,抓住语文学科教学的精髓,直接关系到教师有没有走在语文教学的正确道路上。在各位名师的带领下,经过一次次的探讨和实践,我校语文教师已经就语文教学达成数点共识,如:语文教学的核心是培养学生表情达意的能力;用教材教而不是教教材;一课一得,得得相通。围绕这些共识,教师在课堂教学中,不断探索可操作的有效模式,提高教学效率。

2. 落实减负增效,实现高效课堂

近年来,中小学生负担过重。这已得到国家及地方各级教育行政部门的高度重视。几年里,减负成了教育界刻不容缓的头等大事。在开展课题研究的过程中,我们在名师的带领下,不断摸索减负增效的新途径。

(1) 增强目标意识

减负从35分钟的课堂教学开始。在名师与校内教师多次研讨与磨课的过程中,我们逐渐发现了普遍存在的一个问题:一节课的内容太多,教师这个也想要,那个也想抓,最后导致一节课的容量太大,远远超出了学生可以接受的程度。找出问题之后,我们开始寻找解决问题的办法。我们研究名师课堂,研读学科教学领域的最新成果,终于找到了突破口,那就是一节课的教学目标一定要明确,整节课要围绕怎样实现目标来展开。每节课的口子要小,不求面面俱到,只求学有所得,并得之充分。

例如,在一年级语文《小海星快回家》的磨课过程中,我们就经历了目标不断清晰明确的过程。课文虽然只有简短的几句话,但是教师一开始想教给学生的东西很多,不仅想让学生掌握生字,熟读课文,理解词意和句意,还想让学生结合课文进行语言拓展实践。两次试教下来,我们发现我们的设计超出了一年级学生的可接受范围。于是,我们根据学生的情况,重新整理出适合学生学习且能让学生在35分钟之内达成的教学目标:(1) 能读准"星、沙、他、怎、么、傍、晚、话"8个生字,认识"单人旁"部首,学习"撇折"笔画,能在老师指导下认真描写"他、怎、么"3个生字;(2) 能正确朗读课文,做到不加字、不漏字,能读好、读懂课文,体会妈妈对小海星深深的爱;(3) 续编儿歌,能在理解课文内容的基础上,想象小海星和妈妈的对话。

生字教学采用随文识字的方法,让学生在具体的语言环境中学习生字。同时,本着"零起点"教学的理念,本课8个生字要求学生会认读即可,只有3个生字要求学生会写,降低了"学前基础"薄弱学生的学习难度。

朗读教学时,创设情境,帮助学生结合自身的生活感悟进行情感迁移。一年级学生朗读兴趣较浓,教师适时适度的引导,有助于学生展开想象,获得初步的情感体验。

续编儿歌是较常见的说话练习,这里并不要求学生编出多么押韵、优美的诗句。学生感受到妈妈的担心后,自然而然就能想象出小海星回家后和妈妈的对话。这一想与说的过程,也是一个自我教育的过程。

(2) 规划课前预习

九亭第二小学所处地区流动人口多,所以生源范围广。许多家长受自身各方面条件限制,对孩子的学习监管力度不够。比如,在语文教学中,我们布置了预习作业,但是一个班级内,真正能够按照教师要求预习课文的学生不会超过1/3。针对这一现状,我们在张志芳和徐宁两位老师的带领下,精心设计课前预习纸,把学生能够通过自学解决的问题,以小练习的方式呈现出来,鼓励学生充分预习。预习充分了,课堂效率自然而然也会提高。

(3) 严把日常练习关

众所周知,要想提高学生的成绩,就要让学生多做练习。但是不是练习做得越多越好呢?不然。这些年来,学生负担重的呼声特别高,除了由社会多方面原因造成的校外"补课热",学生校内课业负担重也成为众矢之的。为了不让学生从小就淹没在题海之中,我们从把好日常练习的质量关入手,精简练习,高效练习。我们的操作方法如下:首先,将我校名师合理分工。徐宁老师负责一至二年级,张志芳老师负责三至五年级。

其次，每周的周末卷、每次的单元测验卷以及考试模拟卷，在复印之前要交由名师把关，删减重复、低效的练习，增加能够起到举一反三作用的练习。最后，反复检查，合格之后，在整个年级复印，下发。这样一个流程，能充分利用名师资源，借助常规练习卷，将名师与课堂联系起来，将名师与我校教学质量联系起来。

3. 促进专业成长，推进自主发展

（1）增强成长动力

美国心理学家马斯洛把人的需求分成五个层次，即生理的需要、安全的需要、社会交往的需要、尊重的需要以及自我实现的需要，其中自我实现的需要是最高层次的需要。目前，学校的青年教师众多，有着不同的成长需求。三个名师工作室的成立，既给青年教师提供了帮助，也给青年教师增强了成长动力。

（2）增长专业技能

学校每年举行拜师仪式，把名师和青年教师结成对子，让名师亲自去指导青年教师的研修、备课、上课、评课等。一名专业的教师不仅要会上课，还要会说课和评课，更要会写一手好字。狠抓教学基本功，培养听、说、读、写能力，拥有较好的语言专业素养，是青年教师专业成长的必修之路。

一节好课需要反复打磨，而且磨课要贯穿青年教师整个成长过程。张志芳和徐宁两位名师认为，听青年教师的课，如果只是简单点评的话并不能促使青年教师在教学上有多大的提升，只有反复磨课才能更快促进青年教师的专业成长。

名师工作室除了常规的听评课，还有意识地结合学校工作，有计划地训练青年教师的基本功。比如，每一位名师工作室成员在上课之前，都要先进行文本解读，再结合单元内容重点设计教学目标，有的放矢。名师参与整个磨课过程，帮助教师明确教学思路，优化教学语言，争取一课一得，实现有效课堂。课后，教师进行简单说课，名师给予点评，反思课堂中的得失。一节课的教学设计构思、教师的基本功、语言表达、组织实施、教学目标达成等多方面，都有提升的空间。

在每周五开展的大组教研活动中，精彩纷呈的微型讲座深受青年教师的喜爱，如李梅老师开办了“片段教学的初步认识”微型讲座，张志芳老师开办了“高年级组作文研讨及复习”专题讲座，热爱教学的庄关通老师为我们开办了“文本细读”专题讲座，上海市特级教师卢雷“每天进步一点点”的教学座右铭让人印象深刻。

教师教学的生命在课堂，名师工作室的根同样也在课堂。为此，思量课堂、践行课堂以及观摩课堂是名师工作室成员的工作重点。市教研室的薛峰老师一语中的：“只要会母语，你就听得懂语文课，而且也会评课。但是作为语文教师的我们，怎样使我们的评课更专业呢？”

学校语文中心组及工作室定期安排青年教师观摩名师课堂教学片段，营造评议氛围，鼓励青年教师就某一知识点或者某一环节，进行交流，有话则长，无话则短，提升青年教师“说”的能力。目前，片段教学是一种新型的课堂教学方法。我们尝试用片段教学代替课堂教学，发挥片段教学的优势。这种尝试颇受青年教师和评委们的喜爱。

在名师的引领下，我校的教师队伍素质稳步提升，骨干教师队伍迅速壮大。

4. 引领教育科研，提升专业素养

（1）提升课题研究能力

2013 年，何惠芳老师带领工作室老师做集体课题“小学语文阅读拓展教学与学生阅读素养的实践研究”，从选题、开题到内容研究，每一步都做得扎扎实实。工作室成员的论文在市级论文评比中均获奖，课题成果显著，增强了青年教师做课题的信心，提升了青年教师做课题的能力。

（2）提升反思能力

如果说阅读是一种吸取、教学是一种实践的话，那么写作就是一种倾吐。书写教学案例或反思是教师专业成长的重要途径。常态下，教师的教学反思在很大程度上具有一定的随机性，如果能围绕课例来书写就增强了针对性。名师工作室要求教师把一节课最终形成的教案、课堂教学实录以及教学反思等，以课例手记的形式整理出来。在工作室集体交流时，每位成员不仅可以取长补短，还可以从不同视角来理解这个课例，碰撞出思维的火花，享受富有营养的精神大餐。工作室还鼓励教师前后对比所上的课，这样，就能看到自己的成长。

二、师徒结对抓辅导

青年教师的快速成长既是学校可持续发展的关键，同时也是学校师资队伍建设的重要工作。九亭第二小学在继承和总结的基础上，设计出符合学校实际的“师徒结对”培养新举措，通过老教师“传帮带”等途径，促进青年教师尽快成为一名合格、熟练、有个性、有风格的教师。

（一）师徒双赢的结对目标

以往“师徒结对”过于注重师傅的“传帮带”作用，往往忽视了互动过程中另一主体——徒弟应该具有的主动性和创造性，以致于难以达到师徒双方教学相长的结对效果。在目前教师专业发展强调“构建学习共同体”的背景下，学校应该把“平等协商，合作共赢”这一新理念作为“师徒结对”的指导思想，不断赋予它新的内涵，从而促使师徒双方在平等对话、合作交流中达成师徒共同成长的结对目标。

（二）师徒结对的两种形式

师徒结对分校内和校外两种形式。校内师傅在平时的教学中指导，注重教学常规引领。校内师傅在平时的教学中从不吝啬，肯花时间、倾注心血对青年教师在教育教学中遇到的问题、难题给予帮助，把自己几十年的教学经验毫无保留地传递给青年教师。青年教师虚心好学，积极求教，依赖师傅又不拘泥于师傅，工作进步很大。校外聘请优质名师，并成立名师工作室。校外名师资源团队、曹光彪小学带教师傅、区域共同体名师在帮带过程中力求做到“三带”：带师德——敬业爱岗、为人师表；带管理——管理学生，形成积极向上的班级风气；带业务——教育教学基础知识与基本技能。青年教师力求做到“三学”：学做人——为人处世，求真、求善；学思想——教育教学理念；学本领——教育教学基本功。“以老带新、以新促老”，促进了学校教师队伍素质的整体提高，为课堂教学转型打下了坚实的基础。

（三）民主平等的师徒关系

受传统观念和习惯的影响，“师徒结对”在现实中，往往表现为师傅“绝对主角”，徒弟“言听计从”，他们之间缺乏民主平等的互动过程。这种“权威式”的关系不但抑制了徒弟自身主观能动性的充分发挥，也抑制了师傅的进一步发展。所以，基于教师发展的师徒结对关系应是民主平等、互惠共生的。下面是体育组赵素英老师和许乔梁老师师徒结对的合作案例。

【案例】

师徒结对见成效

许乔梁老师是我们体育组的一位见习教师。许老师专业功底好、工作勤奋、为人诚恳，而且悟性很高，由教学经验丰富、责任感强的赵素英老师带教。为了能尽快让许老师熟悉小学体育教学，我们经常会看到他们师徒两人在办公室里互相研讨、切磋教材的情景和师徒两人每周定期相互听课、评课的情景。组长赵老师还动员组员积极主动地帮助许老师，主动邀请许老师听自己的课，课后一起探讨。因此，在这一年中，许乔梁老师成长得很快。2018 年，许乔梁老师成功地向自己学校和基地学校（泗泾小学）展示了两节汇报课，且被学校评为优秀见习教师。

三、合作教研细研磨

合作教研是一种基于团队运转模式的研修组织建设与探索，核心是培育团队精神。教师通过开展合作教研，如进行合作备课、组际交流、校际研讨、网络沟通等解决教育教学中的热点、难点、重点问题，不断更新自己，逐渐形成自己的教学风格，提高教育教学质量。以我校英语学科为例，英语组改变以往一个年级组为一组的单一合作方式，主要采用全校大组、中低年级组、中高年级组、自由组合等方式开展合作教研。

（一）全校大组合作教研

我校英语教师平均年龄较小，大多处于成长和发展期，业务水平和教学能力并不强，教师们比较习惯于“教”而不重视“研”，缺少对教育基本理论知识的继续学习，为此，我们开展大组合作教研活动。在活动中，备课组与备课组、教师与教师之间经常会对同一问题提出不同的见解，又对不同的见解进行讨论、争辩，通过集体的研究探讨，达成统一见解，如果不能达成统一见解，则再次通过实践验证找出共识的答案，体现了合作研究中的科学精神。在讨论中教师的科学素养、业务素质得到快速提升，教师团队整体水平得到了快速提高。如四年级陈悦悦老师执教了一节比赛课，就教学内容的确定、教学目标的确定、教学方法的使用等问题，在大组教研活动中，老师们展开了一次又一次的讨论。教学内容是否基于课标，是否符合学生的年龄和性格特点；教学目标是以课程目标为指导，适应社会进步和学生发展需求，是否做到以学生为本；教学方法是否结合教学实践和学生兴趣，将科学性和艺术性相结合。课后，她动情地说：“大家的真知灼见让我渐渐清楚了整节课的脉络，学会了精益求精的方法。反思磨课的过程让我对一节课的生成和完善更加清晰。这样的大组教研合作，为我的课指明了方向，也让我对整节课的构成有了清晰的认识，给了我很大的帮助。”

（二）中低、中高年级组合作教研

小学英语牛津教材有很强的连贯性。在小学阶段，结合教材内容和学生的年龄特点可以分为中低段和中高段，所以在教研活动中，学校也经常分中低段和中高段组织教研活动，使教不同年级的老师都有机会了解其他年级的教材，在备课时能兼顾教材内容和学生知识的连贯性，以旧带新，适当拓展，从而提高教学质量。如新老师陈佳丽执教一节二年级比赛课时，就在中低年级组教研活动中，采纳了一年级老师的建议，结合学生已学的知识进行教学设计。这使得新知识的引出非常自然，学生的反映相当好，师生之间的配合也比较默契，学生能较好地了解老师的意图，从而很好地达成了教学目标。

（三）自由组合的合作教研

在冯晓霞的《新〈纲要〉与教师的成长》一文中有一个生动的比喻：“同事之间的交流，使原本为个人所有的观点、经验成为一种大家共享的资源，成为一个大家‘合资’建成的‘资源银行’。在这里，每一个参与者都是一个投资者，一个为‘资源银行’作出贡献的人，同时又是一个获益者，一个可以分享信息资源的人。”年轻教师在成长的过程中最容易得到的帮助是其他教师在日常教学活动中的指导。我们鼓励教师之间自由创设合作教研情境，在日常的教学中相互交流，互相分享各种信息资源，从而提高教师的合作意识与协作能力，提高教学效率。一位经常与年轻教师交流的老教师说道："反思他人教育行为的过程，其实也是对自己的一次审视。我们应反思自己是否有同样的问题，在帮助他人的同时也修正自己的问题。"

四、团队优化显特色

合作教研，要以学校发展为本，以合作教研模式，切实解决本校教育教学中的实际问题。校本合作教研活动的有效开展，离不开学校层面各种有效的组织模式，更离不开学校教育教学团队的优化。

（一）学科中心组引领教研

九亭第二小学规模大，教师人数多，各学科教研统一管理，针对性不强，效果不理想。于是，我们根据学科，将全校教师分为语文、数学、英语、综合四大学科中心组，实行组长负责制，校长、副校长、书记牵头并担任各学科中心组的顾问，教导处各学科大组长担任各学科中心组组长，各年级相关学科备课组长担任组员。学科中心组引领教研的方式有以下几种。

1. 以评比课为契机，营造合作教研氛围

每个学年，都会有市、区、片、校等各级各类评比课，这时最能体现学科中心组的合作教研精神。通常，参加评比课的多为年轻教师，他们对教材的把握程度有限，而且缺乏教学经验。在学科中心组合作教研中，教师个人先进行试讲、说课，提出自己的困惑。学科中心组成员再针对教师提出的困惑进行交流、研究、探讨，既肯定其长处，又指出其不足，就教学中有可能出现的问题，进行更好的预设与设计。每一位学科中心组成员，全程参与每节评比课的说课、研讨、试教、修改，通过交流、学习，取长补短，群策群力，既能克服个人备课的片面性和随意性，又能确保参赛课的教学质量。

以课堂教学为例，三年来，我校取得了较好的成绩。

"第五届全国中小学体育教学展示活动"上海地区教学比赛中，张立民老师执教的"靠墙手倒立"一课获得上海市一等奖；在全国教学比赛中，四年级技巧体育课获得全国三等奖。

松江区1至5年教龄青年教师课堂教学大奖赛中，2012年获得一等奖2项，二等奖2项。2013年获得二等奖1项，三等奖2项。2014年获得二等奖3项，三等奖1项。2015年获得一等奖2项，二等奖1项，三等奖1项。2016年获得二等奖1项，三等奖3项。2017年获得二等奖2项。

松江区中青年教师教学评选中，2013 年获得二等奖 1 项，三等奖 1 项。2014 年获得二等奖 2 项，三等奖 1 项。2015 年获得三等奖 1 项。2016 年获得二等奖 1 项，三等奖 1 项。2017 年获得二等奖 1 项，三等奖 1 项。

2014 年松江区中小学心理辅导活动课大奖赛中，陈春霞老师获得区一等奖。

这些成绩的取得，都与学科中心组合作教研机制的有效运行有着密不可分的关系。

2. 以随堂听课为抓手，促使合作教研经常化

比赛课带动的教研属于非常规教研，就常规教研来说，每个学科中心组都会在学期初制订详尽的教学计划，然后按照教学计划有条不紊地展开。课堂教学是提升教学质量的主阵地，所以，每个学科中心组都会在每周进行固定的随堂听课活动。听课之后，学科中心组成员集体评课，将意见反馈给上课教师。上课教师根据学科中心组成员的评课意见，撰写书面反思。好的书面反思会在集体教研活动时交流、推广。

（二）青年教师合作培养

1. 以工作室为阵地的青年教师培养

九亭第二小学青年教师多，这是不容忽视的事实。针对这种情况，我们成立了各学科的工作室，以工作室为阵地，进行青年教师培养。就语文学科来说，我们根据不同的培养目标，成立了三个工作室。

（1）以课堂教学为主线的工作室

成立徐宁老师工作室，将 0 至 2 年教龄的语文老师，分成三组，即一年级组、二年级组和三年级组，以张蓓蓓和马凌两位老师为工作室联系人，每周三开展工作，通过指导，力促新教师“合格求熟练”。成立张志芳老师工作室，对 3 年以上教龄的语文老师进行课堂教学指导，通过指导，力促青年教师“成熟创个性”。两位专家分别指导不同层次的教师，为我校语文老师的梯队建设提供了学术支持。

（2）以课题研究为主线的工作室

2012 年，以卢湾区曹光彪小学委托管理为契机，利用优质名师资源，以课题研究为抓手，我们成立了何惠芳名师工作室。何老师带领工作室成员做课题“小学语文阅读拓展教学与学生阅读素养的实践研究”，从选题、开题到过程研究，每一步都做得扎扎实实。

2. 以学科中心组为依托的青年教师培养

根据所教学科，我们对 1 至 6 年教龄教师进行分组。备课组长担任指导老师，带领 1 至 6 年教龄教师参与到学科中心组的活动中。

（1）随堂听课促成长

每周各学科中心组进行随堂听课时，学科中心组成员都要带领自己组内 1 至 6 年

教龄教师共同参与,主要目的是扎实青年教师的基本功,确保家常课的质量,优化教学行为,促进他们快速成长。听完课后,学科中心组的成员会进行深度剖析与点评,上课教师也会进行书面反思总结。

(2)合作备课促进步

当组内青年教师有上课任务时,学科中心组成员会带领大家集体备课。如,数学学科低段和高段分别进行了两次合作备课教学展示活动,低段由朱赛赛老师执教“有余数的除法”,高段由白杨老师执教“平行四边形”。两节课都有相应年级段的老师集体备课,不断完善预设,形成最终教案。

(三)校级展示联合研讨

每个学期,都会有各学科教研大组的校级展示联合研讨活动。

以四年级的一节校级研讨课为例,因执教老师工作不满 3 年,在第一次试教课中呈现的重难点过于分散和杂乱,教学过程不清晰,一节课下来学生对于本课的知识一知半解,没有达到提高综合语用能力的目的。

以下为该教师确定重难点的初稿。

【Key points】

1. Mastering the pronunciation and usage of the key words:

   supermarket, restaurant, post office, near, next to.

2. Mastering the usage of the key pattern in context:

   There is/are ...

   Is there ...? Yes, there is. No, there isn't.

   Are there ...? Yes, there are. No, there aren't.

【Difficult points】

1. Using the key words and sentences to introduce a place and its location.

2. Is there ...? Yes, there is. No, there isn't.

   Are there ...? Yes, there are. No, there aren't.

教研组经过两次集体听课磨课,研读课标,细化教学目标,改变教学手段,以学生为本,力求“减负增效”,最后达成共识,对整节课的教学环节进行了科学调整,把重难点进行了如下改动:

【Key points】

1. Mastering the pronunciation and usage of the key words:

   supermarket, restaurant, next to.

2. Mastering the usage of the key pattern in context:

Is there . . . ? Yes, there is. No, there isn't.

【Difficult points】

1. Using the key words and sentences to introduce a place and its location.

2. Is there . . . ? Yes, there is. No, there isn't.

一节成功的课凝聚了整个教研团体的智慧,大家的真知灼见给执教老师以启发,使她在一次次的磨课和上课过程中不断改进自己的教学方法,删繁就简,将课堂教学落到实处,扎扎实实地呈现出一节成功的合作教研课。教研组在合作中增加了默契度和凝聚力,青年教师在合作教研中快速成长。

(四)校际联动联合研讨

校际联动是教师培养的有效方式,学校分层、分类、分批组织教师参加各类学习、培训和观摩活动,通过"请进来,送出去""自愿结对""传帮带"等途径为教师成长搭建平台,帮助教师拓宽教学思路。校际联动充分发挥区镇校学科名师、学科带头人、教坛新秀的引领、示范、辐射作用,定期开展课堂教学展示活动,为教师就近提供学习资源。校际联动充分利用好泗泾小学共同体的优质资源,通过研讨交流、示范展示、亲身体验、实践指导等形式,使教师在开阔眼界、增长知识的同时经受了锻炼,加快了专业成长的步伐。

在数学学科三年级教研组与曹光彪小学三年级数学教研组结对过程中,我校教师获益颇多,以下是三年级数学教研组组长的合作教研反思。

我校三年级数学教研组有一支年轻的队伍,和托管方曹光彪小学三年级数学教研组结对,形成校际间组与组结对。每学期初两组成员一起分析教材、制订单元教学计划、分析每个单元的重难点,形成了校际间研讨互动交流模式。

集体研讨的流程:组织观课——做好记录;组织评课——修改教案;再次备课——形成二次教案。

执教教师依据第一次集体备课的教案进行初次试教。听课教师开展了观课活动,他们不仅关注教师的教,更注重学生的学,将成功与失败的教学细节都记录下来,并对问题进行了理性思考。

听完课,又及时组织评课。大家先对教学环节发表了意见:新课引入时,创设的情境要能激发学生的兴趣;学习新知识时,教师为学生提供的材料要丰富,便于学生探究;练习设计不仅要有坡度,还要有新意。再对师生课堂表现进行了点评:教师应做到收放自如;学生应在多向互动中学习新知识;可以从练习反馈看目标达成情况。执教老师听取了同伴的建议,对自己的教学行为进行了反思,对教学设计重新进行了思考,再次修改了教案,并又一次进行了教学……

如此合作教研,形成教学的常态。特别是在教学评比课与展示课的研究中,大家合作备课、观课评课、完善教案、再次观课评课,直至达成共识,打磨出一节好课。而教师通过研究、实践、再研究、再实践的过程,将各自的知识与经验相互转化、相互吸纳、共同发展,实现智慧的共享和教学的创新。

我们可以看出,校际联动的合作教研模式,打破了学校与学校之间的界限,实现了优质学校的资源共享,能够快速提升我校教师的教研能力。

第三节 乐学课堂

一、乐教:课堂教学中教师的"改"

钟启泉教授在《课堂转型:静悄悄的革命》一文中指出:"教师的责任不是教科书的处理,而在于实现课堂中每一个学生的学习,即追求每一个学生学习经验的效率。"只有教师的课堂教学灵活多变,才能提高学生的学习效率。教师应多在"改"字上做文章,激发学生学习的积极性和兴趣。九亭第二小学青年教师在名师引领、备课组互学、自主探究等多平台的学习中快速成长,在探索中积累了丰富的教育教学经验。

(一)以课堂行为改进促教师发展

课程改革给我们的青年教师带来了机遇和挑战。教师只有从学生的学情出发,不断改进课堂行为才能跟上课程改革的步伐。我校青年教师结合学校发展特点,立足课堂常规教学,从精细备课入手,不断优化课堂教学环节,关注细节,改善师生关系,积极创建和谐课堂。

1. 精细备课,优化课堂教学环节

(1)了解学生知识水平,勤思勤改优化课堂教学环节

学生是课堂学习的主人,教师的教是为学生的学服务的。为了使学生在课堂上真正有所收获,我校青年教师根据学生学习的具体情况和特点,从学生出发设计教学过程,以生为本,立足学情。

青年教师因为缺乏经验,对小学的知识体系了解不够。我校青年教师抓住校本化培训、校外合作教研等机会,挖掘自己的潜能,勤于思考,充分做好课前准备工作;通过合作教研、师傅带教、自我学习等途径全面了解学生现有知识水平和已有的学习经验,面向全体学生,因材施教,做好新旧知识的衔接工作。青年教师敢想敢做,在实践中勤思考,不断更新自己的教学设计,从学生出发,适时引导学生积极思考,让学生有话可

说,从而优化课堂教学环节。

如在《吹泡泡》一课中,汤老师由“吹”字引出口字旁识字教学,结合低年级教学重点——生字和拼音,让学生在扎实掌握新知识的同时掌握自主识字的方法,真正做到还课堂于学生。教学过程有章可循,但又无定势。同一节课同一教学环节在不同的课堂上会有所不同,正因为有了一次次的改进才会有更科学、更符合学生实际的教学展示过程。

【教学环节实录】

一改:

师:“吹”要用到嘴,所以它带有口字旁。你们还能说出像这样带有口字旁的字吗?

生1:口,回。

师:这两个字只是里面有一个口字,并不是带有口字旁的字,再思考一下。

二改:

师:“吹”要用到嘴,所以它带有口字旁。像这样左右结构带有口字旁的字,你们还知道哪些?

生2:说,话。

师:它们是左右结构的字,但它们不是带有口字旁的字。

三改:

师:“吹”要用到嘴,所以它带有口字旁。像这样左右结构带有口字旁的字,你们还知道哪些?老师先来写一个,平时我们口渴了就会想到要——喝水(学生齐答)。“喝”要用到嘴,所以它是带有口字旁的字。(教师范写:喝)

生3:吃,咬,叫,吐……

师:对,这些都是动词。这些动作都要用到嘴,所以都带有口字旁。

(2) 分析学生学习品质,动静结合创设语言环境

教师要从学生学习品质出发,顾及学生的学习情绪,培养学生的学习习惯,激发学生的学习兴趣。很多青年教师发挥自己的年龄优势,设计符合学生学习的语言环境,利用形象直观的图片、音频、视频等手段,丰富学生的感官体验,动静结合,最大限度激发学生学习兴趣。

青年教师在自己的课堂实践、一次次的听评课和磨课中懂得了立足学情的重要性,明白了只有以学生为本才能提高课堂教学效率,激发学生学习兴趣。我校英语教师王老师在自己的教学中颇有心得,以下是她对猜词游戏的设计。

如图5－4所示，在本教时的教学中，王老师通过“I can see a ____ kite. How nice”的听力训练引出新授单词blue。在“I like ...”句型的教学中，王老师运用了听一听、看一看、猜一猜的方法。通过Teddy“I like honey”、Nicky“I like rice”、Kitty“I like fish”声音配合图片，让学生在这个环节中了解“I like ...”句型的发音以及含义。

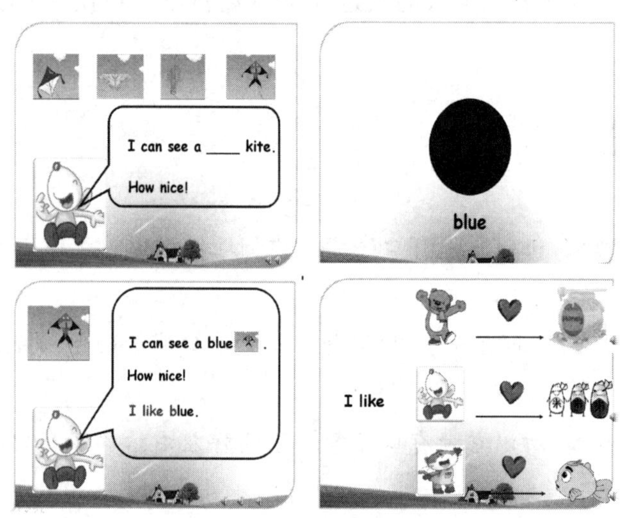

图5－4　猜词游戏的设计

2. 关注细节，改善师生关系

孔子在《学记》中说道：“亲其师，信其道。”就是说一个人只有在亲近、尊敬自己的师长时，才会相信、学习师长所传授的知识和道理。

（1）宽容学生的错误

宽容学生的不完美，是构建良好师生关系的推动力。只有宽容但不放纵地对待学生的错误，才有机会使学生取得更大的进步。学生在成长的道路上肯定会犯这样或那样的错误，这些错误有长期性的，也有短期性的。比如，偶尔忘记带家庭作业、上课走神、上课和同学低声交流。面对这些经常出现的错误，青年教师必须倾注足够的耐心，与学生及时交流，做到严爱有度。

此处摘录我校青年教师的一段教育随笔。

有一个学生在我讲解练习题的时候开小差，课堂上我屡次耐心提醒并利用放学接孩子的机会及时与家长沟通。面对家长和老师，孩子是紧张的，我轻轻摸着孩子的头说：“王××同学上课一直很认真，总能积极回答老师的问题，但是今天可能有比老师上的课更吸引你的东西，所以你没有好好听课，是吗？”孩子红着脸说：“老师，对不起，我在想下节要上体育课了。”其实，在面对学生这样的错误时，如果老师和家长都只是一味“镇压”，效果往往会适得其反。教育的目的是为了让学生更好地发展，而不是惩罚。面对这样的错误，作为老师的我，没有将问题扩大，而是就事论事，让学生承认错误，并保证不再犯。

每个孩子都是不同的个体，在成长过程中总会犯错误。教师要学会适度宽容学生的错误，这样才能拉近老师与学生的距离。

（2）体会学生的感受

当学生犯错误之后，出于天性，学生会为了保护自己而选择撒谎。而撒谎的原因大多是怕被老师或者家长责罚。试想，当学生犯错误的时候，如果老师能设身处地地去体会学生的感受，用学生的眼睛去看学生的世界，以学生的心情去感受学生的心情，针对眼前发生的事，动之以情，晓之以理，推心置腹地帮助他们找出解决问题的方法，学生就会永远感激你，钦佩你。青年教师在日常的班主任工作、教学工作中，如果愿意和学生打成一片，了解学生的喜好，就能更好地站在学生的角度思考，深入了解学生，体会学生的感受，学会与学生共情；就能明白学生忘记带家庭作业时的害怕与恐惧，了解学生考试失利后的羞愧与难堪，体会到学生违反班级纪律时的惶恐和无措，进而用安慰、劝解、谅解取代斥责、羞辱、批评。

每个孩子都是一颗不同的种子，有的愿意长成参天大树，有的愿意长成小树，但是他们都需要精心呵护，都需要良好的成长环境。青年教师在课堂内外，在家校共建中深知构建一个平等的师生关系的重要性。他们逐渐学会了蹲下身子与学生交流，学会了宽容孩子的错误，学会了与学生共情，为学生打造一个温馨友善的港湾，让学生健康成长！

（二）以课堂形式改变促教学创新

传统的课堂形式单一，教师“一言堂”的现象比比皆是。青年教师基于课标，努力探索开放创新的课堂形式，使其呈现出丰富性、多变性和层次性。

1. 合理分层，注重个体发展

信息的输出、接受、消化、反馈等多个环节组成了一个复杂的教学过程。反馈信息参差不齐的主要原因是学生存在个体差异。教师在教学时只有依据不同学生的特点，为他们设定合适的学习目标，因材施教，才能真正促进教学创新。我校霍老师把读写结合作为教学重点，在执教《无言的爱》一课时，分层进行教学设计，一再设下伏笔，目的就是为后面的仿写做准备，让学生有话可说，有话可写。霍老师希望学生模仿课文的写作方法：先交代故事的背景，再描写画面和神情动作，最后写人类的反应。

第一层,学习第一组镜头,以“教”为主,教师带领学生了解作者的写作方法。首先,教师帮助学生理解作者用短短几句话写出自己对两组镜头的感受。其次,教师设计了一组填空题,帮助学生抓关键词,概括每组镜头里的两个画面。再次,教师通过分解画面,让学生一步步体会作者主要借助动物的神情动作来栩栩如生地描写画面,引发学生的深思。最后,教师让学生回顾作者描写镜头一时的写作方法,进一步感知文本的表达效果。

第二层,学习第二组镜头,以“学”为主,学生借助作者的思路进行自主学习。先扶一扶,再放一放,把镜头一的写作方法了解透彻了,镜头二的学习难度就降低了,学生“跳一跳,就能摘到果子”。从课堂反馈的情况看,效果还是比较理想的,在找出镜头二故事发生背景这一环节,学生毫不费力。此外,在学习“衔草造屋”和“喂养儿女”这两幅画面时,学生也能根据刚才掌握的方法,通过动物的神情动作感悟到动物之间这种无言的爱,进而获得人与人之间也应该不分彼此、相亲相爱的启示。

2. 多维评价,激发学生兴趣

课堂教学离不开评价,评价是课堂教学的重要组成部分。科学的评价体系是实现教学目标的重要保障。有效的评价,使学生在学习过程中不断体验进步和成功的喜悦,树立自信,认识自我,健康、可持续地发展。

教师要在短短 35 分钟时间内根据本班学生的实际情况,确定评价标准和方法。这就需要教师在设计教学环节中考虑评价的多元化和多维度,使评价更具针对性。我校青年教师认真学习评价指南,结合自己的课堂实践,提高学生的课堂参与度和积极性,使学生在课堂学习中体验成功的乐趣和喜悦,获得知识,分享合作成果。

(1) 分层性评价,鼓励全员体验

所谓的分层性评价,是指教师在课堂上针对不同的学生或者不同的问题给出不同的评价。分层性评价能够让不同起点的学生都有所提升,感受到成功的喜悦,激励各层次学生明确自己的学习目标。青年教师基于小学课程标准,设计分层教学,伴随分层评价,呈现激励课堂。我校英语教师丁璇在青年教师课堂评比活动中,表现优异,在 Post-task Activity 这一环节中设计了分层作业,在此摘录她的反思。

在学习了本课内容之后,可以通过让学生完成 Report 的方式来进行反馈,如图 5-5 所示。每个小朋友可以拿到 2 张学习单,学习单是圆形禁止标志的形状,正面是下面的文本内容,小朋友可以从中选择其一,填好正面的文本内容之后把自己选择的禁止标志画在反面。

[分析]

最后通过完成 Report 的方式检测学生对本课文本内容的掌握情况。此部分采用

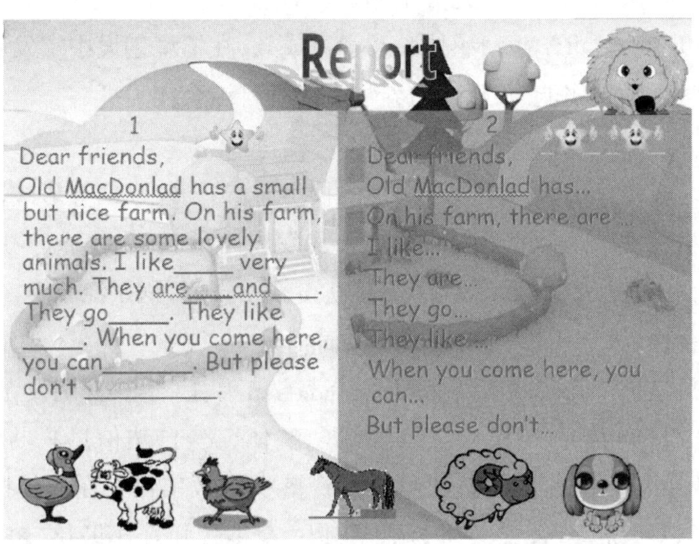

图 5 - 5　Report

分层评价方式,能力稍微弱一点的小朋友可以选择完成第一个文本内容,得到一颗星;能力稍微强一点的小朋友可以选择完成第二个文本内容,得到两颗星。

最终教师将小朋友一节课所得的星进行汇总评价,得到五颗或多于五颗星的为 A,得到三颗或四颗星的为 B,得到一颗或两颗星的为 C,没有得到星的为 D。

学生素质、层次不同,只有对教学目标进行分层,学生对所学知识的理解和掌握情况才能准确、完整地反映出来,使学习效果增强。

(2) 激励性评价,鼓励学生参与

教学评价中的激励性评价可以激活课堂教学,激发学生参与课堂教学积极性,促进学生的主体活动。九亭第二小学骨干教师孙老师这样总结音乐课堂教学:“我引导学生从聆听到模仿,将激励性的教学语言贯穿其中。如用‘大家的听力真不错,相信你们的模仿能力更棒’激励全体学生;用‘请歌声最美的小百灵为大家示范演唱一段,同学们欢迎’激励个别学生。在激励性的评价中,学生的能力得到了认可,心理获得了满足,同时也增强了学习的积极性与主动性。”

(3) 肯定性评价,鼓励学生创造

教师应客观看待学生个体差异,尊重学生智力、能力上的不同,给予学生不同程度的肯定性评价,以增强学生自信心,培养学生的创造能力。简单的一句肯定性评价是对学生莫大的肯定。孙老师在这方面同样很有体会,她这样写道:“音乐教学是音乐艺术的实践过程,因此,学生走进音乐、获得音乐审美的方法和策略可以是多样化的,如演唱、即兴创编、小组合作参与。教学中,教师通过节奏创编、个人展示、小组合作等环节,为学生的创造性思维的发展提供充分空间。教师应以学生发展为本,创设利于学生表现、创造的教学环境,注重学生情感体验及学习成效,在情境创设中求发展,拓宽学生的知识面并提高学生的创作能力,从而培养学生的学科综合能力。”

3. 合作探究,促进自我成长

青年教师通过专家引领、个人反思、组内校本研修、同伴互助等形式,在学习共同体教师之间进行相互观摩、讨论与研究,促进自我发展。所以,在教师学习共同体下搭建的学习交流平台中进行专业发展活动,能够获得教学技能,积累经验。

(1) 团队合作,教学相长

勤能补拙是良训。为了培养青年教师,在教学工作上,学校分别设立低段和中高段的语文组、数学组、英语组,还设立了综合组(音、体、美、自然信息),将青年教师编成“青年教师培养小组”,由各组的备课组长负责落实带教工作。在具体操作上,由组长负责,以“教、学、导、研”组合式教研为抓手,以“青年教师合作锻炼、培训”为方式,以“小组工作室”为形式,切实提升培养成效。学校还成立了德育、语文、数学、英语、综合五大学科中心组,以“合作培养、合作管理、合作发展”为主要抓手,促进青年教师成长。

在每学年举办的新教师教育教学课汇报、展示、考核活动,青年教师课堂教学大奖赛,东北片课堂教学评比,区青年教师学科技能评比等活动或比赛中,不管是参赛的还是观摩的老师,都得到了很好的锻炼和培养,得到了快速发展。

(2) 勤借平台,体现自我

教师如果不学习,教学工作就会成为“无本之木,无源之水”。校本研训的主阵地在教研组,在课堂。随着教学改革的不断深入和新课标的不断推进,九亭第二小学的青年教师从自身出发,认真学习新课标,积极参加新教材培训活动。在活动中,青年教师做好笔记,互相探讨,积极开展以“学习—研究—实践—反思—提升”为模式的校本研训活动。青年教师紧紧抓住每次展示自我的机会,借助不同的交流平台,用“勤奋求实,明理笃行”理念来约束、指导自己的工作。

校级层面:每学期组织3次(12节)青年骨干教师校级展示活动;组织青年教师基本功比赛活动;开办青年教师读书沙龙;组织一年届满见习期教师教学、教育能力考核工作暨汇报评比活动;开展结对共建校(善荣小学、世泽小学)送教上课活动;每学年组织一次东北片教学评比活动;组织五校共同体联动活动。

区级层面:参加松江区中青年教师课堂教学评比;参加松江区1至5年教龄青年教师课堂教学评比;参加松江区1至5年教龄教师案例评比;参加网上晒课活动;2年教龄教师参加教育教学基本技能考核;3年教龄教师参加教育教学专业知识考核;每学年组织见习教师暑期集训。

从 2013 年五校共同体建立到现在，我校青年教师在区市级各类比赛中获得了多项荣誉，其中，国家级获奖 3 项，市级获奖 53 项，区级获奖 193 项。

每位青年教师都在不断成长，在团队合作中互帮互助，熟练掌握各项课堂教学技能，践行“和爱育人”的校训。

二、乐学：学生在课堂教学中的“变”

课堂教学追求有效。有效在现代汉语词典中的解释为有成效，有效果。课堂教学的主体是学生，我们希望学生通过有效课堂，在学业方面有收获、有提高、有进步；在人格品质塑造上有发展、有健全、有完善，达到“三维目标”的要求。教师课堂教学行为的改进、教学方式的改变，受益的不只是学生，还有教师自身。教师在创建有效课堂的过程中提升了自己的素养，感受到当教师的幸福，也让学生感受到学习的快乐和成长的喜悦。

（一）爱阅读

阅读是终身学习的一种有效方法。小学是学生阅读的关键阶段。养成阅读的习惯，热爱阅读会使学生终身受益。

以往，有这样的现象，班级里建个图书角，不过是走走形式而已。书拿来后摆在那里，检查过后便撤走。可是，我校秦老师引导学生好好利用图书角，让图书角真正动起来。在图书角管理的过程中，学生收集图书，给图书编号，共同制定图书借阅规则，明确图书管理员职责，推选图书管理员，编排图书管理记录册。

图书角在学生的管理下有条不紊地运行。学生也体会到自己的活动自己搞，自己的事情自己做的乐趣。秦老师认为学生自主管理的能力既不是与生俱来的，也不能随年龄增长自然产生。只有在自己管理自己事务的具体实践中，学生才能历练出自主管理的能力。作为班主任，她为学生创设了一个平台，引领他们借助这个平台，施展自己的本领。小小图书角，既让学生增长了知识，也让他们爱上了阅读。

陆老师班上的小明是个闹腾的孩子，刚开始只会用暴力来解决冲突。平时，陆老师会在课堂里和孩子们一起阅读绘本。某一天，她给全班孩子讲了一个故事《大卫惹麻烦》。故事中的大卫是个六七岁的孩子，因为调皮捣蛋惹出一系列可笑的麻烦。“你看到了什么？”“他错在哪里？”小明看得津津有味，甚至能头头是道地回答这些问题。改变悄悄发生——小明打架的行为减少了，甚至还充当起了“调解员”的角色。

“书香校园导读站”是孩子们自己的读书广播。每周三中午，孩子们一起聆听汤素兰、赵静、唐池子等儿童文学作家的讲座，读金波的《让太阳长上翅膀》，编织《夏洛的网》。《兔子坡》中可爱的动物形象和引人入胜的故事情节弘扬了一种健康向上的文化，号召孩子们要爱护动物，与动物和平相处；岛田洋七的《佐贺的超级阿嬷》，启示大家要换个角度，乐观实际地面对人生，永远保持知足惜福的心态；“中国神话故事”专题带着大家走近神秘莫测的古代文化；“中国幽默儿童文学创作”系列中的《没头脑和不高兴》《笨狼的学校生活》给大家带来了欢笑。

莎士比亚说：“书籍是全世界的营养品。生活里没有书籍，就好像没有阳光；智慧里没有书籍，就好像鸟儿没有翅膀。”孩子们通过阅读走进了一个个别样的世界，而我们的老师则重新回到儿童时代，洗涤自己的心灵，走进孩子的世界……

（二）会思考

发展学生思考力对提高学生的创新素质、挖掘学生的潜能、增强学生的自主学习能力具有积极的推动作用，是学生探究意识和创新素质提高的重要保证。

在王老师的数学课堂里，她让学生通过独立思考和尝试，创造出属于自己的“数墙”（数字墙）。每座“数墙”都体现了学生独有的特征。刚开始有的学生感到无从下手，而有的则能奋笔疾书；有的学生从下往上造“数墙”，而有的则是从上往下造“数墙”；有的学生会按照一定的规则（如对称性）进行创造，而有的则是天马行空。在这一过程中，学生独立思考、分析、综合，按照同样的规则创造出不同的数墙，体现了数学思维的灵活性、创造性。随后，学生展示“数墙”并进行交流和评价，不仅可以交换彼此的思想，更可以触发学生创造的灵感。虽然小学一年级学生的创新发现与大人们的创造发明具有很大的差别，还属于创造性思维的低级形态，但是从本质上讲，也是一种创造过程，值得鼓励。

数学思维品质的培养过程，实际上就是对学生的数学思维进行有意识的强化过程。在“数墙”一课中，学生在实物感知、直观辨认、抽象思考的过程中处处用脑，积极主动地参与“数墙”的形成过程，并体会数学的严密性和创造性。学生在这样一次又一次的“思维体操”中得到锻炼，最终提高了思维能力。

在画面揭示儿歌《采蘑菇》课题后，老师先让学生读准“采”字，再用三根手指由张开到收拢，演示“采”的动作，让学生通过形象感知记住“爪字头”，理解字义，后让学生根据三幅图体会句型“谁在采什么”，用“采”字说一句话。不难发现，在渗透“音形义”教学时，教师也在教学生学习与思维的方法，将形象思维与语言训练有机结合。

儿歌中，还有这样一句话：“绕过树林，穿过草地。”其中一个“绕”字与一个“穿”字用得特别准确、传神。学生通过观察画面与教师动作演示，如临其境，体会了“绕”与“穿”这两个字在儿歌中的规范性与严密性。形象与直观的结合，往往易于学生思考与记忆。

在识字环节中，学生思维活跃，学得主动。老师除了注意渗透汉字文化，让学生从小喜欢汉字，了解汉字发展的历史，还使生字的音、形、义教学因课而异，因字而异。

（三）善探究

苏霍姆林斯基在《育人三部曲》一书中指出："让我培养的每个孩子都成为会思考、会探索的有智慧的人。"以学生为主体，发展学生的探究能力，教师在教学过程中应尽量做到少"包"多"让"，利用多种渠道让学生探究，培养他们的探究能力，使学生真正成为学习的主人，促进学生全面发展。

青年教师白老师主动改变"满堂灌""一言堂"的现状，学着走近学生，学会倾听，关注课堂生成。她惊喜地发现，学生往往会被老师发掘出不一样的潜力。

"平行四边形"一课的教学难点是使学生说出"长方形是特殊的平行四边形"并进一步理解掌握。在设计教案时，白老师根据教材编排，预设了突破教学难点的环节，希望学生跟着教师的思路，一点点设问、引导、回答，再设问、再引导、再回答。但与此同时，课堂是具有灵活生成性的，她也充分做好准备，努力抓住课堂中的一些生成性资源。她倾听学生的发言，关注他们的反馈，思考他们为什么这样提问，思考他们为什么这样回答。

正式授课的时候，在突破难点这个环节，果然生成了两种答案，即这种图形是平行四边形和这种图形是长方形。她抓住了这种课堂上的自然生成，及时提问，让学生说出"长方形就是平行四边形"，从而根据长方形的特有特征，引导出"长方形是特殊的平行四边形"，顺利突破教学难点。学生在这样的教学氛围下，学习兴趣得到了很大的提升，对于平行四边形、长方形之间的关系也有了深刻的认知。

"疑"不仅是探求新知识的开始，也是探求新知识的动力。丰富多彩的教材内容，让学生拥有了丰富的词汇。语文教材中包含了广阔的社会生活、自然世界和科幻世界，同时也包含了古今中外、名胜古迹、名人轶事，不仅开阔了学生的视野，还拓宽了学生的知识面。

老师问："读了课题，你们想知道什么呢？"孩子们的小手几乎都举了起来。你一言我一语，每一次的课题质疑，经过梳理还真是课文的主要内容。想象说话训练，也是绘声绘色。三年级第二学期《班长的苦恼》一课中有这样一句话："教室的屋顶差点让喊声掀掉。"如果你是小苗的同学，你会说些什么？还有一句话："嘴皮子就这么轻轻一动，整个屋子突然静悄悄……"你猜他们都在干什么呀？如果说诗歌给学生以想象，那么学生的回答也让诗歌变得丰满。学生丰富的阅读经历使他们更加自信，具有活跃的思维和丰富的想象力。

"问"的本质是开启学生思维活动之窗，"思维"需要问题。在课堂教学中以不同的切入点进行探究,让知识、能力和情感富有一种高动态的美感;让“探究”成为参与、协作、沟通的桥梁;让知识不断地转变、整合和构建。

(四)乐合作

课程标准倡导的学习方式是自主、合作、探究。小组合作学习,这种教学组织形式被越来越多地引入课堂,师生、生生间的合作交流成为学生的重要学习方式。这种学习方式给予学生更多自由活动的时间和相互交流的机会,充分体现了教学的民主。

陈老师在验证平行四边形的面积公式时,采用了小组合作的形式,让学生自己拼剪、自己提问、自己展示作品并找到共同点和区别,进而验证平行四边形的底等于长方形的长,平行四边形的高等于长方形的宽。在这个过程中,教师没有提示,学生积极参与小组活动,自发进行探索。

张老师在英语故事型教学中让学生将故事内容充实起来,让语言习得丰富起来。在讲故事前,老师让学生猜猜故事要讲什么;在讲故事时,学生与老师一呼一应,学生投入多,思考多,兴趣浓,知识掌握也更牢固;在表演的过程中,注重学生间的合作,通过角色扮演,让学生将故事通过表演的形式展现出来,给予学生更多的空间。老师和学生之间的合作赋予了语言生命力,也达到了教学的真正目的。

在5A M3U3 Seeing the doctor 中的有一个小故事“The toothless tiger”,张老师通过让学生自己猜一猜、说一说、演一演的方式来推进教学的各环节。如在引出“hide in a secret cave”时,让学生猜一猜动物们怎样“run away”。在引出“have a meeting”时,让学生猜一猜动物们躲在山洞里会干些什么。在引出故事的高潮——狐狸想出给 Mr Tiger 吃糖让它蛀牙的主意时,又借助图片让学生想一想对付老虎的可行方法,如 use a knife, use a net, call the police。在教学的整个过程中学生始终在思考,并且通过一些有趣的表达词,如 horray 来表达自己的思考。在表达时他们的语言、动作、表情全部融合,投入到故事语境中,课堂气氛活跃。在个别学生的回答示范中,其他学生的思维也逐渐被打开,全体参与、融合共进。

叶澜教授说过:“课堂教学应被看作师生人生中一段重要的生命经历,是他们生命的、有意义的构成部分。”在课堂教学时,教师要坚持以学生为主体,使学生充分参与到教学活动中,使他们有一种共同参与、互相合作的喜悦感,激发他们学习的积极性,发挥出他们的最大潜能。

乐学的课堂会闪现智慧的灵光,这股灵光来自作为学习主体的学生,同时也属于作为学习主导的教师。

改革的必然规律是沿着事物的发展方向,不断修改、不断完善,用一种适应的理想化姿态,去融入、去重组,然后衍生出另一种更加符合发展规律的模式。教育的改革,也是如此。20世纪七八十年代的教育偏“公式化”，教师的培养任务完全由师范学校和培训机构来承担，一直到20世纪90年代中期，才有了教师资格证的规范化考试。一名新教师踏上工作岗位之前，所要参加的学科考试多达十几种，还要做研究搞课题，似乎很全面。但现实是需要教师去改变、去适应的。

我们知道，每一个人的专业素养要靠勤奋学习去堆积，不断叠加不断反思，才形成其独特的风格。教师又是一份耗费精力的工作。新教师初上讲台，面对活泼可爱的学生，学校里学习的一些理论知识很难派上用场。这就需要他们回过头来，重新研究学生的心理，研究驾驭课堂的技巧，研究处理教材的方法，研究管理班级的策略。新教师的点滴成长，离不开身边有经验教师的适时点拨，离不开学科组里大家一起对教学环节的及时探讨，离不开每一次展示前的反复研磨，离不开学校为年轻教师搭建的共享平台。

我们欣喜，合作培养模式一步步成熟，为每一位青年教师提供了无限大的成长空间，使其教学水平在一次次的教学实践和合作研修中得到锻炼提高，沟通技巧在一次次的聆听与反思中实现灵动飞跃。在与师傅、同事、校友的日常共处中，他们学会了分析教材、设计单元模块，学会了同课异构、多元评价。共同体学校之间的合作培养，共通的是培养青年教师的经验方法，共享的是学校管理的至臻艺术——育师又育生。

我们执着，合作培养模式一年年完善，为每一所学校的科学管理带来不小的改观，提升学校办学品质的关键在教师。育人必先育己，教师看到了兄弟学校的与众不同，不管是人文的还是其他的，新的方式在交流中生成着，有趣的设计在磨合中出现着。大家在合作中增进了彼此的信任，在研修中取得了意外的收获。

我们的教师在改变，我们的课堂也在改变。教师和谐相处，学生积极进取；上课的效率提高了，学习的兴趣更浓了。

合作培养带来了灵动的教学。教师变得善于思考了，语文课变得“故事了”，数学课变得“贴身了”，英语课变得“幽静了”，体育课变得“趣味了”，自然课变得“挑战了”。教师都讲究课堂教学的互动性、参与性，设计的教学符合学生的实际，布置的练习有坡度分层次。这是合作带来的成果，他们不断研究教学的精髓，修炼各自的品行。

合作培养带来了乐学的课堂。学生变得乐于学习了，计算时变得仔细认真了，对话时变得顺畅流利了，锻炼时变得沉稳坚韧了。学生讲求学习的效率，上课听得更加仔细认真了，作业写得端正高效了。因为养成了良好的学习习惯，习得了良好的品德行为，学习变成了自我成长的必修课。

我们的校本研修从校内的师傅带教，发展到名师引领，发展到校际联动，又发展到共同体联合。我们沿着教育改革的发展之路，从单一到多向，从局部到整体，校本开发逐步加速，对研修的认可度也慢慢增加。老师们从中收获了合作的真诚，懂得了学习，懂得了谦逊,体会了进步的艰辛。

合作培养是符合学校实际发展需求的一种培养方式。多所学校的实践研究证明,它具有操作性强、方便灵活、富含生活气息、符合教师自身发展需求的特点,它既能让教师通过不断研磨提升自己,又有利于教师形成团队意识,是学校师训工作的重要部分。

附件

教师对合作培养的前期调查问卷

尊敬的各位老师:

您好!

为了使我校青年教师快速成长,教育教学能力不断提升,进一步提高合作培养的质量,我们准备了这份调查问卷,请您在百忙之余帮助我们完成本问卷。

本问卷不记名,所填写内容对您不造成任何影响,其结果仅为研究分析所用,请您根据自己的真实情况和想法填写。衷心感谢您对我们工作的支持!

一、教师基本信息

1. 您的性别是( )

A. 男 B. 女

2. 您的教龄是( )

A. 0至1年 B. 1至2年 C. 2至3年 D. 3至4年

E. 4至5年

3. 您的职务是( )

A. 备课组长 B. 教研组长 C. 年级组长 D. 中层领导

E. 普通教师

4. 您现在的最高学历是( )

A. 中专 B. 大专 C. 本科 D. 硕士研究生及以上

5. 您现在的专业技术职称是( )

A. 见习期 B. 小学初级 C. 小学高级 D. 中学高级

二、合作培养情况

1. 您认为有无参与合作培养的必要( )

A. 很有必要 B. 没有必要 C. 无所谓

2. 您觉得有无与其他教师交流教育教学经验的必要( )

A. 很有必要 B. 比较必要 C. 没有必要 D. 没有想过

3. 您参与合作培养活动的动机是( )

A. 出于自身专业发展需要

B. 出于评职称、评先进需要

C. 只是为了解决教育教学中的问题

4. 您是否希望自己在研修活动中得到其他教师的指导与帮助(　　)

A. 非常希望　　B. 有些希望　　C. 不希望　　D. 没想过

5. 您在教育教学中遇到困惑,最希望从哪里得到帮助(　　)

A. 网络　　B. 书　　C. 同事　　D. 其他

6. 常见教师间的合作培养方式您比较喜欢的是(　　)

A. 专家讲座　　B. 集体备课

C. 听课评课　　D. 教师自由交流

7. 您认为最有效的合作培养形式是(　　)

A. 跨年级跨学科　　B. 跨年级同学科

C. 同年级跨学科　　D. 同年级同学科

8. 在合作培养活动中,您比较注重的是 (　　)

A. 网上查找资料　　B. 整理自己的思路,总结感悟

C. 活动后的实践应用　　D. 与其他教师交流讨论

9. 您希望参加的合作培养活动,主要侧重下列中的哪种(　　)

A. 针对学科热点问题研究讨论　　B. 听与学科相关的讲座

C. 听课、评课、磨课　　D. 由备课组确定研究主题,展开研究

10. 您认为哪些因素对提高自身专业素养起到主要作用(　　)

A. 合作培养　　B. 自学　　C. 网络　　D. 其他

11. 您认为自己在合作培养中遇到的主要困难是(　　)(可多选)

A. 想搞研究但不知如何着手　　B. 教学任务重、压力大,没有时间

C. 人际关系不和谐,不知如何沟通　　D. 缺少专业知识

E. 没有教学经验　　F. 其他

12. 您在合作培养活动中得到的帮助主要来自(　　)

A. 备课组内　　B. 备课组间　　C. 学校　　D. 区域

13. 以下教师合作培养途径中,您认为对您帮助最大的是(　　)

A. 经验交谈　　B. 讨论会　　C. 实际观摩　　D. 对话交流

14. 您认为自己在合作培养中最欠缺的能力是(　　)

A. 教研能力　　B. 创新能力

C. 语言表达和沟通能力　　D. 组织管理能力

E. 学科专业能力

15. 您比较愿意参加的合作培养活动方式是(　　)(可多选)

A. 听课、评课教研　　B. 集体备课

C. 专家的指导,同行的交流　　D. 教育理论讲座

E. 基于案例的研讨　　F. 观摩市级教师的优秀课

G. 教材分析　　H. 其他

16. 您觉得参加下列哪种研修活动更有效果(　　)(可多选)

A. 全校同学科教师参加的集体研讨　　B. 备课组内小集体研讨

C. 有专家指导的有主题的研讨　　D. 关系好的同伴间的研讨

E. 同学科同事之间的随时交流　　F. 学科大组的常规活动

17. 您对参加教师合作培养的整体评价是(　　)

A. 很有收获　　B. 较有收获　　C. 略有收获　　D. 没有收获

18. 您认为在学校开展教师合作培养哪些方面需要改进(　　)

A. 时间和资金保障　　B. 政策制度支持

C. 营造合作氛围　　D. 其他

第六章　师生互动与集智研修

在全球化、多元化的大背景下，教育亟须革新和改进。教育改革涉及的主体是教师和学生。师生互动的有效转变，直接影响课堂教学质量。一所学校课堂的变革依靠的就是学校的校本研修。我们集聚各方面的智慧，以校本研修为手段，深入了解课堂教学中师生互动的有效方式，促进教师观念转变，促成课堂教学实现转型。

随着人们对学生主体地位认识的增强，教学过程中学生主体作用的发挥越来越受重视。学生在课堂教学中的积极参与，更强调教师在教学过程中的主导作用，对师生互动提出了更高的要求。有效的师生互动，能促进师生共同成长与提高。

学校开展师生互动研究，将有助于教师在实际教育教学中采用恰当的教学方式，构建有效的师生关系，从而进行更有效的师生互动，为学生学习提供依据与支持。

第一节　师 生 互 动

20 世纪 70 年代起，在西方教育社会学中，师生课堂互动行为就成为一个专门的研究领域。不同学科的学者用多种方法研究互动类型，产生了诸多研究成果。国外从师生关系、课堂气氛、课堂管理、学生身心健康等角度对师生互动进行了大量的研究。

国内学者对师生互动的研究相对较晚，自 20 世纪 90 年代以来，国内学者对师生互动的研究也只涉及师生关系，主要停留在对师生互动的研究。要在课堂教学中有效进行高效率高质量的师生互动，对于师生互动的理念、师生互动的模式都要有新的认识。师生互动方面的行动研究需要一线教师的实践。师生互动也逐渐成为学校进行校本研修重点关注的问题，取得了一定的进展。

一、师生互动的理念

广义上讲，师生互动是指教师和学生之间所有的相互作用以及相互影响，这种影响无论是发生在师生个体之间或者是发生在师生群体之间，还是发生在教育教学情境中或者是发生在教育情境以外的社会背景中，都会导致师生双方心理与行为之间发生同向变化或者反向变化。狭义的师生互动是指在教育教学情境下,师生之间相互传递信息、交流思想情感并相互影响、相互作用的活动过程。新课程标准在讲述"教学过程"时就明确指出"教师在教学过程中要与学生积极互动,使学生积极参与到教学中"。在新课程标准的引领下,互动已成为绝大部分中小学教师的思想共识和自觉行动。

课堂师生互动是指在课堂中各个要素调控的基础上,师生在相互认知、相互理解的基础之上,相互作用、影响和提高的过程。即在实际的课堂教学中,互动建立在教师与学生两者之间相互认识、相互理解、相互解释的基础上,建立在以教学资源(物质资源、非物质资源)作为中介的互相作用的过程中。同时,在师生双方平等对话的前提下,师生、生生、师生与文本相互作用的过程,也是师生共同发展与提高的过程。在课堂教学中,师生互动主要包括三个成分。第一,认知成分。在教学中,互动双方都在进行感知、判断和理解,并且形成相应的概念。第二,情感成分。这个主要是指互动双方在情感上的倾向以及对于交往现状的满意程度,具体表现为师生之间是相互依恋还是相互疏远,他们把在情感上心理共鸣作为相互选择的标准。第三,行为成分。教师在实际的教学过程中容易以自己固有的智慧、知识以及人格等影响学生,并且将自己对学生的认知情感转化为集体的教学行为从而促进学生的发展,学生往往也会以自己具体的学习行为表现,从侧面(包括听课、提问、作业、日常互动等方面)反映出自己对教师教诲的理解、接受程度。

(一) 教师眼中的师生互动

课堂中观察到的只是一种现象,而隐藏在这种现象背后的则是教师和学生对于课堂互动的理解以及在实际教学过程中彼此的行为表现、心理变化等。

小学教师对师生互动这一概念有着不同的看法和理解。一部分教师认为师生互动就是活跃课堂气氛,让学生积极参与到课堂中来,让学生积极踊跃发表自己的看法,教师在教学过程扮演着组织者和引导者的角色;另一部分教师认为师生互动就是在实际的课堂教学中让师生的思维都活跃起来,注意师生之间的交流对话,你问我答,课堂气氛融洽。教师在教学过程中有效运用肢体语言,通过简练准确的语言向学生传授知识,使学生思维处于活跃状态。比如,在上教版小学语文三年级第一学期《梅兰芳练功》一课中,教师主要运用了谈话法。谈话提纲如下:(1)上面画的是哪儿,图中的人在做什么?(2)你能试着做一做这些动作吗?(3)你还认识哪些有同样偏旁的字?(4)你能给这些词编一个字谜吗?学生思维活跃,对传统戏剧有着浓厚兴趣,认真配合教师的教学,这节课进行得非常顺利。还有一部分教师认为师生互动就是要追求一种较完美的师生交往状态。教师的教就是要让学生对其产生兴趣,因为兴趣是学生隐形的"教师",目的是让学生的思维动起来。学生的学习状况也会影响教师的教学态度和教学策略。教师应发挥教学机智的作用，及时采取解决措施，注意观察学生的个别差异，因材施教。

（二）学生眼中的师生互动

受年龄特点影响，小学生都喜欢有感情地朗读课文，都愿意积极回答问题。学生从教师那里得到肯定，自信心会增强，学习积极性会大大提高。有一小部分学生不敢回答问题，不主动参与到课堂中来，是因为怕被其他同学嘲笑，自尊心受到伤害。大部分学生相对被教师提问都更喜欢自己主动发言。学生遇到自己会的问题都会积极主动地回答。比如在美术课堂中，学生最喜欢的一部分就是情境再现，学生可以扮演自己喜欢的角色，与教师进行互动。教师的表情、动作、神态等也对学生参与美术课有一定的影响。

（三）师生有效互动的教育价值

自从课程改革实施以来，师生互动已经逐步成为教学研究领域，特别是教学过程研究领域的热点之一。它的教育价值得到了越来越多教育实践者的认同。师生有效互动的教育价值主要体现在以下三个方面。

1. 有利于发挥教师的主导作用

课堂教学中的师生交往是有计划、有目的、有影响的交往，主要的任务和目的是全面落实素质教育理念，引导、帮助学生在德、智、体等方面得到全面发展，使其具有正确、科学的世界观、人生观和价值观。教师要完成教学任务，实现预定的教学目的，就必须充分发挥自身在交往中的主导作用，积极主动地创设良好的交往情境，并且教会学生遵守教学交往的规则，掌握相应的技能，形成一定的规范。在课堂教学中实施有效的师生互动，不但能帮助教师了解每一个学生的个性特点，而且有助于教师自身不断反省教学行为和态度，从而避免由于自己主观因素而忽略有利于学生发展的方向。

2. 有利于凸显学生的主体地位

在课堂教学中，被关注的对象应是每一个学生，教学过程应使学生具有一种愉悦的情感体验。在传统课堂中，教师统领整个课堂，采用包办代替的教学方法。在传统课堂中，学生仅是被动接受，不能有效地发挥自己的主观能动性，参与课堂的主动性得到抑制。长此以往，学生不敢发表自己的意见，学习兴趣也得不到激发。相反，在师生有效互动的课堂中，师生平等交往，积极互动，教学相长。这不仅充分凸显了学生的主体地位，也有利于提升学生的学习兴趣，激发学生的学习动机，增强学生的自我效能感。

3. 有利于促进师生的心理健康

心理学研究表明，人类需求从低级到高级可分为五种层次，分别是生理、安全、社交、尊重和自我实现。其中，尊重需求包括两方面：自尊和他人对自己的尊重。自我实现需求则是指实现个人理想、抱负，发挥个人聪明才智的需求。这两种需求得到满足，会使人认为生活有意义，会使人充满愉悦感和幸福感，从而有利于人的心理健康。师生互动的本质就是师生双方致力于满足尊重需求和自我实现需求的过程与状态。在师生有效互动中，一方面，师生双方能切身感受到尊重和重视，从而在心理上获得对教与学的认同；另一方面，互动的过程也是师生展示能力、素质和个性的过程，展示有助于师生获得成就感。显然，这种过程和状态有助于满足师生尊重需求和自我实现需求，有助于促进师生心理健康。

二、课堂教学中师生互动的方式

互动论认为教育是一个有机发展的社会过程，通过人际之间的互动建构促成有意义的学习。在传统的教学模式中，教师是主动的施教者，学生则是被动的接受者，这种模式与信息时代的教育现实已不匹配。互动论认为教师是学生的引导者，是学生的促进者，两者应共同发展。新时期课堂教学互动主要有三种模式，即师生互动、生生互动、人机互动。互动论要求学生从被动接受转变为主动参与，主张教学应是教与学相互作用的结果。这里以语文学科为例，谈谈语文课堂教学中师生互动的模式。

《语文课程标准》指出："学生是语文学习的主体，教师是学习活动的组织者和引导者。语文教学应在师生平等对话的过程中进行。"随着课程改革的推进和素质教育的深化，学生在学习中的主体地位不断得到关注，课堂教学方式也发生了巨大的变化。

传统的语文课堂教学依旧停留在教师讲、学生听的状态，灌输式教学较多，学生仍然很被动，其学习主体地位的体现并不理想，学生在课堂中自主、合作、探究的学习能力并没有得到提升。

因此，为了让学生主动进行探究性学习，培养其自主意识和创新能力，让其在感兴趣的自主活动中全面提高语文素养，我们顺应课改要求，在语文课堂教学中加入了师生互动的环节。师生互动的课堂教学模式多种多样，主要可归结为以下几种方式。

（一）问答式互动教学方式

（1）提问式

在语文课堂教学中，提问是师生问答互动中最为常见的教学手段。课堂提问可以直接引发学生对问题的思考，使师生直接进入教学互动状态。通过事先精心设计的问题引导学生进行思维活动，加深其对教学内容的理解，这是一种极为有效且操作性极强的互动方式。

苏霍姆林斯基说："教育的技巧并不在于能预见到课堂上发生的所有细节，而在于教师能根据具体情况，巧妙地在学生中做出相应的变动。"所以，教师在进行提问式互动教学时要做好全方位预设的教学准备工作，善于发现课堂中的生成性问题，灵活运用各种方法引导学生探究学习。

（2）讨论式

在小学语文课堂中，讨论是提问的衍生活动，也是教学活动中必不可少的一个环节。讨论式互动教学模式是指以教师为主导，以学生为主体进行的有意识的思维活动。在这个活动中，学生对各自交换的信息进行个性化的解读，因看问题的角度不同，分析问题的方法不同，理解能力各不相同，产生了各种观点。这极大地提升了学生的思维广度。

无论是师生互动，还是生生互动，学生始终处于一个“问题—思考—探索—解答”的思维状态。这种自主学习的过程会帮助学生形成积极、独立的思考习惯。

（3）辩论式

辩论式教学模式不同于讨论式教学模式，前者注重观点的建构，后者注重信息的整合。

在语文课堂教学中，有疑问就有思考，有思考就有表达，有表达就有观点的冲突，进而引起激烈的辩论。很多学生都有争强好胜的心态，总想以自己的观点说服他人。因此，在这个过程中教师可以引导学生抓住问题的主要矛盾分析问题组织语言，使学生形成自己的认知结构与表达结构，促进学生对知识的深层理解。这对于学生思维能力的培养至关重要。当学生通过自己的思辨而获得成功的喜悦时，其自主学习的兴趣会更加浓厚。

（二）演绎式互动教学方式

我们称学生在教师的引导下按照教材要求去扮演一定的角色，并且能够通过角色扮演加强对教材内容的理解，从而掌握教材内容的教学方式为演绎式互动教学。这种教学模式是受两位美国社会学家范尼·谢夫特和乔治·谢夫特《关于社会价值的角色扮演》的启发而演绎出来的。

小学生的表演欲望非常强烈，在表演中他们可以释放自我，展示自我。教师和学生通过演绎不同的角色，再现情境学习。这种互动教学模式不仅能够帮助学生体验和思考角色的内涵，还能够通过行为体系构建学生新的社会认知。这种互动教学模式始终渗透着师生、生生之间的互动交流与合作，教师在其中充分发挥其主导作用，学生在其中充分凸显其主体地位，形成正确的情感、态度与价值观。其主要形式有课本剧中角色的生生互动演绎、阅读教学中的生生互动、分角色朗读中的师生互动等。

正如一句英语格言所说：“只是告诉我，我会忘记；要是演示给我，我就会记住；如果还让我参与其中，我就会明白。”这便是让学生积极参与演绎式互动教学模式的优势。

（三）探索式互动教学方式

在教学中使用探究方法最早是由大教育家杜威提出的，他说："科学教育不能仅仅局限于让学生被动地学习大量的知识，而应该更多地关注科学研究的过程或方法。"同样，《语文课程标准》提倡学生运用自主、合作、探究的学习方式，强调尊重学生的求知欲，激发其问题意识和进取精神。

探索式互动教学模式，是指教师以启发性、探索性为原则，根据《课程标准》以及教学目标和教学内容，提出难度适中、逻辑合理的问题，让学生通过观察、阅读、讨论等多种途径去独立探究，在独立探究的过程中发现、掌握、总结出相应的原理、方法与结论。

这种师生互动的模式把教师作为主要指导人，把学生作为主体学习人，在过程中注重教给学生主动探索、认识和解决问题的方法，启迪学生的思维，调动其主观能动性。

优化小学语文课堂教学中师生互动的方式，形成师生互动教学模式，不但能够为学生提供一个良好的课堂教学环境，同时也能够为教师课堂教学活动提供一定的组织模式，从而使教师进行有效的课堂教学，使教师教学效果最大化。师生互动教学模式立足于充分肯定学生在学习过程中的主体地位，让学生由被动学习走向主动学习，让教师由主导转向引导，师生之间逐步形成了较为系统的互动模式。

三、课堂教学师生互动有效观察点的设计与分析

课堂上的师生互动，是课堂上教师的教和学生的学之间关系的动态反映。实际上，课堂上的师生互动是一个矛盾统一的过程。随着师生互动研究的深入，逐渐形成了平等、开放、互动的师生互动理念。在此基础上，师生互动模式在实际教学中更加完善。

在实际教学中，怎样判断师生互动达到了预期目标呢？课堂观察不失为一种科学研究方法。教师可以对课堂的运行状况进行记录、分析和研究。课堂观察是一种行为系统，有明确的观察目的及观察对象。基于师生互动的模式，我们选取了三个观察点：教师课堂提问有效性分析、学生课堂倾听有效性分析和课堂生生互动有效性分析。

（一）教师课堂提问

课堂提问是一种最直接的师生互动行为，能够促进学生认知、情感和社会方面的发展，集中学生的注意力，激发学生探究知识的兴趣，启发学生的逻辑思维，增加师生间的交流沟通。课堂提问是一种普遍采用的教学形式，更是影响课堂教学质量的重要因素。

语文教学效率的高低受课堂提问效果的影响。恰当、准确的课堂提问能很好地提高课堂教学效率，能促进师生的平等对话，是课堂上师生互动的直观体现。

在课堂教学中，教师事先的问题设计和活动设计以及对当堂生成问题的引领，都是师生间的交往、互动和对话活动。教师通过各种问题设计及活动设计充分调动学生的学习积极性。提问成为师生交流信息、情感的重要途径。通过提问，学生的主体作用得到了充分发挥，学生乐于进行尝试、实践，能够自主、合作、创新地学习。

举个简单的例子，课堂上教师提问中的追问策略，能够引发学生对问题的深入思考，能够提高师生互动的质量水平。教师提问的覆盖范围更是直接影响课堂师生互动的紧密性。

1. 观察表（表 6－1）

表 6－1　教师课堂提问观察表的设计

问题编号	问题内容	时间节点	问题属性										提问操作										学生反应				
			提问目的					问题类型		难易程度			提问方式				应答反馈			反馈态度			参与度			应答	
			复习	启发	讲授	评价	其他	封闭	开放	难	中	易	直问	曲问	激问	其他	解释	启发	追问	积极	消极	无	高	中	低	有	无
……																											

2. 设计说明

表格针对教师课堂提问进行梳理。共分六个维度，分别是问题编号、问题内容、时间节点、问题属性、提问操作、学生反应。

“问题编号”能反映教师提问数量。教师提问讲究精练，问题要做到少而精，过多的问题，导致学生思维疲软，进行简单的条件反射式回答。久而久之，师生的互动将进入一个消极循环。

“问题内容”是表述课堂问题的具体文本，问题内容直接决定了问题属性。

“时间节点”用于记录提问的时间阶段，分导入、初读、精读、总结、拓展、作业，可观察师生互动的密度和分布。

“问题属性”是课堂提问目的、问题类型和难易程度。问题的提出要有目的性和针对性。根据提问在教学中的作用可将其分为复习式提问、启发式提问、讲授式提问及评价式提问。复习式提问能够快速让学生进入课堂状态，师生间的互动也能提前预热。问题类型可分为记忆、理解、应用、分析、综合、评价六种。前三种为封闭性问题，后三种为开放性提问。

“提问操作”包括教师在课堂中的提问方式、对学生应答的反馈方式以及反馈的态度。教师应使用不同的提问方式，吸引不同性格的学生，吸引课堂角落里的部分学生，增加师生互动的全面性。而教师的应答反馈与反馈态度属于师生间的直观交流。

"学生反应"包括参与度、应答。教师精心设计提问,就是为了激发学生的学习兴趣,使其积极参与课堂,主动思考问题,与教师进行有效的互动。

(二)学生课堂倾听

课程标准强调,教育过程是教育者与受教育者相互倾听和应答的过程,是教师、学生之间交流互动的过程。张华教授在《论教学方式转变》中提到"教学即倾听",强调师生倾听、生生倾听,师生双方真诚地回应,以此来构建互动的教学关系,实现师生双方主体性的建构与发展。

倾听在课堂中有着极其重要的作用。听课是学习的重要环节,是学习的开始,没有倾听就没有了消息的来源,无法拓展思维。倾听,帮助营造合作、探究、交流的学习氛围,使师生间有了更高层次的思维碰撞。

但是倾听不单纯是学生的一种接受学习,更是师生间、生生间的互动表现。小学生在课堂上的倾听情况,能够正面检验教师是否以学生为主体组织课堂、是否有效组织课堂教学以提高课堂教学效果,也能够侧面反映师生的互动情况。因为,倾听的课堂是师生共同经历的互动课堂。

1. 观察表的设计(表6-2)

表6-2 学生课堂倾听观察表的设计

	导入		初读			精读			总结		拓展			作业	
	老师讲课	同学发言	老师讲课	同学发言	小组交流	老师讲评	同学发言	小组交流	老师讲课	同学发言	老师讲课	同学发言	小组交流	老师讲评	同学发言
生1															
生2															
生3															
生4															
生5															
生6															
生7															
生8															
生9															
生10															
生11															
生12															

2. 设计说明

随机选择班级中12个学生，由多位老师分组观察，以保证观察的全面性和针对性。

如表6－2所示，课堂教学大致分为导入、初读、精读、总结、拓展、作业六个阶段。观察表针对课堂教学的六个阶段分别观察学生在老师讲解、同学发言、小组交流时对不同发言主体的倾听状况，以此来判断师生互动的有效性。

学生在课堂倾听时的不同行为表现，大致分为七种。分别是：

A. 坐姿端正。学生听课的习惯非常重要。身正、肩平、足安是学生上课认真倾听的表现之一。坐姿端正是学生与老师进行眼神、思维交流的表现形式。

B. 安静地听。老师的讲授时，学生能够认真倾听，不胡乱插嘴、喊叫，是课堂上教与学顺利进行的前提，也是师生互动的前提。

C. 回答老师的问题。师生互动还体现为学生对老师提问的应答。因此，课堂上学生对老师提问的应答观察是必不可少的。

D. 提出疑问。“发明千千万，起点是一问”“质疑是学习的开始”，这些学术界流传的治学格言，一再告诫我们“质疑”在学习中的作用。而课堂上学生提出疑问恰恰是师生互动进入到了更深层次的表现之一。

E. 无所事事，一副局外人的样子。课堂中的后进生很容易游离于课堂之外，甚至忽略老师和同学的一切发言。使这部分学生参与课堂学习，是师生互动有效性的重要部分。

F. 做小动作。学生的专注力很难维持一整节课，当学生注意力开始涣散，与老师的互动减少时，小动作便开始了，这是师生互动开始直线下滑的标志。

G. 说悄悄话。当课堂的内容和教师的讲授没有办法吸引学生的时候，同伴间的交流便出现了。此时的悄悄话不属于生生互动，这种互动是游离于课堂之外的。

(三) 课堂生生互动

生生互动是指学生之间的相互影响和相互作用，在课堂中包括学生之间的相互评价、相互激励、相互反馈、合作与竞争等方面。生生互动对学生的智力和个性发展有着举足轻重的作用。

教师在课堂上要让生生互动起来，要让学生勇于表现自己，善于表现自己。然而，很多学生游离于教师的教学之外，沉默寡言。这与教师的引导有很大关系，即师生的互动是有缺陷的。教师或过于表现自己而忽略了学生的反应，或提出的问题吸引不了学生的注意，师生互动产生了较大的隔断。

在教师的有效提问及学生的认真聆听下，学生之间的思维交流会更加畅通。而学生之间的互动合作性，与师生之间的互动融洽性显然是密不可分的。加强对课堂上生生互动的研究和探讨，对于观察师生互动有效性有着很大的研究作用。

1. 观察表的设计(表6-3)

表6-3　课堂生生互动观察表的设计

<table>
<tr><td rowspan="2"></td><td rowspan="2" colspan="2">观察内容</td><td rowspan="2">次数</td><td colspan="5">整体效果评价(A、B、C、D)</td></tr>
<tr><td>行为互动</td><td>思维互动</td><td>情感互动</td><td>互动自主性</td><td>互动有序性</td></tr>
<tr><td rowspan="6">观察记录</td><td rowspan="4">互动类型</td><td>1. 个体与个体之间</td><td></td><td></td><td></td><td></td><td></td><td></td></tr>
<tr><td>2. 个体与小组之间</td><td></td><td></td><td></td><td></td><td></td><td></td></tr>
<tr><td>3. 个体与全体之间</td><td></td><td></td><td></td><td></td><td></td><td></td></tr>
<tr><td>4. 小组与小组之间</td><td></td><td></td><td></td><td></td><td></td><td></td></tr>
<tr><td rowspan="2">互动方式</td><td>1. 合作式互动</td><td></td><td></td><td></td><td></td><td></td><td></td></tr>
<tr><td>2. 竞争式互动</td><td></td><td></td><td></td><td></td><td></td><td></td></tr>
</table>

2. 设计说明

生生互动主要包括行为互动、思维互动、情感互动三种互动方式。同时互动自主性反映了生生互动的主体能动性，互动有序性体现了生生互动的课堂规范性。

行为互动是指学生之间单纯行为上的互动，如相互评价作业、相互聆听背诵、合作讨论、做游戏等。

思维互动是指学生之间启迪式的提问和发言，对问题提出意见和建议并进行同伴间的合作讨论和交流，针对同伴的回答进行思考，表达看法。

情感互动是指学生在课堂上的互相鼓励和帮助，特别体现在小组合作中的生生互动上。

除了上述三种互动方式，还有合作式互动、竞争式互动等互动方式。

我们通过设计量表进行课堂观察，从这几个方面对课堂中的师生互动进行分析。

第二节　师生互动校本研修的实施

当前，校本研修作为教师教育的一种新形式越来越受到人们的重视。从某种意义上来说，校本研修是指以学校为基地，以教师为研究主体，以校内教育实践中的实际问题为研究内容，以促进教师专业发展为主要研究目的的教育研究活动。于是，我们集聚备课组、教研组、共同体学校等各方面的智慧，以校本研修为手段，以有效师生互动研究为抓手，不断促进教师的发展，促进课堂教学转型。

基于师生互动的校本研修模式首先从课堂中遇到的师生互动问题出发，总结师生互动中普遍存在的问题；其次深入课堂、观察课堂，研究师生互动中存在的问题；最后进行研讨、综合分析，从而达到改进教师教学行为、转变教育观念的目标，在此基础上进一步建构校本研修理论，解构校本研修实践，收集校本研修成果。

一、师生互动校本研修的三阶段

课堂教学是学校教育的主阵地，师生交往、交流、沟通是在课堂上进行的，所以对课堂教学的研究显得特别重要，尤其要加强师生之间双边交流和互动，促进课堂教学效率提高和课堂教学有效性提升的研究。

（一）发现问题

课堂中的师生互动是指师生在课堂教学情境下通过教学信息和思想的交流与碰撞发生的思维、情感、行为上的相互影响与作用。如今的教学过程中，师生互动受到了普遍重视，但说到实效还远远不够。目前的课堂中，在师生互动方面仍存在一些值得大家研究的共性问题。

1. 教师观念传统，学生主动性缺乏

很多教师鉴于以往的教学经验通常会运用灌输式的教学方法。这种教学方法既没有重视学生的参与度与主动性，也没有发挥学生的学习能动性，忽视了学生的看法，让学生单纯地接受知识，被动地学习。这种只关注结果却不讲究过程的教学，不仅对学生的身心发展不利，同时也违背了新课程改革的理念。

2. 盲目进行互动，教学目的性缺乏

现在，大多数教师认识到师生之间的互动能提高教学效率。但是，很多情况下毫无目的的盲目互动，并不能起到积极作用。教师在课堂中不断地提问，使得课堂学习没有重点，便会引起学生的反感。有时看似师生之间互动的情况比较好，但也只是表面上的热闹，并不能使学生真正学到知识，课堂的教学效率也较低。因此，这样的互动毫无实效。

3. 师生之间的互动仅存于表面，没有从根本上加以重视

在小学课堂教学过程中，有时师生之间的互动仅存于表面，这使得学生不能正确地理解知识内容，没有思考学习的目的，难以提高学习效果。表面性的互动不利于学生的发展，易对学生的学习造成负面影响。这种学习只是表面性的，在本质上是不能起到积极作用的，并不能提高学生的学习水平。

4. 师生互动方式单一

师生互动是一种相互交流的过程。在现实的教学工作中，大多都局限于学生与教师之间进行交流，学生之间的互动较少。学生无法了解同龄人对学习内容存在的困惑和问题，这样只顾自己学习的状态很难形成团结互助的学习氛围，不利于班级整体学习水平的提高。为了解决这一问题，教师要增加学生之间的互动机会。只有加强交流、了解，才能让学生更好地在竞争合作中提高学习水平。

5. 教师对学生的关注不够全面

很多时候学生希望教师对自己投入更多的关注，希望自己得到更多回答问题的机会。学生得到的回答问题的机会越多，学习兴趣就会越高。但是，在师生互动中，学生回答问题的频次差异较大。教室最后几排或边角的学生通常会成为教师忽略的对象，久而久之致使这些学生课堂表现不积极，学习兴趣锐减，学习成绩下降。

6. 教师提问语言的使用

教师对学生进行提问的目的可分两类，一类是引发学生思考，了解学生对知识的掌握情况；另一类是关注课堂管理。教师提问的内容及语调都会影响课堂提问的效果。

（二）研究问题

我们的校本研修不但丰富了师生互动有效性的理论研究，更重要的是对具体的教育教学实践产生了一定的指导意义。目前国内校本研修的组织实施主要是依托课例，通过发现问题、解决问题的研究模式来帮助教师改进教学行为；通过课例，让教师运用理论和实践经验来分析具体实践活动，以帮助教师更好地进行有效师生互动。因此，我们学校根据各教研组的实际需求，各有侧重地开展师生有效互动方面的课例研究。

以语文组为例，我们借助松江区名师指导团、曹光彪学校委托管理等力量，开展了“基于问题解决的听评课模式研究”教研活动，也一直在“师生有效互动”上进行着有益的探索。下面以四年级《扬州茶馆》一课为例谈谈如何通过兴趣的激发来促进师生有效互动。

这节课的立足点放在“提高学生独立阅读的能力”上，这也是上课教师想在自己的语文课上极力突破的一个方面。我们知道，在小学阶段，要培养学生独立阅读的能力，就要解决学生阅读动力的问题，即培养学生阅读的兴趣，是提高学生阅读能力的前提条件。而要提高学生的阅读兴趣，课堂上良好的师生互动是非常重要的。我们在课例研究中，就以互动的有效性对兴趣激发的作用为观察点进行研究探讨。

整节课下来，通过观察教师的授课和学生的表现，我们发现上课教师以下几个方面的教学行为对学生的兴趣培养是有效的,促进了师生的有效互动。

1. 教师的语言魅力

教师引人入胜的话语对学生的兴趣激发是有效果的。在导入课题时,教师问学生是否去过扬州,只有一位学生说去过。这时教师巧妙回应"那我们今天学习这篇课文就更有意义了",一下子把学生的注意力集中到课文的学习上来,使他们对课文的学习产生了一种向往。

自然生动的过渡语也很重要,在导入课题时教师试图通过"茶馆不单是喝茶"这一矛盾点来激发学生阅读兴趣。

2. 关注学生的参与

教师通过图片、视频、实物、动作、生活经历等方式调动学生的参与热情,进而激发学生的阅读兴趣。在学习"兜揽"这个词时,学生本身对这个词是不太了解的,于是教师通过表演让学生来体会,使学生的认识更加深刻,兴趣被进一步激发。在学习"烫干丝"这一部分时,教师通过让学生做动作、看视频的方式,引导他们去了解并且理解内容,增强阅读动力。教师甚至利用了实物演练,让学生能够真正参与进来。学生有了参与感,兴趣自然被激发出来了。

3. 关注方法的指导

学生对阅读有兴趣,很大一部分原因是他们在阅读学习时有成就感。教师由扶到放,逐步帮助学生解决阅读时遇到的困难,帮助学生理解字词,让学生体验学习的成功和乐趣,学生的学习兴趣便越发浓厚。

比如,在学习"零碎小吃"这一部分时,教师先让大家找朱自清介绍了哪些零碎小吃,几乎每位学生都能找到,之后教师再出示句子,问学生有哪些不理解的地方。学生的回答和教师的预设基本一致,于是教师重点帮助学生理解。学生读明白了,自然有兴趣继续往下读。教师的指导到位,学生的学习扎实,这样的师生互动不拖泥带水,简洁高效!

"烫干丝"这一部分,既是本课学习的重点,也是本课学习的难点,主要是让学生理解"烫干丝"的过程。教师先让学生读,在此基础上,再让学生理解动词。教师让学生通过做动作来了解这一过程,并提出他们不理解的动词,继而通过看视频、模仿做、同桌合作边读边做、用这些动词把内容串起来说一说等方式学习。正是这样一步步有层次性的方法指导,让学生获得了学习成就感,有了进一步阅读的兴趣。教师的教学目的明确,方式多样,学生的学习主动性也被充分调动了起来。

4. 设计挑战的环节

教师适当设计一些富有挑战的环节,也能够激发学生的兴趣。比如,在交流学生不会的字词时，教师会请会的学生帮助解答，而不是教师来说，这样学生的学习主动性被激发，学起来自然更有兴趣。在交流反馈“朱自清从哪几个方面介绍扬州茶馆”时，教师说：“经过讨论中智慧的碰撞，你们一定找到了答案，谁来揭晓？”教师富有挑战性的语言，使学生有了表达的欲望，自然就有了进一步阅读的兴趣。

从整节课来看，教师在激发学生阅读兴趣方面是有方法的，也比较成功，整节课的师生互动是有效的。设立具体的观察点，以理性的态度进行观课评课，不断研讨，这也给我们的教学带来了一定的启发。

（三）解决问题

如果把课堂教学中师生的思维比作一池春水，那么，有效的生生、师生互动，无疑是搅动这“一池春水”的“魔棒”。如何落实教学的重难点，如何把死的教学设计变成活的剧本，如何让学生的思维“贴着文本飞翔”，如何让课堂焕发出生命的活力，这一切的一切，如果没有一种比较好的教学模式作为“催化剂”，那么，教师、学生、教材，永远是三个孤立而冰冷的点。机械式的传授、强制性的灌输、任务式的讲解远远达不成课堂教学的目标。

有了研究的基础，教师要把这些真正运用到自己的实际工作中，还需要模式的提炼和不断的尝试。我们语文组也做了一些探索。

1. 以“学导式”模式，探究“学生学、教师导”的方法

具体做法是：教师在学生初步感知文本后，抓住学生的兴趣点、疑惑点，加以示范性的引导，在引导中巧妙激活学生的思维，让他们感觉有方法可学，有步骤可操作，有滋味可品尝，然后巧搭桥梁，留下一块“自留地”，让学生依照所学的方法，去积极主动探究。学生之间、师生之间不断碰撞出思维的火花。循环往复，教学相长，受益无穷。

2. 以小组讨论模式，引导学生主动有效地学习

为了激活学生的思维，让每个学生都动起来，我们尝试采用四人一组的小组讨论模式。具体做法是：四人分别承担不同的小组角色，一位组长，协调每个成员分工讨论的内容；一位记录员，记录每个成员的意见和观点；一位发言员，代表小组进行陈述性或总结性发言；一位候补发言员，起补充完善发言的作用。四人分工明确，角色定期变换。一旦教师抛出问题，立即高效合作讨论。在各小组讨论时，教师来回巡视，听取信息，及时指点，最后教师组织各小组陈述自己的观点，达到更大范围的有效交流。

良好有序的小组讨论，不但提高了课堂教学的效率，也多方面提升了学生的能力，从而达到更高意义上的主动有效。

3. 培养学生当小老师，着眼于长远的主动有效

语文学科不同于其他学科，它的知识在循环往复地螺旋式上升。所以，一批学有潜力的学生完全可以实现“跨越式”发展。我们语文组一批有闯劲的教师，每学期会选若干篇打星号的文章，放手让学生上讲台当小老师，去解读文本。

具体做法是：讲解一篇文章时，让3至5个小老师分工合作，每个人侧重讲一个内容，课前教师提供必要的资料与指导，让小老师进行备课，然后放手让他们上讲台，在规定的5至10分钟内，自由发挥，并允许下面的学生自由提问。最后，大家给每位小老师打分，以便最终评定一学期最佳小老师，给予奖励。

在实践中，我们感到，学生乐于上这样的课，并发自内心的喜欢。每个人都争先恐后想当小老师，当不上的也在课上积极提问。小老师们煞有其事、沉着应对，学生想尽法子为难小老师，一问一答，一来一去，课堂气氛十分活跃。因为他们彼此之间没有距离感，所以，常常有意想不到的精彩发言，并伴有阵阵掌声。在这样的课上，教师大部分时间只是一个专心的听讲者、欣赏者、信息收集者，只要在最后的5分钟，将大家疑惑的地方点一下即可。

这样的课，学生喜欢，教师省力，更重要的是，那些能够独当一面的小老师，在语文课堂上，主动性更强，兴趣更浓，他们会影响其他学生争相仿效，达到培养一批、带动整体的目的。

以上这些实践探索，都能从各个侧面促进课堂教学的主动有效。当然，课堂教学模式远不止这些，我们还一直在探索的路上。我校将继续通过校本研修的方式深入钻研，通过教研组的交流互动和学校间的交流互动积累更多经验，探索更多有效的模式，并在实践中不断打磨，更好促进师生间的有效互动，让课堂更具生命力！

二、课堂教学中师生互动的有效举措

在当前教育改革的背景下，教师不再是课堂教学的“主角”，而是从传统的知识传授者转变为学生发展的促进者、参与者、合作者。如在英语课堂教学过程中，教师就不是简单地“传道授业解惑”，而是致力于提高学生对英语学科的学习兴趣，带动学生积极参与到教学活动中来。良好的课堂教学师生互动方式有利于确立学生的主体地位，激发学生的学习兴趣，培养学生独立思考的能力。在课堂教学中，合理运用师生互动方式，能够起到事半功倍的学习效果。

通过五校集智研修，我们对师生互动方式进行不断的实践和总结，整理出了以下提高课堂教学中的师生互动质量的方法。

(一)启发学生思维,开展对话互动

对话是指两个或两个以上的人之间的谈话。它是一种帮助推进理解的行为,有效的对话有着增长知识、增进理解以及提高参与者敏感度的作用。通过这样的方式,我们将对各方面事物有更充分的理解。批判教育理论的代表人物弗莱雷认为,只有通过交流,人的生活才具有意义。没有对话,就没有交流;没有交流,也就没有真正的教育。对话也是课堂教学中的主要互动方式。课堂中的对话要求师生在相互尊重、信任和平等的立场下,进行双向沟通。而课堂上出现的"死板"现象,问题大多出现在对话上。那么,怎样的对话才有效呢?如果师生之间能做到民主、平等,教师能尽量保护学生的自尊,多多启发学生的思维,多多换位思考,努力给予学生平等的话语权,是不是就能提高对话中互动的频率进而提高对话的质量了呢?

一般来说,有效的对话常常始于问题的提出。课堂教学中师生互动往往就是从提出问题开始,为解决问题而进行的一系列活动的总和。这种活动在语言学习过程中体现得尤其明显。例如,在英语课堂中,问答策略(Thinking-based Questioning Approach)就是一种有效的师生互动方式,它能够帮助学生理解语言的语用功能,在语境中通过问题培养学生的思维能力,从而帮助学生完成语用体验。《上海市中小学英语课程标准(2014)》中提出要通过第二语言的学习促进学生思维能力培养。语言与思维有着密切的关系,尽管语言并不是思维,但语言对于交流思想和发展思维本身来讲,都有重要意义。因此,借助思维工具来开展课堂教学活动,让学生在适切的语境中使用语言,体验语用功能,不仅能发展学生英语学科的综合语用能力,同时对学生的思维发展也有着重要的意义。其中,问答策略就是一种非常常见并且有效的思维能力培养策略。

如在英语课堂中,教师通过问题刺激学生的思维。在问答中,教师和学生之间存在着大量的互动,教师更像是学生学习的引导者。好的问题能够引发学生对事物深层次的思考,教师多用半开放或者全开放式问题来启发学生的思维,有利于养成学生用英语思考和表达的习惯。本课时中教师就通过问题不断刺激学生进行思考。

以牛津英语 3B M4U1 My body 第二课时为例。我们知道,三年级学生的思维模式开始从形象思维向抽象思维转化,他们开始学会从听和读的内容中收集并且整理信息,在阅读过程中也能有意识地带有感情地体验语言情境。英语课上,除了对知识的需求,他们还希望教师给他们带来不一样的"思"和不一样的"情"。教师通过平时与学生的交流也得知他们逐步有了自己的审美。因此引导学生树立正确的审美观是非常重要的。同时,课标指出,基础教育阶段英语课程的总目标是培养学生综合语言的运用能力。而这种"用英语做事情"能力的培养,离不开语境,只有以语境为载体,学生说出来

的话才是有意义的。为达成单元目标，第一课时教师创设了三个语境，从三个话题(Look in the mirror、Enjoy the fancy-dress party、Draw myself)入手，通过话题和语言情感的递进，让学生观察身体部位，发现身体的美，进而学会欣赏自己，在爱自己的过程中，不断习得语言，内化语言，使学生最终说出来的话充满真情实感。第二课时沿用第一课时的三个人物形象 Alice、Mary 和 Danny，他们想参加化妆舞会，但却因为对自己的身材不满意而失去自信，后来在大家的帮助下找到适合自己的卡通服装，进而发现了自身的美，最终 enjoy the funny-dress party。根据语境，教师设计了以三个小朋友为主人公的故事文本，三个故事文本都以语境为载体，赋予核心内容以不同的思想情感；知识在不断复现，但表达口气、面部表情、身体动作不同，情感、态度自然不同。有了文本，如何推进教学过程呢？下面以第一个故事文本为例进行说明。

在 Pre-task 环节，教师让学生扮演 Alice、Mary 和 Danny，复习巩固并反馈第一课时的内容，同时引出本课时的话题"They will take part in the fancy-dress party"，并通过问题"How do they feel"让学生猜一猜三个小朋友的心情，设置悬念。

接着听三个小朋友的自述，让学生在整体感知故事文本的同时，感受三个小朋友的真实心情"They are sad"，然后，教师根据学生的反应继续追问原因，进一步刺激学生思考，帮助学生理解句型"I'm not good looking"，为下一步帮助主人公解决问题埋下伏笔。

整体感知后，开始分段推进。首先，通过带着问题(What does Alice look like)听，让学生寻找并提炼信息，在复现核心内容的同时了解 Alice 的苦恼，通过模仿 Alice 的自述体会 Alice 的心情；其次，提出问题"Can she enjoy the fancy-dress party""Can you help her"，抛出图片，让学生选择适合 Alice 的服装；再次，通过问题"How is Alice now"让学生判断 Alice 的心情；最后，通过听读体验 Alice 变装后的自信。同样的语言，不同的表情和语调，却有着不同的情感。

第二个故事文本的处理稍有变化：先看 Mary 的图片，通过问题"How is Mary"让学生观察她的体貌特征；再听和仿读；最后给出图片鼓励学生发挥想象力判断符合 Mary 的服装。通过变装后 Mary 开心的话语让学生了解 Mary 现在的心情，同时让学生尝试扮演 Alice 和 Mary。

经过前面情境的渗透，学生充分了解了故事的大意和文本结构。因此，第三个故事文本中，教师先通过图片的呈现让学生自己来说一说 Danny 可能面对的烦恼，进而帮助他找到适合的服装，最后尝试扮演 Danny。教师以三个问题为导向，由扶到放，培养学生的创造性思维和想象力。

(二) 辅助学生理解，开启行为互动

有效互动不仅包括以语言为媒介的活动，还包括大量的常被教师忽略的非言语沟

通。例如课堂上的体态语交流（如眼神、手势、身体姿势）、课后的书面语交流（如教师作业评语、师生互动留言本、网络文字交流）。

以课堂上的体态语交流为例。课堂上的体态语交流可以作为教师对学生的一种有效评价方式，教师丰富的动作评价能让学生充满动力。一个优秀的教师应该重视在课堂教学中运用恰当的身体语言和学生进行交流，把身体语言作为一门艺术加以研究。在课堂教学中，解读学生身体语言的关键就在于教师要一边倾听学生的话语，一边观察学生说话时身体语言所表达的含义，从而了解学生内心真实情感。教师要关注学生身体语言所传达出的各种信息，同时注意使用身体语言和学生及时沟通，更要注意身体语言禁忌，这样，才能达到教育目的。教师可以通过眼神的赞许、肯定的微笑、鼓掌等身体语言表达对学生的倾听和肯定。

（三）鼓励学生倾听，进行情感互动

人具有社会性，每时每刻都有情感的发生。在课堂中，良好的情感互动能够引发学生积极的思考，帮助学生在愉悦、轻松、和谐的氛围中投入到学习中去，并能够引发师生间的共鸣，帮助教师树立良好的教学常规。而课堂评价正是促进师生感情交流、和谐相处的重要手段。其中表扬激励既是学生最喜欢的评价方式，也是培养学生良好倾听习惯的重要手段。表扬激励能够帮助学生排除情绪障碍，给予学生动力，鼓励学生积极倾听，在愉快、轻松和充满期待的氛围中达到最佳的学习效果。教师不应为了评价而评价，而应该重视“教—学—评”的一致性，应该充分重视学生的思维方式和方法，创设多样的问题情境，以新颖、创新的思维去评价学生的倾听和表达。评价的方式有很多种，最常见的是言语评价。作为一位小学教师，要学会倾听每一位学生的回答或表达。当学生说到精彩之处，要及时给予表扬和赞赏，使用“让我们把掌声送给他”“You listened very carefully”“You have very sharp ears”“You found the difference”等表述。教师通过课堂上充满激情和智慧的及时性语言评价，激励学生参与到下一步的倾听中去，给予学生自信，让学生享受成功的满足感，保持倾听的兴趣。

以上是通过大量的课堂实践总结出的有效的师生互动方式，然而这些有效的师生互动方式如何在课堂中具体运用和评价呢？对这一方面的研究则需要量表的辅助。

三、师生互动有效运用与评价

在共同体集智研修活动中，我校各教研组围绕“师生互动在教学中的有效运用”开展了一系列的教研活动。在校本研修中，教师逐渐意识到师生互动在课堂教学中的意义和作用。在传统的课堂教学中，教师对学生进行的是一种单向的知识传授，这不仅抑制了学生创造性思维以及批判性思维的发展，还忽视了对学生能力的培养，不利于学生的全面发展。因此，互动式的课堂教学方式更值得大家去研究、去尝试。师生互动的教学过程强调了师生之间的互相交流和沟通，充分调动了学生主动参与教学的积极性，进而实现了教学相长。

（一）课堂教学中师生互动的运用

以语文课堂教学为例，《新课程标准》中指出：课堂教学应是师生相互交往，共同发展的合作过程。其过程恰恰就是师生互动的过程。那么语文课堂中的师生互动该是什么样的呢？语文教学是教师与学生之间以及学生与学生之间的多边活动；是在教育和教学过程中为了达成共同的任务进行交往，从而产生的一种非静态教学过程；是在社会不断发展的过程中产生的一种新型的师生关系。它能够营造一个良好的学习氛围，让学生积极参与教学，使学生的语文素养得以提高，同时使教师的教学艺术得以提高，进而达成课堂教学的目标。那语文课堂中该如何运用师生互动进行教学呢？

1. 转变教学理念

要想有效地运用师生互动进行教学，教师就要转变教学理念。《语文课程标准》明确指出：教师是学生学习的参与者、合作者和引导者。学生才是学习的主体，教师要将课堂还给学生，充分尊重学生，为师生互动提供良好的环境，营造和谐的氛围。在课堂教学中，教师要注重培养学生的学习兴趣，提高学生的自主学习能力，通过双向的互动引导学生主动学习。所以，在教学中，教师必须学会转变教学理念，更加重视互动教学，而不是单方面地灌输，让学生死记硬背。

2. 把握互动时机

小学语文教师必须学会选择合适的时机进行互动，从而达到事半功倍的效果。比如对一些复杂抽象的问题，学生开始思考时往往没有头绪。此时，教师可将其拆分成小问题，一步步与学生探讨分析，引导学生思考。当学生正处于思考状态时，教师也不必着急进行互动，以免打断学生的思考，教师要谨记自己的引导作用，给学生留出充分的思考时间。当学生对某个问题很感兴趣且探索热情高涨时，教师要抓住有利时机，进行引导和延伸教学，与学生共同探讨，进一步学习。

3. 掌握互动类型

语文课堂互动类型很多，其中问答互动是基础，讨论互动是手段，表演互动是途径，情感互动是核心。

（1）问答互动是基础

问答互动是指在教学中教师依据教学内容对学生进行提问、学生回答的一种简单的互动方式，也会存在学生提问教师回答的情况。这种互动方式在课堂上是最为常见的。它虽然看上去十分简单,但对课堂教学却有着十分重要的意义。教师在提出问题时要注意问题与问题间的逻辑关系,层层递进,引导发问,促进学生思考。以五年级第二学期《人生的开关》一课为例进行说明。

师:大毛的话对“我”来说是“蛊惑”,你知道什么叫“蛊惑”吗?

生1:“蛊惑”就是诱惑,使人迷惑。

师:(板书“蛊”字)“蛊”字为什么是“虫”和“皿”的组合?传说古时候有人把许多毒虫放在器皿里使之互相吞食,最后剩下不死的毒虫最厉害,被叫作“蛊”。这种“蛊”被放在食物里害人。所以大毛“蛊惑”“我”,实际上是在——

生2:害“我”。

师:那“我”接受“蛊惑”了吗?画出描写“我”的心理活动的句子。

学生交流句子。

师:这三个句子有什么共同点?

生3:都描写了“我”的心理活动。

师:再读一读,前后有什么关系?

生3:每一个句子前后都有转折关系。

师:这种前后转折说明了什么?

生3:“我”内心十分矛盾。

生4:“我”不知道该如何选择。

教师朗读指导,读出“我”内心的纠结。

师:面对巨大的诱惑,“我”有所动摇,“我”总觉得心里不踏实,是因为——

生5:因为这样做“我”会辜负张叔对“我”的信任。

生6:因为这样做“我”会失去工作,没有工资。

……

在这一个教学片断中,教师通过与学生的问答互动,一环扣一环地引导学生理解词语“蛊惑”,以及理解“我”受到蛊惑后出现的一系列矛盾的心理。这里一句扣一句,一层进一层,作者当时“惊喜—担心—愧疚”的心理变化过程跃然纸上。通过品读描写作者心理活动的语句,让学生感受大毛对主人公的蛊惑并深入揣摩主人公当时矛盾的心理活动,使学生不仅充分地感悟了文本语言,还学习了语言和心理活动交错描写的写作方法。我们看到在这节语文课中,学生除了读懂语言文字外,更走进了人物的内心世界,加深了对文本的理解。

（2）讨论互动是手段

讨论互动是指教师和学生针对课程内容中有高度思考性和开放性的问题，进行交流的互动方式。它是提问互动的一种延伸，它使得师生间更加平等，有助于营造一种有效交流、集思广益的课堂教学氛围。这种氛围更加轻松，更能提高学生思考问题、提出问题、解决问题的能力。教师应选取一些开放度高的问题，这样讨论互动才会更有意义，学生的思维能力才会得到提高。教师既可以将讨论互动放在课前，也可以在学完整篇课文后设计一些延伸讨论。

如在《萧伯纳和小女孩》一课中，教师请学生分角色朗读后说说自己对人物的感受。在交流中，学生对萧伯纳的第一印象产生了分歧，有的学生认为萧伯纳骄傲自满，自以为是；有的学生觉得萧伯纳是有趣的，双方各执一词。这时教师便让学生先去文中找找线索，读读萧伯纳是怎样说这句话的，再试着根据他的行为谈谈感受。学生立刻回到课文中，热烈讨论起来。有学生突然领悟，回答道："文中写萧伯纳很高兴，同她玩了很久。"依据此关键点，教师应该正确引导，让学生知道，他们玩耍的时间很久，小女孩有可能已经忘记了回家，她的妈妈可能会担心、着急，甚至生气。萧伯纳可是在为小女孩解围呢！接着让学生看着教师的表情，听着教师的声音，让学生再次感受。这个时候，学生已通过对课文的理解及教师的引导，深深体会到了萧伯纳当时的幽默风趣、和蔼可亲。教师说这句话的时候要面带微笑，微微地抬头。学生再次朗读感受时，便水到渠成了。师生和生生之间的讨论和交流，能够让学生真正理解萧伯纳那幽默话语的真正用意。这样的讨论，不仅让学生知道遇到问题时要思考，而且学会了如何思考。

（3）表演互动是途径

小学语文教材内容丰富，表现力强。表演互动是指在对课文有一定了解的基础上，教师指导学生通过语言、动作、神态等将课程内容直观地展现出来。这种方式生动形象，是最活泼的一种互动方式，深受学生喜爱。学生模仿能力强，在表演过程中能更好地融入课文，加深理解与记忆。此外，学生在整个表演过程中，因为进一步加工了课文内容，所以对文中要表达的思想感情体会得更加深刻，这不仅能帮助学生更高效地完成学习任务，还能提高他们的情感领悟能力。如在低年级的语文课上，教师经常采用角色扮演的方式，引导学生通过演绎各种角色，增强学习兴趣，活跃课堂气氛，深入了解课文。以《狐假虎威》一课为例进行说明。

师：现在请小朋友演一演第七至第八自然段。请两位小朋友到前面演狐狸和老虎，其他小朋友扮演生活在森林里的小动物，想扮演谁就扮演谁。狐狸领着老虎去森林里走一圈(教师用手指)。瞧!狐狸和老虎来了……

扮演小动物的学生都吓得逃了下去。

师:你们为什么那么害怕?我要做一个采访,问一问几位小动物,先问老虎大王。

师:老虎大王,看见小动物们都非常害怕,你有什么感想?

生1:我现在真的相信狐狸就是森林大王了,以后我可不敢再吃他了。

师(继续采访):请问你是哪位小动物啊?

生2:我是刺猬。

师:之前你看到狐狸的时候,感到害怕吗?

生2:一点也不害怕。

师:那为什么你会逃跑啊?

生2:因为后面有只大老虎,所以我要赶紧跑。

师:那你害怕的到底是谁?

生2:大老虎。

师:原来——(师引读课文内容)

生(全体):狐狸是借着老虎的威风把百兽吓跑的。

师:(板书:借,吓跑)这就是——(师引读课题)。

在上述教学过程中,教师重点抓住了课文第七至第八自然段,因为这部分文字对小动物们的神态、动作描写生动形象。低年级学生的表演欲强,因此教师借助表演互动的形式,有效地激发了学生参与学习的热情,让语文课堂洋溢生趣并充满活力。在表演后,教师对表演者进行了及时的采访,通过表演者的真实心理反馈,使学生进一步理解“狐假虎威”的含义。

(4)情感互动是核心

对于小学语文教学来说,情感互动是核心。正因为语文课是相对感性的一门课,在教学活动中,教师通常会通过改变与学生之间的空间距离或者用言语行为来表示对学生的关切,与学生产生情感共鸣。如在课堂教学中,教师将自己体会到的情感传递给学生,学生受到感染与启迪后会产生共鸣,表达自己的情感。学生将自己的情感传递给教师,教师可以根据这些情感对学生学习情况进行分析,从而更好地引导学生。

如在《一个中国孩子的呼声》一课中,因为现在的学生生活在和平年代,关于战争,他们了解得较少。不论是时间上还是空间上,战争都距离学生的实际太遥远了。因此,学生学习文本就会有一定的阻碍。鉴于此，教师在导入环节，可以让学生根据战争这个词，想象战争的画面，聆听战争的炮火，把战争的残酷通过想象感知出来，从而唤起他们内心深处那种愤恨战争、渴望和平的感情，达到“未成曲调先有情”的效果，为课文学习做一个很好的情感铺垫。接下来，教师可以围绕雷利因为失去了他的父亲，所以发出了这样的呼吁，引发学生思考“雷利的父亲究竟是一个什么样的人”，并让学生自由读课文，找出相关的句子。让学生用一句话介绍雷利的父亲究竟是一个什么样的人，既锻炼了学生的语言表达能力，又使学生进一步加深情感体验，让学生真正感受到，如果拥有这样的父亲，那该是多么令人骄傲与自豪的一件事啊！接着教师可以让学生进一步想象父亲凯旋归来时的快乐与幸福，体会最终只迎接到了父亲的灵柩时的悲痛与伤心，让两者形成鲜明的对比。阅读的过程，是一个学生由“不知”到“知”，由“困惑”到“领悟”，由“山重水复疑无路”到“柳暗花明又一村”的过程。在对话文本过程中，角色换位凸显了教学的重点。在教学过程中，教师可以让学生想象说话“如果父亲回来了，你会想些什么，又会说些什么”，使学生把自己放进去，与文中的雷利合二为一，与他一起怀念父亲，一起悲痛，一起愤慨，一起呼吁。不知不觉，学生可以走进人物的内心世界，从而感受作者的情感，产生强烈的共鸣。

阅读教学的过程，是学生静心读书、收获个人体验与感受的过程，是学生和教师及作者对话、思维产生碰撞、情感发生交流的过程。所以，在教学过程中，教师要引导学生与文本对话，让他们静下心来用心感受，实现思想的相互碰撞、情感的相互交融、心灵的相互接纳，这样的课堂才可以在对话中充满活力，才可以展现出活泼、生动的“生命状态”。课堂中，教师在情感互动中，一次又一次地加深学生的情感体验。在教学中，教师抓住“巨大的悲痛、深刻的缅怀、无穷的渴望”这一感情基调，让学生学出体会，学出感情，学出渴望，和小作者一起哭诉、感怀、同愤、同悲。

在小学语文教学中，教师必须认识到学生是学习的主人，提升自己的教学能力，积极把握互动时机与方法，在课堂上与学生进行互动，拉近师生距离，给予学生展现自我的机会，科学引导学生，让学生融入课堂，开拓思维，自主学习，从而更好地完成教学任务，提升教学质量。

（二）课堂教学评价

我们结合课堂教学中师生互动有效方式中的对话互动、行为互动和情感互动，通过前面设置的师生互动观察点和量表，通过语文课《笛声》课堂实录，来研究师生互动的有效性。

【观察与分析】

观察点 1：教师课堂提问有效性分析

1. 观察表数据体现

问题编号	问题内容	时间节点	问题属性										提问操作										学生反应				
			提问目的					问题类型		难易程度			提问方式				应答反馈			反馈态度			参与度			应答	
			复习	启发	讲授	评价	其他	封闭	开放	难	中	易	直问	曲问	激问	其他	解释	启发	追问	积极	消极	无	高	中	低	有	无
1	同学们,你们准备好上课了吗	导入					√	√				√	√						√	√			√			√	
2	听完这悠扬的笛声,你能说说此刻的感受吗	导入		√					√			√	√						√	√			√			√	
3	什么样的风景	导入		√					√			√	√						√	√			√			√	
4	还有谁知道	导入					√		√			√	√						√	√						√	
5	课文围绕笛声讲了一个什么故事呢	初读			√				√		√		√					√		√				√		√	
6	谁能说得简短一些,谁做了什么事,结果怎么样	初读			√				√		√		√					√		√				√		√	
7	还有谁可以说出,谁做了什么事	初读			√				√		√		√					√		√				√		√	
8	聂守信这个人,你们知道吗	初读			√				√			√	√				√			√			√			√	
9	还有谁知道	初读			√				√			√	√				√			√			√			√	
10	他利用了课后的什么呢	初读			√			√				√	√				√					√	√			√	
11	读了聂守信的深层介绍,你们想说点什么	初读		√					√			√	√						√	√			√			√	

续　表

问题编号	问题内容	时间节点	问题属性										提问操作										学生反应				
			提问目的					问题类型		难易程度			提问方式				应答反馈			反馈态度			参与度			应答	
			复习	启发	讲授	评价	其他	封闭	开放	难	中	易	直问	曲问	激问	其他	解释	启发	追问	积极	消极	无	高	中	低	有	无
12	他伟大在什么地方	初读		√					√			√	√						√			√	√			√	
13	他离开这个世界的时候，年龄是多少	初读			√			√				√	√				√			√			√			√	
14	读到这，你感觉到什么	初读		√					√			√	√						√	√			√			√	
15	你对这意外有什么看法	初读		√					√			√	√				√			√			√			√	
16	你还有什么感受	初读		√					√			√	√				√			√			√			√	
17	在这个天才少年年少的时候，究竟是什么样的笛声深深地吸引了他呢	精读			√				√		√		√						√	√			√			√	
18	那“悠扬”呢？也是表示笛声的吗	精读		√					√			√		√			√			√				√		√	
19	你能把这三个词语放到句中读读吗	精读	√					√				√	√					√		√			√			√	
20	还有其他句子吗	精读			√				√			√	√				√			√				√		√	
21	这三个词语都有什么声旁	精读			√			√				√	√						√	√			√			√	
22	那都表示什么声音	精读			√				√			√	√						√	√				√		√	
23	那在这里都表示什么	精读			√				√		√		√					√		√				√		√	
24	这里都在模仿鸟的叫声，它们的意思一样吗	精读		√					√		√		√							√				√		√	

续　表

问题编号	问题内容	时间节点	问题属性										提问操作										学生反应				
			提问目的					问题类型		难易程度			提问方式				应答反馈			反馈态度			参与度			应答	
			复习	启发	讲授	评价	其他	封闭	开放	难	中	易	直问	曲问	激问	其他	解释	启发	追问	积极	消极	无	高	中	低	有	无
25	那请你说说它们的不同点是什么	精读		√					√	√			√				√					√			√		√
26	“啼啭”说的是鸟儿	精读			√				√	√			√				√			√				√		√	
27	你听过吗	精读	√						√			√	√				√					√		√		√	
28	还有两个词语，谁来说说自己的理解	精读			√				√	√			√				√			√				√		√	
29	你认为“啼啭”可能是什么？一只鸟对不对？那“啾啾”呢	精读			√				√	√			√				√			√				√		√	
30	它们歌唱的声音一样吗	精读		√					√			√	√						√	√			√			√	
31	想不想听听啊	精读	√					√				√	√				√			√			√			√	
32	你的眼前仿佛出现了什么样的画面？你仿佛看见了什么	精读		√					√		√		√					√		√			√			√	
33	它们都在歌唱什么	精读		√					√		√		√					√		√				√		√	
34	你看见了什么	精读		√					√		√		√					√		√				√		√	
35	真的是鸟叫吗	精读			√				√			√	√				√			√			√			√	
36	这是一支怎样的笛子呢	精读			√				√			√	√				√					√			√		√

续　表

问题编号	问题内容	时间节点	问题属性										提问操作										学生反应				
			提问目的					问题类型		难易程度			提问方式				应答反馈			反馈态度			参与度			应答	
			复习	启发	讲授	评价	其他	封闭	开放	难	中	易	直问	曲问	激问	其他	解释	启发	追问	积极	消极	无	高	中	低	有	无
37	你喜欢它吗	精读	√						√			√	√						√	√			√			√	
38	此刻他会想些什么呢	精读		√					√		√		√					√		√				√		√	
39	哪些语句能表现聂耳对笛声的喜爱	精读			√				√		√		√				√			√				√		√	
40	还有谁能找到不一样的	精读			√				√		√		√				√			√				√		√	
41	联系上下文，他在想什么	精读		√					√		√		√					√		√				√		√	
42	你是谁	精读		√				√				√	√					√		√			√			√	
43	你怎么读	精读		√					√			√	√					√		√			√			√	
44	笛子的吸引力大吗	精读			√			√				√	√						√	√			√			√	
45	“渴慕”是什么意思	精读			√				√			√	√						√	√				√		√	
46	来，请你读出来，让我们感受一下，他真的羡慕吗	精读				√		√				√		√					√	√				√		√	
47	“茫然若失”是种什么样的感受	精读			√				√			√	√						√	√				√		√	
48	因为什么	精读			√				√			√	√				√			√			√			√	
49	丢了什么	精读			√				√			√	√				√			√			√			√	

续 表

问题编号	问题内容	时间节点	问题属性										提问操作										学生反应				
			提问目的					问题类型		难易程度			提问方式				应答反馈			反馈态度			参与度			应答	
			复习	启发	讲授	评价	其他	封闭	开放	难	中	易	直问	曲问	激问	其他	解释	启发	追问	积极	消极	无	高	中	低	有	无
50	最后他学会了吗	精读			√			√				√	√						√	√			√			√	
51	课文中说他是怎么学会吹笛子的	精读	√					√				√	√						√	√			√			√	
52	好简单的一句话,吹笛子就这么简单吗	精读			√			√				√	√						√	√			√			√	
53	假如请你给文章的这幅插图,配上一个标题,你会找什么词	精读		√					√	√			√					√		√				√		√	
54	还有谁写好了	精读					√	√				√	√						√	√				√		√	
55	“莫逆之交”是什么意思	精读			√				√			√	√				√			√				√		√	
56	他们是怎么交往的,他们怎么会成为“莫逆之交”呢	精读		√					√	√			√						√	√					√	√	
57	他们会怎么劳动呢	精读		√					√			√	√					√		√			√			√	
58	老师傅流汗了,聂耳会怎么办	精读		√					√			√	√					√		√			√			√	
59	就是这样的劳动吗?还有没有别的原因,让他们成了“莫逆之交”	精读		√					√		√		√					√		√				√		√	
60	课文学完了,课后你想做些什么	总结					√		√			√	√					√		√			√			√	

2. 观察结果分析与建议

根据观察量表,可以看出:(1) 教师提问的目的多为启发和讲授,问题类型多为开放型,问题数量按程度深浅递减,多为容易的问题;(2) 教师的提问方式多为直接提问,三种应答反馈的次数差不多,教师全程的反馈态度几乎都是积极的;(3) 学生基本都会应答,但参与度随着问题难度的上升而有所降低。

根据观察量表,给出如下建议:(1) 无效提问的次数可以适当减少;(2) 适当增加以复习为目的的问题;(3) 适当增加一些中等难度的问题,减少一些容易的问题;(4) 随着课堂时间的推移,在精读部分穿插容易的问题与中高难度的问题,提升学生的注意力与参与度。

观察点 2: 学生课堂倾听有效性分析

1. 观察表数据体现

倾听时的行为表现符号: A. 坐姿端正;B. 安静地听;C. 回答老师的问题; D. 提出疑问;E. 无所事事,一副局外人的样子;F. 做小动作;G. 说悄悄话。

	导　入		初　读			精　读			总　结		拓　展			作　业	
	老师讲课	同学发言	老师讲课	同学发言	小组交流	老师讲评	同学发言	小组交流	老师讲课	同学发言	老师讲课	同学发言	小组交流	老师讲评	同学发言
生 1	A	A	A	B	B	C	B	C	B	B	B	B	B	B	B
生 2	B	B	B	B	B	B	B	B	B	E	E	E	E	E	E
生 3	A	A	C	A	C	D	B	B	B	B	C	B	B	B	B
生 4	C	A	C	B	C	C	B	C	C	B	B	B	B	B	B
生 5	F	F	B	E	E	F	E	E	E	E	F	F	F	G	G
生 6	B	B	C	B	C	B	B	C	B	B	B	B	B	B	B
生 7	B	B	B	B	B	B	B	B	F	F	B	B	E	B	B
生 8	B	B	B	F	E	B	E	E	E	E	B	B	E	E	E
生 9	A	B	D	B	C	C	B	C	B	B	C	B	B	B	B
生 10	A	A	A	A	C	B	B	B	B	B	B	B	B	B	B
生 11	B	B	C	B	C	B	B	C	B	B	B	B	B	B	B
生 12	A	A	C	B	C	C	B	C	C	B	C	B	B	B	B

2. 观察结果分析与建议

本节课,在导入环节,学生倾听率极高,主动举手积极发言的人数很多。在课堂开始,师生间的互动很多,问题难度不大,学生的回应便多。进入新授环节,学生倾听率依然较高，但是主动发言的人数下降。这一方面是由于问题难度加大；另一方面是由于教师在课堂上的引导稍欠缺，师生互动从一开始的热情渐渐进入低谷。最后的课堂总结和作业布置，以教师为主，多数学生仍能安静倾听，但也有少数学生已经游离课堂之外。

低年级学生注意力集中时间有限，无法集中注意力很久，但是高年级学生的自控能力提升，在教师课堂教学环节的精心设计和课堂语言引导下，还是能够坚持较长时间的。如何充分利用最后五分钟总结、拓展、作业时间，仍需要教师不断思考与改进。

观察点 3：课堂生生互动有效性分析

1. 观察表数据体现

<table>
<tr><th rowspan="2"></th><th rowspan="2" colspan="2">观察内容</th><th rowspan="2">次数</th><th colspan="5">整体效果评价（A、B、C、D）</th></tr>
<tr><th>行为互动</th><th>思维互动</th><th>情感互动</th><th>互动自主性</th><th>互动有序性</th></tr>
<tr><td rowspan="6">观察记录</td><td rowspan="4">互动类型</td><td>1. 个体与个体之间</td><td>2</td><td>B</td><td>B</td><td>C</td><td>B</td><td>C</td></tr>
<tr><td>2. 个体与小组之间</td><td>0</td><td>—</td><td>—</td><td>—</td><td>—</td><td>—</td></tr>
<tr><td>3. 个体与全体之间</td><td>0</td><td>—</td><td>—</td><td>—</td><td>—</td><td>—</td></tr>
<tr><td>4. 小组与小组之间</td><td>0</td><td>—</td><td>—</td><td>—</td><td>—</td><td>—</td></tr>
<tr><td rowspan="2">互动方式</td><td>1. 合作式互动</td><td>1</td><td>C</td><td>B</td><td>C</td><td>B</td><td>C</td></tr>
<tr><td>2. 竞争式互动</td><td>1</td><td>B</td><td>C</td><td>C</td><td>B</td><td>B</td></tr>
</table>

2. 观察结果分析与建议

本节课中，学生进行的两次互动，均为个体与个体之间的互动，并没有出现个体与小组、群体之间以及小组与小组之间的互动。

两次个体与个体之间的互动，一是在教师提问"'啼啭'说的是鸟儿吗"后，学生出现了小声议论的情况，这属于合作式互动；二是在一个学生读句子后，教师点名让另一个学生读，并且另一个学生读得更好，这属于竞争式互动。

本节课中，教师过多关注了师生互动，基本忽略了生生互动。在之后的课堂设计中，教师可以多关注生生互动，尤其是个体与群体之间的互动，使教学效果最大化。

第三节　课 堂 转 变

在课堂教学中构建有效互动的师生关系、教学关系，是教学改革的一项重要任务。有效师生互动的课堂是和谐的课堂，是高效的课堂。新课标中也指出，应将单一、被动的学习方式转变为多样性的学习方式，应注重学生的自主参与、合作探究、动手实践，使得师生间有更多的互动、交流与合作。有效互动课堂教学模式变教师“灌输式”教学为“师生共同探讨”民主式教学，通过师生交流、生生合作以及灵活运用教学资源，进行有效互动，形成具有完整体系的学习模式。课堂教学过程应该成为师生相互交往、交流、探讨的互动过程。只有进行了有效的师生、生生互动，才能提高课堂效率。

一、师生和：课堂和谐之根本

师生关系是学校教育中必不可少的最基本的人际关系，师生关系直接影响着教育过程和教育结果。可以说，课堂教学活动中若要促进知识结构的形成和拓展，和谐的师生关系是其中至关重要的一个部分。在如今素质教育不断开展和完善的过程中，课堂教学方式和师生关系的改革已成为一条必行之路。这也让教师在教学活动中开始重新审视自己、学生、教材的关系，同时也在不断深化对“以学生为主体”这一理念的理解和认识，从而构建和谐的师生关系，开展有效的教学活动。

（一）课堂教学中师生关系现状

在和谐师生关系的大方向下，教师多已具有“学生为本，以学论教”的意识，然而，“师为主导”这一观念的长期落实，也让教师“有心无力”。缺少令师生关系真正和谐的教学方法和教学策略，使教师往往是单向投入，却忽视了学生真正得到了多少，也使得师生关系在如今的课堂中依旧无法真正改善。

1. 兴趣激发未因材取材，师生情感认同难一致

要实现有效教学，学生的学习兴趣很重要。如在导入环节，教师往往会通过选择与所教知识有关的多媒体演示（如图像、视频、音乐）或创设相关的情境来激发学生的学习兴趣。学生被调动起来，初步与教师建立了良好的关系，这是一节课行之有效的前提。但教师往往站在自己的角度选取材料，以自己觉得最为有效的方法来激发学生学习兴趣。如在沪教版语文二年级下册《西湖名堤》一课的导入环节，教师先用“上有天堂，下有苏杭”这句俗语导入，随即引出西湖，再说到苏堤和白堤。表面看教学过程流畅，教师也能比较“省力”地带领学生迅速把握主题，进入文本内容，但学生对于这样的俗语又能有多少理解和多大兴趣，多是一听即过，留不下什么印象，因为无法对这篇课文产生多大的兴趣，自然难以投入其中。这看似顺畅和谐的师生关系，也就没有起到相应的作用。

2. 情感思维未有效促进，师生互动缺内在动力

教师大多能够在教学过程中倾心传授，以自己丰富的情感或观点来引导学生的情感态度，但有时却忽视了学生的想法。在这样的教与学过程中，学生大多被动接受教师的价值观，听得多，问得少，看得多，想得少，缺乏自己的主观感受。如沪教版语文二年

级下册《饭钱》一课,若教师提出“这样聪明的阿凡提,你们喜欢他吗”“这样贪财的巴依和卡子,你们觉得他们可恶吗”等问题,学生连思考的必要都没有,就可以异口同声地喊出答案。而这样一问一答式的以教师为主、缺乏情感熏陶和思考的课堂,学生和教师的互动常常缺乏内在动力。

3. 评价缺乏过程性和指向性,师生关系紧张疏离

在教学过程中,有效的评价可以让教学效果大大提升。因此,在平时的教学中,教师应关注评价的过程性和指向性。教师若在课堂中多使用“很好”“你说得不对”“你怎么连这么简单的内容都不会”这样无指向性或消极的评价,且只关注学生的学习结果而忽视学生在学习过程中的努力,则会逐渐形成对立型的师生关系。教师简单粗暴的教学评价使得学生对教师表现出一种恐惧,进而产生不愉快的情绪,导致师生之间关系紧张疏离。

(二)课堂教学中师生关系的转变

随着“基于课程标准的教学与评价”的理念在基层学校中的全面铺开和深度落实,教师在日常教学中,逐渐认识到师生之间和谐共处对提高学生学习效率的重要作用。

本着这样的理念,共同体学校语、数、英等各个学科的教师通过集智研修的方式,将“师生和谐互动促高效课堂”这一主题全面融入平时的教研活动中,将观察量表带入课堂,深入研究在符合学生身心发展规律、认知规律的基础上促进师生和谐关系,提高学习有效性的各种策略,并通过多种途径再次实践,真正关注到了学生在课堂上的兴趣、情感、思维、习惯的培养。苏霍姆林斯基说过:“学校里的学习不是毫无热情地把知识从一个头脑里装进另一个头脑里,而是师生之间每时每刻都在进行心灵的接触。”课堂教学应遵循这一理念,因材施教,构建和谐的师生关系,切实增强学生情与趣的体验,提升学生的思维品质。

在集智研修的模式下,我们的师生关系也在悄然发生着一些改变,下面,就以沪教版语文三年级上册《爱迪生孵小鸡》一课为例进行具体说明。

1. “趣”为前提——基于学情,平等对话

兴趣是学生与教师构建和谐关系的桥梁,也是学习的首要条件。就语文学科来说,学生只有对语言文字产生了心理需要,才会发自内心地去了解语言、诵读文字、关注表达。但学生的兴趣往往“来”得快,“去”得也快,因此教师应不断激发学生的学习兴趣,使其学习动力源源不绝,为其有效学习打下坚实的基础。而“教人者必先知人,知人者必先知心”,只有教师充分站在学生的立场,基于学生的基本学情,才能让师生关系趋于和谐,从而激发学生的学习兴趣,达到预期学习效果。

(1) 课前趣味预习，激发学习兴趣

教学片段1：

师：同学们，经过一段时间的学习，你们对于预习一定有了更加深入的了解。在课前，老师给你们布置了一个小任务——自主预习，完成预习闯关卡。现在就让我们一起来看看成果吧！

（学生迫不及待想要交流展示自己的预习闯关卡）

……

师：谁来闯第三关（课文哪几个自然段写了爱迪生孵小鸡这件事）？

生1：我觉得是课文第8自然段。

师：确实，课文第8自然段写了爱迪生孵小鸡时的做法，你找到了关键，但似乎还少了什么，谁还想说？

生2：我觉得课文第2至第8自然段写了爱迪生孵小鸡这件事。

师：你提出了不同的观点，非常好。那你能说说原因吗？

生2：前面在写爱迪生要孵小鸡的原因，他以为自己也能像母鸡一样孵小鸡。

师：你真会思考，我们表达一件事时，要把这么做的原因说清楚。那除了起因和经过，还应该有什么？谁还有不同的意见？

生3：我觉得应该是课文第2至第12自然段。因为还需要有结果，如果到第8自然段，我们就不知道爱迪生到底有没有孵出小鸡了。

师：你真会动脑筋，给出了充分的理由。还有不同意见吗？（没有学生举手）那现在，就轮到大家来判断了（依次举手判断，多数学生同意生3的说法）。

师：老师也比较同意第三个小朋友的说法（选对的学生欢呼）。你们真棒，已经开始注意段落意思应该表达完整了。其他小朋友也不要气馁，你们都是经过了思考的，大家都闯过了这一关，非常了不起！（学生充满学习兴趣）

……

在本节课前，学生已经根据“学会预习”这一单元目标要求学习了7篇课文及1个综合练习，基本掌握了预习的方法，若继续由教师一步步指导则失去了学习的意义，学生也会对重复雷同的方法产生厌倦。因此，教师在本单元开始逐渐放手，并在本节课试着让学生在课前自主完成预习任务，学生自然跃跃欲试。

而在上一节课的学习中，教师发现学生在预习时对“读准字音、读通课文”等掌握较好，问题多集中于“提出问题并解决问题”。究其原因，一是学生提不出有质量的问题；二是学生对提出的问题欠缺思考的意愿和深度。基于此，教师特意将预习单上的问题设计为闯关形式，从最简单的字、词问题入手，逐渐提高问题的难度，并在逐层引导后让学生自己提问。实践证明，学生的学习兴趣大幅度提高，非常愿意在课堂上展示自己的预习成果。每个问题都引发了学生热烈的讨论。而就在这样充满趣味的闯关活动和课堂反馈中，很多教学难点都被一一击破了，教师教得不累，学生也学得轻松，师生关系融洽，教学效果良好。

（2）插入生动图片，内化表达愿望

教学片段2：

师：（在引读中随机出示母鸡孵小鸡过程中的卡通图片，学生充满兴趣）这就是母鸡孵小鸡的过程，是不是很有意思啊！现在就请你们看着图片，自己来说一说这个过程。

（学生自主练习说话，随后全班交流。教师根据图片随机引导，学生发言相当积极）

三年级学生对于生动直观的多媒体图片或影像总是充满了兴趣。基于这一特点，教师在导入环节讲解“孵”字时就出示了一张母鸡孵蛋的图片，结合字形，非常直观地让学生理解了“孵”的意思。而学生看到这样形象的图片，也很乐意说一说自己对“孵”的理解。同样，在学习母鸡孵小鸡过程的那一段时，教师找到了一组刻画该过程的卡通漫画，在引读该段落时随机出示，学生读得兴趣盎然，津津有味，而这组卡通漫画也成为学生复述母鸡孵蛋过程的好帮手。这样的多媒体演示，充分激发了学生的表达兴趣。学生爱说、敢说、会说，师生互动主动和谐，“语文味”浓厚。

（3）多种评价形式，激励与指向并存

教学片段3：

生1：“不，不！妈妈说的，鸡蛋着了凉，就孵不出小鸡来了，我正在孵小鸡呢！”

师：你的声音特别响亮，能听出你很想孵出小鸡，但若能注意这两个感叹号，就更好了，你再来试一试。

（生1再次尝试）

师：这一次你的态度真坚决啊！看得出你真的很想孵出小鸡，谁能学着他的样子再来读一读？

（学生个别读，齐读）

（同桌互相复述母鸡孵小鸡的过程）　——师评

师：请你们仔细听，如果你觉得同桌说得清楚、明白，请你为同桌竖起大拇指！　——生互评

（学生在写字本上写“孵”字）

师：写字时注意写字姿势，注意生字在田字格的正确位置和间架结构。如果你都做到了，在评价表上给自己画一个笑脸。　——自评

“基于课程标准的评价”即关注过程性和指向性的评价，而这样的评价也使得学生更加爱学语文，会学语文。在本节课中，教师运用了师评、生互评、自评等多种评价方式。这些评价没有流于表面，而是和学生的阅读、表达、书写、行规密切相关，具有明确的指向性。学生在这样有效的评价中得到了激励和指导，师生关系和谐发展，学习兴趣不断提高。

2. “情”为核心——立足教材，以情触情

列宁说：“没有人的情感，就从来没有，也不可能有人对真理的追求。”从这句话中足可见情感在学习中的核心地位。而要让学生将作者的情感转化为自己的情感，教师就要深入研读教材文本，有效引导学生，触发情感认同。

教学片段4：

师：爱迪生小时候可爱问问题了，请你们找一找文中他一共提了几个问题，再来读一读。

（生1读第4、6、12自然段相关部分）

师：哪些语句让你看出爱迪生内心充满了好奇呢？

生1：他“跑”去问妈妈，说明他很好奇。

师：是呀，爱迪生一看到鸡窝里有那么多蛋，内心就产生了疑问，他很会观察（板书：善于观察），接着他就迫不及待地“跑”去问妈妈，生怕错过了机会。可当妈妈解释了这个问题之后，爱迪生就此打住了吗？你还从哪里看出了他的好奇心？

生1：爱迪生没有打住，我从“瞪着眼睛”看出，爱迪生更加好奇了。

师：你真会动脑筋，爱迪生非但没有停止疑问，还有了新的思考，提出了新的问题（板书：勤于思考）。

生2：我还从“嘟着嘴”看出，爱迪生很不服气爸爸的说法，不明白自己为什么孵不出小鸡。

师：是的，爸爸觉得爱迪生孵小鸡的行为很傻，可爱迪生却很不服气，你们觉得他

傻吗?

生3:我觉得他不傻,他很爱思考,还能自己做试验。

生4:我也觉得他不傻,因为只有自己试一试才知道到底能不能孵出小鸡。

师:你们说得太棒了!爱迪生正是因为在观察和思考的基础上自己亲身实践(板书:敢于实践),才最终成为了不起的科学家,老师希望你们能向他学习,在平时的生活中善于观察、勤于思考、敢于实践,也有了不起的成就!让我们再来读一读爱迪生和妈妈的对话,可以加上表情和动作,加重关键词语的语气,感受他的优秀品质。

(师生配合读、男女生分角色读、小组赛读,学生情感充沛,读出了爱迪生充满疑问的语气)

本节课中,教师通过让学生不断地朗读来品味重点词句。学生从最开始觉得爱迪生充满疑问和好奇,到慢慢领会爱迪生的“傻劲”其实反映了他善于观察、勤于思考、敢于实践的品质。但仅仅感受到这样的品质还不够,学生还需要继续研读和朗诵文本以获得深入体会。有时可能只是一个标点或一个词语,就能让我们深刻体会到作者的意图,从而触发自身的情感,融入文本角色之中。

3. “思”为根本——尊重差异,乐学促思

教学片段5:

师:课文学到最后,爱迪生还是对孵小鸡这件事存在疑惑,面对他的“打破砂锅问到底”,爸爸妈妈会怎样回答,他们之间还会发生什么有趣的故事呢?请你们先自己想一想,再小组之间说一说。有兴趣的同学也可以尝试着写一写。

(学生有强烈的表达愿望,且大多表述合理并有创新)

在日常教学中构建和谐的师生关系,无论是兴趣、情感、习惯,其实都源于学生内在的“自我表现”和“自我实现”愿望。而这些愿望,则是在教师不断引导的过程中由学生自主融合自己的情感、态度、价值观而形成的。教师在此过程中还应关注学生的个体差异,尊重学生在一段时间内学习的能力极限,给他们充分的机会,让他们用不同的形式表达、展现自我,自主挖掘自己的内在潜能。孔子说过:“知之者不如好之者,好之者不如乐之者。”只有“乐知”,才能“乐学”,进而“乐思”。当然,这不可能在一节课中完成,但教师若能够在每节课中都注重师生和谐关系的建构,能在这一理念的驱动和指导下不断引导学生提升自己的思维品质,对于课堂教学效果必定大有裨益。

4. 提升自我修养,散发人格魅力

在教学过程中,教师应当不断扩充自己的知识储备,扎实自己的教学基本功,提升自己的眼界和修养。教师自身的人格魅力和高尚的品格,有利于构建和谐的师生关系。学生会对教师产生崇拜感并努力效仿,这在无形中提高了课堂教学的效率,使得学生形成了良好的学习态度。

师生关系在课堂教学中具有举足轻重的作用。它直接影响着学生的学习态度和学习习惯。和谐的师生关系应是师生间相互尊重、相互欣赏、相互促进的,教师应当拥有一双善于发现的眼睛和一颗平等博爱的心,让学生在融洽、有趣的学习环境中主动进行学习活动,提高学习效率。而教师自身也在此过程中收获职业认同和专业发展,实现真正意义上的“双赢”。这样和谐的师生关系,必将是提高课堂教学实效的中坚力量。

二、生生和:课堂和谐之扩充

Powell 和 Tod 于 2004 年提出了 B4L 理念。他们认为,社会、情感、认知是学校环境内支撑学习与行为的三个因素,其中与社会相对应的是学生与他人的关系(如同伴关系、师生关系)。学习行为是学生行为中非常重要的一种,教师与学生之间的互动对学生与他人的关系有着很重要的影响,而学生与学生之间的互动也是学生与他人的关系中不可忽视的一种。小学阶段一节课一般为 35 分钟,在短短的时间内,让每个学生都得到锻炼,充分投入每个教学环节之中,进行师生间的互动是不可能的。对于中高年级学生来说,同伴关系在他们心中的地位,对他们学习的影响,会不断提高。因此生生互动是师生互动有益且必要的补充,生生互动和谐有助于打造高效课堂。

课堂中,生生互动的实现,目前我们主要采取合作学习的形式。合作学习是当前运用广泛的教学方法,它确实改变了以往以教师为中心的教学方法。合作学习有着明确的目标,让学生运用讨论、相互辅导等团队合作方法完成具体任务。它在有效提高学习效率,提高学生参与度、主动性和交流能力上的作用是显著的。合作学习的流行还有一个非常重要的原因,那就是它很具体,操作性强,目标、任务、操作步骤都很明确,对于一线教师来说,易于接受。

尽管合作学习是一种非常有效的生生互动方式,但在具体的实践过程中,我们还是发现了很多问题。为了使这种互动方式更加完善,使它的作用充分发挥,我们就这些问题进行了分析,根据其产生的原因以及进一步的探索实践,提出了改进的建议。

(一)分组学习生生互动中存在的问题

1. 流于形式

合作学习近年来受到广泛关注,是一线教师在课堂教学普遍采用的生生互动方式。

在平时听课的过程中,我们发现教师一般都会让学生合作学习,尤其是在英语课堂中。但是我们也发现在很多时候小组学习流于形式。教师促进生生互动良好初衷,演变成了教师对自己教学方法的一种展示。对学生来说,它应有的作用并没有真正发挥。一位教师在执教牛津英语 4A A thirsty crow 一课时,让学生小组讨论乌鸦为了喝到水可以采取哪些方法。关于讨论内容,教师就讲了一句话,没有过多的解释。因为是英语课,一些学生并没有搞清楚教师想让大家讨论什么;一些学生想说,但是苦于词汇量有限,不知道怎样表达想说的话,于是这些学生就坐着;一些能力较强的学生思路比较清晰,语言基础也比较好,你一句我一句说开了,但是正说到兴头上,讲台前的教师说时间到了,大家便都静了下来。这一节课尽管采用了合作学习的方式,但是对于大部分学生来说,这个讨论他们其实并没有参与,而对于确实参与的学生来说,教师给予的时间只够他们开一个头。

2. 缺乏组织性与秩序性

在课堂中,很多教师确实想把合作学习开展到位,他们往往给了学生足够的时间,但是效果却不尽如人意。其中的原因主要有以下几个:组织涣散,角色不清,管理不强。还是以英语课为例,在执教 4B On the beach 一课时,教师一声令下,学生便开始寻找合作伙伴,因为教师并没有说清楚几位学生一组,于是教师又补了一句“Four students a group”并用肢体语言大致说明了一下,于是学生前后左右组成了一个个学习小组。教室内一时间便热热闹闹的,但是仔细听,很多学生其实并不是在角色扮演,而是就自己扮演哪个角色在跟同学讨价还价,有些学生甚至互不相让,只好又请教师来定夺,结果宝贵的时间就这样一分一秒地被浪费了,合作学习并没有真正实现。

3. 个别学生话语霸权

一个班级里,学生的性格各异,有的比较内向,有的比较外向,喜欢表现自己。如果没有教师的引导,在合作学习中,就很容易出现个别学生话语霸权的现象。对其他学生来说,这样的合作学习并没有增加他们的课堂活动参与度。

4. 合作分组方式、学习形式单一

合作学习时,分组可以是随意分组,也可以是建立在学生兴趣上的分组。我们在听课的过程中发现,为了方便、快捷,课堂中的分组绝大部分都采取就近原则,同桌合作学习,或者前后左右的学生合作学习,而以学生兴趣为基础的自由分组学习非常少见。教师不愿意采取这种分组方式主要是害怕教室内太乱,在短时间内学生不能投入合作学习。但是在教学过程中,教学方法应该是多样的,教学活动应该是丰富的,我们所采取的合作学习也不能拘泥于单一的形式。

除了分组形式单一,我们发现生生互动学习方式也比较单一。以英语学科为例,在听课中,我们看到的合作学习绝大多数是角色扮演,让学生讨论也可以看到,但是并不多。在其他的教学活动中其实也可以让学生分组合作,增强他们的体验。

基于以上问题,我们在教研活动中对合作学习加以关注,经过实践与研究,在解决问题的同时,对生生合作也有了新的认识。

(二) 提高合作学习有效性的方法

1. 明确合作学习的目的性

为了使合作学习不流于形式,在每一次小组活动前,我们都认真思考以下几个问题:这次小组活动是否必要?小组活动的目的是什么?小组活动需要多长时间?为了使每位学生都能够参与其中,我们需要提供什么样的帮助?在执教牛津英语 4B The old tortoise and the little bird 一课时,教师就设计了一个小组活动,让学生讨论故事中乌龟的感情变化。在设计的时候,教师考虑到,乌龟的感情变化是贯穿故事的一条红线,解决这个问题对故事的理解来说非常重要,整个故事相对来说不算短,而且只有文末出现了表达感情的词语,前面需要在理解的基础上稍加推敲,有一定难度,但是也不是很大,因此教师决定两两合作,在小组活动的过程,观察学生的学习情况,对时间进行调控。在反馈时,每个小组都能够圆满地解决这个问题。

2. 增强合作学习的组织性

为了使得小组合作能够在短时间内有序开展,并达到应有的目的,我们主要从以下几个方面加以改善。第一,让学生明确小组合作的目的。这里所说的目的包含两层意思。首先,让学生从思想上认识到小组合作有序性的重要性。我们采取了课堂实录的方法,让学生观看视频,通过视频中教学环节的对比,认识到有序的小组合作与无序的小组合作差别在哪里。其次,让学生认识到小组合作学习对于增强学习体验与学习机会的重要性。我们同样采取视频对比的方法。第二,选拔制度与轮换制度相结合。在班级里通过民主投票的形式选拔一些愿意为大家服务且有一定组织能力的组长,而这些组长也会定期改选,争取让更多的学生能够有机会担任组长,增强大家的责任感。组长在开展每次小组活动的过程中,需要快速分配任务,组织组员投入合作学习。第三,评价伴随。评价伴随教学活动的始终,对于合作学习来说,自然也少不了。在生生合作中,教师可以评价小组,而组员间也可以相互评价,这对合作学习效率的提高来说,能够起到很大的促进作用。

3. 增强组员间学习机会与发言权的平等

合作学习中,组长与组员间、组员间的关系应该是平等的。我们前面所讲的个别学生话语霸权,以英语学科为例,主要有以下原因:(1) 学生个性上的差异,个别学生的表现欲较强;(2) 学习能力较弱的学生缺乏一定的语言积累,不知道如何表达,在小组活动中只能作为听众。为了解决这一问题,我们主要采取了以下方法:(1)小组展示时,职责分明,每位组员都承担相应的任务,即使只需要一位组员发言,我们提供给每位组员的机会都是均等的,不会每次都请同一个学生来代表本组;(2)在小组讨论前,为了便于大家用英语来表达自己的想法,我们在黑板或者幻灯片中列出大家可能会用到的关键词和句型,同时,在小组合作的整个过程中,教师可以为每位学生提供随时的帮助。

4. 增强小组合作学习分组方式的多样性

合作学习一个非常重要的目的就是让学生在生生互动的过程中,增加学习机会,增强学习体验。从小学生的身心发展特点来看,单一的形式容易让他们感觉乏味,而多样的教学活动能够吸引他们,激发他们参与的兴趣。以英语学科为例,角色扮演与讨论确实能够让大班教学中的学生增加开口的机会,是合作学习中一种可取的形式。除此之外,我们在实践中发现还有很多富有意义且让学生感兴趣的合作学习形式,如小调查、小游戏、图片介绍、对话、提问、说明等。在执教牛津英语 5A M4U1 Water 第二课时时,我们让学生两两合作,以对话的形式,参照黑板上的板书和图片来说一说 Making tea 的过程。活动过程中,有的小组用了自制的道具,有的小组准备了流程图,有的小组组员喜欢表演,他们就用肢体语言来辅助对话。大家的方式不一样,但是兴致都很高,这比单纯的对话来得生动,在执教 4A M2U3 I have a friend 一课时,我们将介绍朋友的任务跟小游戏相结合,让学生两两合作,参照板书和教师提供的一些可能用得着的词汇、句型,一方介绍自己在班级里的朋友,另一方猜一猜介绍的朋友是谁。对于这种猜一猜的游戏,学生还是很热衷的。猜一猜他们身边的人,他们更是兴趣浓厚。跟学生生活实际相结合的语言输出也富有意义。

在合作学习的多样性上,我们既考虑到了学习形式的丰富多彩,又考虑到了分组方式的多样性。除了按座位分组,我们还按兴趣分组。这种分组方式主要有两种。一种是学生选择跟自己喜欢或者感兴趣的同学形成合作小组。如在执教牛津英语 4B M2U2 一课时,我们设计了一个小调查活动,在这个活动中,学生可以在教室中走动,询问并记录其他同学爸爸妈妈或者其他亲戚的工作,他们可以根据自己的意愿,选择想问的同学。另一种是根据任务形成合作小组。在英语学科中,有时候我们既有对话性文本,又有陈述性文本,我们的小组合作任务也有多种,如角色扮演、在核心词汇的帮助下描述图片或者复述故事。这时候选择不同任务的学生就可以几人形成一组。在执教 4B At Century Park 一课时,学生就是四人一组,有的选择角色扮演,有的选择介绍 Century Park 里面的景点和主人公所带的东西。当然,这种按照学生兴趣分组的合作学习形式对秩序性要求很高,一般我们会在课前就让学生选择好自己合作的伙伴。另外,我们也将评价与此结合，在最短时间内找到自己的伙伴并开展合作学习是我们评价的重要维度之一。

从杜威的“儿童中心论”到罗杰斯的“学生中心论”，这些理论都强调学生的学习过程与体验。在一节课有限的时间内，要使学生最大化地增强学习体验，合作学习这种生生合作方式无疑是一种行之有效的方式。在实践中，我们从小组合作的目的性、秩序性和机会的均等性、学习形式与分组方式的多样性上进行了探究，对如何更好地完善这种生生互动方式提出了建议与可行的办法。当然，我们的实践研究历时不长，铺开的面不广，所涉及的学科也有一定的局限性，对于如何更好地促进以合作学习为主的生生互动方式，我们还需要进一步探索。

随着“二期课改”的深入，我们越来越关注课改理念怎样在课堂上落地生根。随着人们对学生主体性认识的深入。在教学过程中学生主体作用的发挥越来越受重视。转变学生学习方式，倡导以“主动参与、乐于探究、交流与合作”为主要特征的学习方式，也是新课改的重点。而流于形式的师生互动在课堂中并不少见，这也阻碍了课程改革的进程。我们通过校本研修的方式对师生互动问题进行新的讨论研究，从而促进教师观念的转变，促进课堂教学方式的转变，促进学生全面、健康、快乐发展。

这里的校本研修研究的师生互动问题主要是备课组、教研组甚至共同体学校之间共同存在的课堂互动问题。我们集聚共同体的智慧进行校本研修，选择适当的观察点进行观察与分析，并加以行动研究，逐渐改善课堂师生互动中存在的问题。关于师生互动的校本研修最终落脚点是改进课堂行为，实现课堂转型。

通过有效师生互动的校本研修，促进了教师观念的转变，也提升了教师的专业素质。教师在课堂教学的过程中会注重促进平等和谐互学新型师生关系的形成，发挥学生的主体作用。同时，教师会更加关注课堂互动的实质，不再流于形式。无论是前期的备课，课堂中的提问和应答，还是课后评价，教师都会更加关注学生学习的过程，注重教学细节的研究，提高教学效益，实现教学环节的增值。

我们通过有效师生互动的校本研修，促进备课组、教研组、学校之间校本研修的互动。发现共同的问题，集聚智慧研究问题并解决问题，是一个实用、有效的研修模式。在校本研修的过程中，不同的学科虽然互动的方式有所不同，但依然存在共同的问题，比如情感、空间、行为互动方面的问题。不同的学校虽然有各自的校情，但是在师生对互动的认识、师生互动的质量等方面也有共性。

我们通过校本培训，促进教师之间互相沟通，学校之间资源共享，从而提升教师专业能力，提高教师队伍的整体素质，提升各校共同解决问题的能力。

我们通过有效师生互动的校本研修，更好地关注教师和学生这两个主体，更好地关注两者之间的联系。教师的课堂行为和学生的学习方式发生了较大的变化。教师较多地研究学生的知识经验和认知水平,较多地关注学生的情感体验,在积极组织不同形式的教学活动的同时,留给学生充分的时间和空间,使学生有机会自主探索、亲身体验、质疑问难,调动了学生主动学习的积极性。我们以解决实际问题为导向,关注影响课堂的师生互动问题,选取合适的观察点来进行行动研究,旨在改进教学方式,提高教学质量。

小结

在传统的认识中,教育一般被定位于传承社会文化,因为教师是教育活动的实施者,所以这些期望又转化为对教师的素质要求。现代教师不仅要有广阔的知识视野、良好的道德修养、健康的心理素质,还要有开拓创新精神、精湛教学艺术等。教师专业化发展体现终身教育的要求,也有着多维度意义:(1) 教师专业化发展是提高教育质量的关键;(2) 教师专业化发展是教育改革的原动力;(3) 教师专业化发展是提高学校凝聚力的核心要素;(4) 教师专业化发展是学生发展的根本保障。

教师专业化发展对教育本身、学校、学生、教师自身都有举足轻重的作用,然而当下教师在自身专业发展的过程中却面临着进入专业发展高原期或倦怠期、缺乏自我发展动力、缺乏系统的研修计划等阻力。教师在自己的课堂中仍普遍存在着学生主体地位不突出、教学方法陈旧、教学风格单一、知识储备欠缺等多种问题。这些因素都促使我们要重视教师的专业成长。教师的专业成长除了自我充电、提升,还可以通过学校的培养。基于此,我们提出了"多维对话式"集智研修模式,通过集智研修最终促进课堂教学的转变。

在多维对话"维"的选择阶段,我们积极发挥集智研修的功能。所谓集智研修,就是集聚群体的智慧研修,相较于以往的校本教研有三个方面的大突破。第一,研修范围的扩大化。以往的校本教研范围多局限于本校,如教研组的主题式教研活动、以备课组为单位的交流活动、以年级组为单位的分享活动、教职工大会、专家领导的讲座报告、基于问题的草根式研究,而现在的集智研修将研修范围扩大了,引导我们走出校门,打开思路,拥抱新知,与以松江区泗泾小学为引领的共同体共同交流,开展共同体展示活动、共同体论坛活动、共同体子课题研究活动、共同体专家讲座、共同体学校优秀案例集分享活动等,更进一步促进了各校之间的交流,通过智慧的碰撞,真正做到了更大程度上的"集智"。第二,研修问题的现实性。为了让研修更具有针对性,能更高效地促进教师专业化发展,我们倡导问题来源于一线,问题来源于课堂,问题来源于事实,因此,我们在校内和共同体学校之间,广泛征集教师自身发展道路上的疑惑与困境,调查教师课堂教学中存在的问题,总结出教师专业化发展路径不够宽、空间不够大、系统性不够,教师课堂中教学目标定位不够明确、生本意识不够强、教学缺乏多元色彩等真实问题，有针对性地进行研修。这样的研修，问题的来源集中了大家的智慧，问题的解决诉诸集体的力量，真正做到了集智研修。第三，研修方式的系统性。以往的校本研修多是开展学校内部常规的教研活动或聆听专家学者的报告，而我们的集智研修有自上而下贯彻实施的具体体系，“共同体—各学校—教导处—教研组—备课组—各教师”，从外到内，自上而下，层层深入，活动组织有系统，活动方案有系统，活动目的有系统。

在深度、宽度、广度上自由延伸的“多维对话”模式和具有广泛性、现实性、系统性的共同体集智研修形式共同作用下，无论是教师专业化成长，还是我们的课堂都在悄然发生着改变。教师的专业化发展由单调的常规教研活动拓展为论坛活动、校际联合展示活动等；由校内的闭门造车变为校际的思维碰撞，校与校之间取长补短；由无目的、无计划的被动培训变为有目标、有规划的主动研修；由以往的个人单打独斗变为现在的团队凝聚、优秀梯队打造。通过“多维对话式”集智研修，我们从教学一线搜寻最真实、最具代表性、有借鉴意义的案例、困惑，进行共同体校际交流、分享，集思广益，群策群力，将有益的经验、成果积极应用于课堂教学，促进了课堂教学的转变。我们的课堂由传统的变为自由的，教学氛围宽松愉悦，教学方式灵活多变，师生关系融洽；我们的学生由原有的被动学习变为主动摄取，我们大力贯彻生本教学，将课堂还给学生，利用集智研修获取的有益经验积极调动学生的学习主动性，引导学生踊跃参与，积极探索、合作，实现自主课堂；我们的评价由原来的单一变为多元，多元既指教师采用的评价激励机制的多元，又指教师教学风格的多变、多样。

“多维对话式”集智研修为优秀教育资源的共享搭建了平台，为思维火花的碰撞提供了机会，推动了教师与教师、教师与学校、学校与学校、学校与共同体之间的知识联动，更新了教师的知识体系，加快了教师的专业成长，提高了教师的教学能力与科学研究水平，提升了学校教师团队的品质与素养，进而从根本上推动了教育改革和发展，改变了传统的教学方法与学习方式。“多维对话式”集智研修真正推动了课堂转变。

主要参考文献

[1] 王祖琴.继承与超越：从“校本培训”到“校本研修”[J].现代中小学教育，2006(10).

[2] 王洁，顾泠沅.行动教育——教师在职学习的范式革新[M].上海：华东师范大学出版社，2007.

[3] 汤立宏.校本研修专论：中小学教师人力资源开发与专业发展[M].北京：海洋出版社，2006.

[4] 赵志江.基于集体备课的教师专业成长研究[D].河北师范大学，2014.

[5] 衡德翠.基于价值取向视角校本研修的个案研究[D].南京师范大学，2015.

[6] 刘伟.基于校本研修的构建教师学习共同体的实践研究[D].辽宁师范大学，2015.

[7] 曾建发，刘永胜.“多维对话式”校本研修模式的新探索——基于武汉市解放中学校本研修的实践[J].湖南师范大学教育科学学报，2012(4).

[8] 彭小庐.新课改背景下古代文学“多维对话式”教学有效策略探讨[J].南昌师范学院学报，2016(6).

[9] 何博.主体自觉与科学发展[J].云南社会科学，2009(5).

[10] (美) R. M.加涅，等.教学设计原理[M].上海：华东师范大学出版社，1999.

[11] (美) Dale Scott Ridley, Bill Walther.自由课堂——积极的课堂与环境的作用[M].北京：中国轻工业出版社，2008.

后　记

大约四年前开始进行共同体研究……也许不止四年。有时候，时间仿佛过得很慢，但等它真的过去时，你才会发现它快得令人吃惊。共同体集智研修的四年转瞬即逝，快得令我们措手不及。蓦然回首，我们已经收获满满。

四年来，共同体学校的五位校长给予了共同体集智研修莫大的支持和帮助。五位校长求真务实、强调协作。在共同体集智研修过程中，五位校长先放后抓，留给我们广阔的空间去自由地选择研究方向。各位校长行其所当行，其校长风范让我们深深敬佩。

感谢顾军副校长对共同体集智研修的指导和帮助。作为松江区泗泾小学五校共同体的秘书长，顾副校长投身其中，积极组织。在整个研修过程中，顾副校长的气度与风范似峨眉清风剑，精准犀利，刚中含柔，不折不屈。如此直言问题，直面困难，有效推进，让我们的研修在稳中极速推进。

研究的过程是艰辛而又快乐的。其间，各位专家学识渊博，雍容大度，意在言外，耐人寻味，使专业学习充满魅力。专家们一步步、一点点指导，吸引我们不断探索，从中汲取营养。共同体学校各层领导，积极参与，保证研修活动顺利开展。各共同体学校教师风格不同，气质有别，大家互相影响，互相促进，共同迈出前进的每一步。在书稿撰写过程中，第一章的写作由共同体五所学校共同完成。松江区泗泾小学的顾军、夏茂进、姜丽萍、张芹、莫瑞柏、王金丽、刘自磊、朱大炜、曾兆义、徐梅、张清正和刘丹丹几位教师参与了第二章的写作。松江区第二实验小学的孙育、翁卫庆、姚佳颖和王金涛几位教师参与了第三章的写作。松江区第三实验小学的吴松涛、童芳情、张嘉蕾、朱骋和陆天爱几位教师参与了第四章的写作。松江区九亭第二小学的张平、李梅、梁东焰、沈洁和朱新弟几位教师参与了第五章的写作。松江区九亭第三小学的沈日华、李蕊、刘超、戴春花、黄士芸、石晓芳和尹晨几位教师参与了第六章的写作。

领导的关心和帮助，专家的指导与教诲，同事的支持与激励，悄悄影响着我们共同体的每一所学校、每一位教师。我们知道，每一个人的成长都离不开背后默默支持的那一群可爱又可敬的人。期待读者们多提意见和建议，我们将继续进行研究与实践。

需要指出的是，姜丽萍老师全程参与书稿的组织、撰写和修改工作。姜丽萍老师认真搭建书稿框架结构，积极协调书稿撰写工作，有效统筹修改各章节文字。在此向她表示诚挚的谢意！

包心怡

2018 年 5 月